糟谷 憲一

朝鮮半島を日本が領土とした時代

朝鮮半島を日本が領土とした時代・目次

植民地期の朝鮮全図（1935 年 10 月現在）

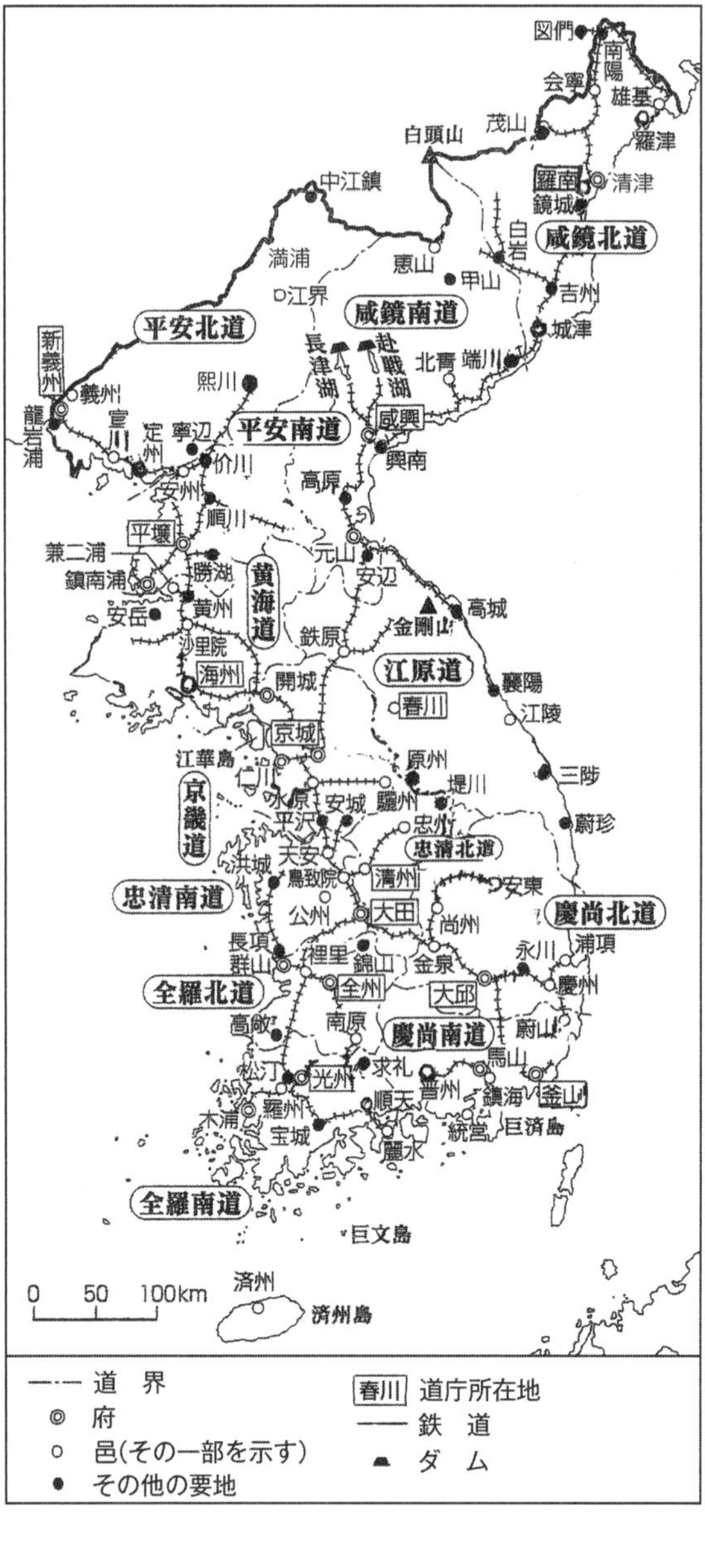

第一部　朝鮮の開国・開化と日本の朝鮮侵略政策

第一章　一九世紀半ばの朝鮮

1　朝鮮王朝後期の政治と社会

はじめに　本論である近代史について述べる前に、一九世紀半ばの朝鮮の政治と社会について概観し、それ以後の歴史を理解する上で前提となる事項を整理しておこう。なお、年月の記載については、日本との関係について述べる比重が高くなるので、日本が太陽暦を採用した一八七三年以降については陽暦を、一八七二年以前については陰暦を使用することにする。

両班中心の政治　当時の朝鮮を統治していた朝鮮王朝は、一三九二年に李成桂《イソンゲ》が国王に擁立され、前王朝の高麗に代わって開かれた王朝である。王朝の支配層となったのは、両班《ヤンバン》と称される特権的な階層であった。高麗王朝において国家機構の中心を担ったのは文武の官僚であったが、文官を文班、武官を武班と呼び、合わせて両班と呼んだ。このように元来は中央の文武官僚を指した呼称であったが、高麗の末期には地方の有力者から官僚となるものがでる一方、朝鮮王朝初期には中央の両班が地方に移住してその居住地に所有地を拡大し支配力を強めるようになった。また、科挙（文武官僚の登用試験）などを経て官僚となる者の家系は、しだいに固定していき、朝鮮王朝初期には官僚を出した家系に属する階層も両班と称するようになった。こうして両班は国家機構の中心を担うだけでなく、地方の社会と政治も支配する存在となった。

　両班の身分を最上層にして、その下に中人《チュンイン》・良人《ヤンイン》・賤民《チョンミン》などの身分を置いた身分制が、朝鮮王朝の人民支配を支えた。中人は中央官庁の行政実務担当者である胥吏《ソリ》や通訳官や医官などの技術職、地方官庁の行政実務担当者である郷吏《ヒャンニ》からなり、両班官僚を補佐して行政運営を担う存在であった。良人は良民、常民などとも呼ばれ、その多くは農民であった。賤民は私人や官庁に所有されて使役される存在である奴婢《ノビ》や、賤視される職業に従事した白丁《ペクチョン》・匠人《チャンイン》・妓生《キーセン》・倡優《チャンウ》（俳優）などであった。

中央・地方の支配体制　朝鮮王朝の国家は、全国各地に中央から官僚が派遣されて統治する中央集権的官僚制国家であった。文武の官僚には品階と称される序列があり、品階の上下によって、堂上《タンサン》官《グアン》と堂下官《タンハグアン》とに大別され、堂上官は政権の上層部を占めた。

　中央官庁は、王朝初期には最高行政官庁である議政府《ウイジョンブ》と行政実務を分掌する官庁である六曹《ユクチョ》を中心に構成されていた。議政府の堂上官は領議政・左議政・右議政、左賛成・右賛成、左参賛・右参賛で構成され、国政全般の重要事項を審議決定した。六曹は、吏曹《イジョ》（文官の人事を管掌）、兵曹《ピョンジョ》（武官の人事と軍政を管掌）、戸曹《ホジョ》（財政を管掌）、礼曹《イエジョ》（儀礼・祭祀・科挙・外交などを管掌）、刑曹《ヒョンジョ》（刑罰・奴婢を管掌）、工曹《コンジョ》（土木・営繕を管掌）から構成され、各曹には堂上官として判書（長官）、参判（次官）、参議（次官補）などが置かれた。一六世紀末、宣祖《ソンジョ》（在位一五六七～一六〇八）の時代には、元来は国防の重要事項を審議するための臨時官庁として置かれた備辺司《ピビョンサ》の権限が拡張し、議政府に代わって最高行政官庁の地位を占めるようになった。備辺司の堂上官は議政府の議政や六曹の判書、軍営の長官によって構成された。議政府は残存したが、名目的な存在となった。

中央軍としては、一六世紀末から一七世紀末にかけて首都漢城《ハンソン》とその周辺に訓錬都監《フルリョンドガム》・御営《オヨン》庁《チョン》・禁衛営《クムイヨン》などの軍営が設けられた。これらの軍営の長官である訓錬大将・御営大将・禁衛大将などは、前述したように備辺司堂上を兼任した。

全国は、京畿《キョンギ》（首都周辺の区域）と忠清《チュンチョン》・全羅《チョルラ》・慶尚《キョンサン》・江原《カンウォン》・咸鏡《ハムギョン》・平安《ピョンアン》・黄海《ファンヘ》の七道（合わせて八道《パルド》と称された）に大きく区分された。各道には観察使（長官、略称は監司）以下の官が派遣され、その官庁を観察使営（略称は監営）と称した。道《ト》の区域内には、府《プ》・牧《モク》・大都護府《テトホプ》・都護府・郡《クン》・県《ヒョン》などさまざまな名称を持つ行政区画（邑《ウプ》と総称された）が置かれ、そこには府尹《プユン》・牧使・大都護府使・都護府使・郡守《クンス》・県令（または県監）などの名称を持つ官《クアン》（地方官、守令《スリョン》と総称された）が派遣された。各邑に居住する両班は自治組織を構成し、そこが選出する郷所《ヒャンソ》（郷庁《ヒャンチョン》）という機関が存在し、守令（地方官）を補佐し、邑の行政実務を担当する郷吏（邑吏《ウムニ》）を監督して、地方支配に関与していた。

各邑の区域内はいくつかの面《ミョン》（社《サ》、坊《パン》などと称する場合がある）に分けられ、面はいくつかの里《リ》に分けられた。里は数個のマウル（集落）から成っていた。地方官の派遣されるのは邑のレベルまでであり、面・里には面任・里任と称される現地居住の公務従事者がいて、邑の行政が下部に達するために必要不可欠な存在であった。

京畿・江原道を除く六道には兵馬節度使営（略称は兵営）が置かれて、兵馬節度使（略称は兵使）などの武官が派遣され、管下の陸上部隊を統率した。江原・咸鏡・平安道を除く五道には水軍節度使営（略称は水営）が置かれ、水軍節度使（略称は水使）などの武官が派遣され、管下の水軍部隊を統率した。

四色党派と世道政治　政権を握った両班官僚たちの間には一六世紀後半以来、西人《ソイン》・南人《ナミン》などの党派が生じた。一六二三年に西人が仁祖《インジョ》（在位一六二三～四九）擁立のクーデターを起こして以降、西人が長く政権を握った。一六七〇年代以降、南人が勢力を伸ばして、粛宗《スクチョン》（在位一六七四～一七二〇）の時代の前半には西人との間に政権交代をくり返した。西人・南人の党争は一六九四年に西人の勝利に終わったが、この過程で西人は南人に対する態度をめぐって、強硬派の老論《ノロン》と温和派の少論《ソロン》に分裂し、一六八〇年代には老論・少論・南人・北人《プギン》の四つの党派が併存する四色党派の体制が成立した。

一六九四年より英祖《ヨンジョ》（在位一七二四～七六）の初年にかけては、老論と少論との間に激しい党争が展開された。景宗《キョンジョン》（在位一七二〇～二四）の時代の一七二二年、少論政権の下で老論の前議政金《キム》昌集《チャンジプ》ら四大臣が処刑され（壬寅《イミン》の獄）、英祖即位後の一七二八年には南人の李麟佐《イインジャ》らが峻少《チュンソ》（少論内部の対老論強硬派）とともに反乱を起こした（戊申《ムシン》の乱）。反乱の鎮圧後、英祖は老論と少論との対立を緩和させるために、大臣や六曹判書などの高官に均等に登用する人事政策（これを蕩平《タンピョン》と称した）を進めた。一七四〇年には四大臣全員の名誉回復（奪われていた官職と品階の回復）を実現し、老論の勢力はしだいに強化された。一七五五年に峻少の謀叛《むほん》計画が発覚して、峻少の多くが処刑され、景宗時代の少論の議政趙泰耈《チョテグ》らが遡って逆賊とされた（乙亥《ウレ》の獄）のを機に、老論が絶対的に優位な地位を占めることになった。すなわち、乙亥の獄は少論の勢力を後退させる結果をもたらし、大臣・高官の過半数を老論が占め、少論が第二党派、南人・北人は弱小党派とする政治勢力の配置、老論優位体制が成立し、王朝の滅亡まで、およそ一五〇年にわたって続くことになった。

一七六二年に英祖が王世子（荘献世子《チャンホンセジャ》）の不品行をとがめ、櫃《ひつ》に監禁して餓死させた事件（壬午《イモ》禍変《ファビョン》）が起きた。これを機に、両班官僚の間には、王世子に同情的な勢力と英祖の処置を当然とする勢力との対立が生まれ、次の王である正祖《チョンジョ》（在位一七七六〜一八〇〇。荘献世子の子、英祖の孫）の時代には前者を時派《シパ》、後者を僻派《ピョクパ》と称するようになった。正祖が即位すると、時派が優位を占めたが、僻派の勢力も維持された。時派、僻派は老論・少論・南人・北人の各党派の内部における分岐として存在し、党派の対立と時派・僻派の対立とがからみあって、政局は複雑に展開した。

一八〇〇年に純祖《スンジョ》（在位一八〇〇〜三四）が若年で即位すると、英祖の継妃であった大王大妃金氏（貞純王后《チョンスンワンフ》）が垂簾《すいれん》同聴政をおこなった（王座の後ろに御簾《みす》を垂らして大王大妃が座し、政務の決裁に関与した）。大王大妃金氏の実家は老論の僻派であったので、僻派が政権を握り、時派には弾圧が加えられた。貞純王后の垂簾同聴政が終了し、間もなく死去すると、一八〇六年に僻派は専横を批判されて失脚し、純祖の王妃（純元王后《スヌオンワンフ》）の父である金祖淳《キムジョスン》が政権を握った。金祖淳は老論の時派であり、その政権掌握は時僻の争いが時派の勝利に帰結したことを意味した。

純祖の子、孝明世子《ヒョミョンセジャ》の嬪《ひん》（王世子の妃）は老論の豊壌趙《プンヤンチョ》氏、趙万永《チョマニョン》の娘であったので、老論の豊壌趙氏の勢力が伸張した時期もあったが、一八〇六年から哲宗《チョルチョン》（在位一八四九〜六三）の末までは安東金氏《アンドンキム》の世道《セド》政治の時代であった。世道とは、外戚として政治の実権を握った者を指した。

経済の発達と税制の変容　一六世紀末の日本の侵略によって朝鮮の農村は荒廃したが、一七世紀半ばにはほぼ復興し、農業の生産力は増大した。堤堰《チエオン》（溜池）や洑《ポ》（川をせき止めて田畑に水を引く施設）などの水利施設の発達に支えられた移秧法《いおうほう》（田植え）の全国への普及、南部における水田二毛作（米・麦）の普及、畑作における麦・大豆などの品種の多様化によって穀物生産力は向上した。畑作においては大麦・小麦・粟《あわ》・トウモロコシ・大豆などの穀物とともに、大根・白菜・ナス・ウリ・甘藷《かんしょ》・ネギ・唐辛子・ニンニク・ニラなど多様な野菜が栽培され、現在にまでつながる副食の素材が供給されるようになった。また、綿花・麻・苧麻《ちょま》・薬用人蔘《にんじん》・タバコなどの商品作物の栽培や養蚕も発達した。

これらの商品作物や生糸を原料として、地方都市や農村において綿織物・絹織物・麻布・苧布《ちょふ》などの手工業生産が発達し、農業・手工業生産の発達にともなって商業も発達した。五日または一〇日ごとに開かれる定期市である場市《チャンシ》の数はしだいに増加し、一九世紀初めには全国で一〇〇〇を超すにいたった。場市をめぐる行商人である褓負商《ポブサン》（ふろしきに包んだり背負子で担いで商品を運んだ）や褓負商を相手とする卸売商人である旅閣・客主の活動も活発になった。首都の漢城《ハンソン》においては、政府・王室に物資を調達する貢人（貢物請負人）となった市廛《シチョン》商人が卸売商人としての地位を固めた。また新興商人である私商の活動も、漢城とその周辺、前王朝高麗の都であった開城《ケソン》、対清貿易の窓口である義州《ウイジュ》、対日貿易の窓口である東萊《トンネ》などで活発になった。商業の発達を背景に、粛宗の時代、一六七八年には銅銭である常平通宝《サンピヨントンボ》が発行され、通用するようになった。

こうした経済の発達は、税制の変容をもたらした。一七世紀の初めまでは、各邑にさまざまの物資を割り当てて上納させる貢納が、財源として重要な比重を占めていた。一六〇八年、光海君《クアンヘグン》(在位一六〇八〜二三年)の時代にまず京畿で実施されたのを初めに、貢納を廃止して、耕地を基準にして新しく米または綿布を徴収して、中央に新設された宣恵庁《ソネチヨン》に送り、そこから貢人に支給して政府・王室が必要とする物資を購入させる制度に改められた。この新しい税制は大同法《テドンポプ》と称された。大同法の実施地域はしだいに拡大し、一八世紀初めには平安・咸鏡両道を除く六道に及んだ。この税制改革は、米や綿布の生産の拡大に対応したものであった。

次に税制改革の対象となったのは、軍営の財源として徴収された軍布《クンポ》・保布《ポポ》の徴収制度である。前述した訓錬都監などの軍営は、傭兵制を基礎にしていた。良人の成人男子を兵卒またはその財的補助者として名簿に登録し、兵卒からは軍布、補助者からは保布の名で綿布を徴収し、その綿布を財源にして漢城とその周辺の居住者から実際の兵士を募って勤務させたのである。名簿に登録され、軍布・保布を負担するのは良人だけであったので、これを良役《ヤンヨク》と称した。良役の負担は重かったので、一七五〇〜五一年に実施された改革で、軍保布の額は軽減され、減収分は新たな地税付加税(結銭《キヨルチヨン》と称した)や船舶・漁業施設・製塩施設などの課税によって補った。この新税制は均役法《キユニヨクポプ》と称された。この改革も農業生産力や商業の発達をふまえたものであった。

しかし、政府の財政支出は増大を続けたので、政府は税収増をはかるとともに、正祖の時代から還穀《ファンゴク》を財源として重視するようになった。還穀は、春に穀物を貸し付け、秋に一割の利子を付けて返還させる国営高利貸の制度である。こうして地税（大同米・布と王朝初期以来の田税が中心）、軍保布・還穀が三大財源となったが、賦課の不均等・不公平もあって、負担の過重が生ずるなどの弊害がしだいに深刻化し、地税・軍保布・還穀の徴収のそれぞれに関わって、田政の弊、軍政の弊、還政の弊、合わせて三政の弊が問題とされるようになった。各邑の住民は負担の軽減を求めて、安東金氏の世道政治の時代を通じて粘り強く運動を展開した。ついに一八六二年には慶尚・全羅・忠清三道の多くの邑の住民が負担の軽減を求めて蜂起した（壬戌民乱《イムスルミルラン》）。政府は空前の規模の民乱に押されて、いったんは還穀を廃止して地税に繰り入れる改革案を決めたものの、大臣内の反対で実施に移されず、問題は残された。

文化の発達と社会の変容　王朝の初期以来、儒教は国家統治の基本理念とされ、朱子学《チユジヤハク》の研究が進み、一六世紀には李滉《イファン》（号は退渓《テゲ》）を始祖とする嶺南《ヨンナム》学派（嶺南は慶尚道の別称）、李珥《イイ》（号は栗谷《ユルゴク》）を始祖とする畿湖《キホ》学派（畿湖は京畿と湖西《ホソ》であり、湖西は忠清道の別称）が形成された。一七世紀以降も、朱子学の研究は隆盛を極めたが、嶺南学派は南人、畿湖学派は西人（老少分裂後は老論）というように、学派は党派と結びついて展開した。一八世紀には、朱子学の素養を基礎にしながら、自然科学、社会の現実に目を向けた制度改革論、農業などの技術改革論、朝鮮の歴史や文化を幅広く研究する新しい学問傾向が生まれた。この新しい学問傾向は近代になって「実学《シラク》」と称され、その斬新性が注目されることとなった。

　朱子学の学問的な隆盛とならんで重要なことは、儒教的規範が社会に浸透させられたことであった。親の死去に際して三年の喪に服すること、「寡婦の不再嫁」（夫と死別した妻の再婚禁止）、婚礼に際して新婦を新郎の家に迎える（親迎）などの習俗が、一六世紀ころから両班の間に広げられていった。これは冠婚喪祭の四礼（元服＝成人の礼である冠礼、婚礼、死者の喪に服する喪礼、先祖を祀《まつ》る祭礼）について定めた「朱子家礼」の導入を進め、従来の父母双系的な親族意識に基づく社会慣行を排除し、父系の血縁集団と同姓不婚の制度を確立しようとする動きであった。そのために一六世紀以来、四礼を研究した四礼書が刊行された。高麗初期以来、姓氏と称される同族集団が存在し、姓（金、朴、李など）に本貫（始祖の出身地）を付して安東金氏のように称していたが、一六世紀以降には、始祖よりは後代の特定の先祖の子孫が結集する男系の血縁集団である門中が形成されていった。門中の共通の先祖を祭ることが重要視され、嫡長子が祭祀（祭礼）を主宰する慣行が成立し、財産相続においても嫡長子の相続分が多くなり、女子の相続分は男子のそれよりも少なくなっていった。このような社会慣行の変化はまず両班の間で進み、一八世紀以降になると良人の間にも及ぶようになった。儒教的規範が色濃く及ぶ社会は、このようにしてしだいに形成されていったのであった。

文学では漢詩などの漢文学が主流であった。一五世紀に創製された朝鮮独自の文字、訓民正音《フンミンジョンウム》（ハングル）は諺文《オンムン》と卑称されたが、仏教・儒教のハングル訳（諺解《オネ》）が多数刊行され、経典の理解や初学者の教育に寄与した。一七世紀以降には多くのハングル小説が刊行され、貸本などで読まれるようになった。初等教育機関である書堂《ソダン》が増加して庶民の間でも、ハングルを理解する者が増えた。

2　朝鮮王朝後期の対外関係

清との関係　一九世紀半ばに朝鮮が国交を結んでいたのは、清と日本だけであった。清とのあいだには、一六三七年以降、宗属関係が存続していた。一六三六年、清の太宗が大軍を率いて侵攻してきて、当時の王である仁祖《インジョ》は太宗に降伏し、清の皇帝から「朝鮮国王」に封ぜられて（冊封《さくほう》）、皇帝に臣属（臣従）し、清の年号を使用し、朝貢をおこなうなど、臣下としての礼・義務をつくすことになった。この皇帝と国王との間の君臣関係に基づいて成立する、清を宗主国、朝鮮を清に臣属する藩属国とする国家間の支配・従属関係が宗属関係である。

宗属関係のもとでは、朝鮮から毎年一回以上の朝貢使節が派遣された。冬至節を祝賀し、歳幣《さいへい》（年貢）を献上するための定期使節である冬至使の他に、謝恩使（皇帝から勅語や物を賜ったことなどに謝意を表する使節）、進賀使（清皇室の慶事などを祝賀するための使節）などの臨時使節があった。これらの使節の首席（正使）には宗室（王族）や大臣、判書などの高官が充てられた。

清からは王・王妃・王世子を冊封するとき、皇帝即位など清側の大事を伝えるときに、皇帝が特派する勅使が派遣されてきた。勅使を迎える儀礼は丁重を極めた。勅使が漢城に入る直前には、西郊にある慕華館《モファグァン》に国王自ら出向いて迎接し（迎勅）、勅使が帰る際にも国王は慕華館に至って見送ったのである（送勅）。

清との貿易には使行貿易と辺市があった。使行貿易は、貢使の派遣に伴っておこなわれた。公認された貿易としては、北京の会同館にておこなわれる会同館貿易があった。辺市は国境における貿易であり、中江《チュンガン》開市・会寧《フェリョン》開市・慶源《キョンウォン》開市があった。中江開市は義州《ウイジュ》近くの鴨緑江《アムノッカン》の中州において、毎年二回おこなわれた。会寧開市・慶源開市は、咸鏡道《ハムギョンド》の豆満江《トゥマンガン》岸の会寧府・慶源府にておこなわれ、会寧は年一回、慶源は隔年に一回開かれた。いずれの辺市も、朝鮮産品に対して、清の支給する代価が時価よりも安く、朝鮮にとっては収奪を受けるのに等しかった。

日本との関係　豊臣秀吉の朝鮮侵略ののち、一六〇七年に日朝の国交は回復した。この一六〇七年を含めて三回の回答兼刷還使《フェダプキョムスェファンサ》、一六三六年から一八一一年までに八回の通信使《トンシンサ》が朝鮮国王から日本の征夷大将軍のもとへ派遣され、国書を交換した。国書を交換することによって、朝鮮国王と征夷大将軍は対等の礼をとったので、朝鮮と日本との間には対等な関係が結ばれた。

通信使は日本側の要請を受け入れて派遣されるものであった。貢使のように定期的な派遣を義務づけられたものではなかった。また、通信使の正使の品階は貢使の正使や副使の品階よりも低かった。以上の点は、日本との国交（朝鮮ではこれを「交隣《キョリン》」と称した）は宗属関係に対して従たるものとして位置づけられていたことを示すものであった。

日本の室町時代には、征夷大将軍が「日本国王」を称して、その使節を朝鮮に送っていた。これが「日本国王使」（一六世紀には対馬の勢力が仕立てる「偽使」になっていた）であるが、国交回復に当たって朝鮮側は日本国王使が派遣されてくることを想定し、日本国王使を含む全使節の漢城《ハンソン》への上京は許さないとした。しかし、江戸幕府は日本国王使を派遣することはなく、朝鮮との外交交渉を対馬藩（宗《そう》氏）に委任したのであった。

対馬藩と朝鮮との関係は、国交回復ののち、一六〇九年に成立した協定（己酉約条《キユヤクジョ》）を基礎とし、一七〜一八世紀を通じて修正を加えたものであった。対馬藩からは、毎年の定期的使節と臨時の使節が釜山《プサン》の倭館（朝鮮側が与えた対馬藩の屋敷）に派遣された。定期の使節は、礼曹参議《イエジョ》宛ての書契《ソゲ》（外交文書）と礼物を、臨時の使節のうち将軍家の大事や対馬島主（藩主）に関する大事の告知、通信使の派遣要請などのために派遣される使節（対馬側では「参判使」と称した）は礼曹参判・礼曹参議・東萊《トンネ》都護府使（東萊府使、釜山を所管する地方官）・釜山鎮《プサンジン》兵馬僉節制使（釜山僉使、倭館の近くに配置された陸上部隊の指揮官）宛ての書契と礼物を携行して、倭館において東萊府使に呈した。書契は定められた書式に従って作製され、礼曹から対馬島主に支給された銅印（「図書《トソ》」と称した）が押された。これに対して東萊府側からは、定期の使節に対しては礼曹参議の回答の書契と回賜の礼物が、参判使には礼曹参判以下の回答の書契と回賜の礼物が給された。

対馬の使節の派遣に随伴して、対馬と朝鮮の貿易がおこなわれた。対馬からの礼物の献上（「進上」と称した）に対して「回賜」の礼物が給されるのが、その第一の形態であった。第二に、「公貿易」と称して、対馬が輸出する銅・蘇木《そぼく》などを朝鮮側が木綿で買い上げる形態のものがあった。この木綿は「公木」と称された。第三の形態は、倭館のなかの開市大庁において月に六日、東萊の商人と対馬藩役人・商人が時価で取引をおこなう「私貿易」であった。一八世紀前半までは、対馬藩のもたらす銀と朝鮮側の供する生糸・絹織物・薬用人蔘とを交換する貿易が盛んであった。生糸・絹織物は朝鮮が清から輸入したものを再輸出するものであり、この時期の貿易は中継貿易の性格が強かった。一八世紀半ば以降、日本の銀貨の品位切り下げ、日本各地における製糸業・絹織物業の発達、朝鮮における薬用人蔘の採取難と品質低下などの要因が重なって、日朝貿易は縮小し、日本の銅と朝鮮の薬種・牛皮などとの交換を軸とするものに変わった。

公貿易で支給される公木の一部は、対馬藩の要求によって、一六五一年以降には米に換えられ、「公作米」と称された。こうして確保された朝鮮の米は、平地が少なく米の生産が乏しい対馬にとって貴重な食糧となった。また、倭館の滞在者に必要な食糧（米・大豆・魚類・塩など）・燃料等も朝鮮側から支給され（米は「倭料米」と称された）、倭館の修改築の経費も朝鮮側から支給された。公木・公作米・倭料米は慶尚道《キョンサンド》東部の一七邑から徴収された。その後、米は追加徴収され、一九世紀半ばになると四〇邑からの徴収に拡大された。慶尚道管下の邑は当時、七一邑であったので、一道の半ば以上が負担を負うようになったのである。

通信使の派遣は将軍の襲職（就任）を祝賀する形でおこなわれてきたが、その派遣（朝鮮側）、接待（日本側）は、ともに経費の負担が重かったので、一七八七年に襲職した第一一代将軍徳川家斉《いえなり》の時代には、従来どおりの派遣の形態を維持できなくなった。派遣の延期を重ねたのち、ようやく一八一一年に対馬において、将軍の使者である老中と通信使が国書を交換するという変則的な形態で実現した（易地行聘《えきちこうへい》という）。続く第一二代将軍徳川家慶《いえよし》以降の四代は、招聘・派遣延期がくり返され、ついに通信使の渡日は実現しなかった。こうして両国の中央政府間の直接の接触・交渉の唯一の場であった通信使が長期にわたって実現しなかったことは、両国の関係を疎遠にし、否定的な影響を及ぼしたと言わざるをえない。

西欧列強艦船の来航　朝鮮が西洋の勢力との接触を本格的に意識するようになったのは、正祖《チョンジョ》（在位一七七六～一八〇〇）の時代における天主教（カトリック）の伝来からである。朝貢使節に随行した両班が北京で洗礼を受けて帰国したのをきっかけに、まず両班の一部に信徒が広がった。朝鮮政府は、天主教を君臣・父子の上下関係を否定する「邪教」であるとして、一七九一年に最初の弾圧を加えた（辛亥邪獄《シネギヨオク》、辛亥教獄）。これについで、貞純王后《チヨンスンワンフ》の垂簾同聴政期の一八〇一年の弾圧（辛酉邪獄《シニユサオク》、辛酉教獄《シニユギヨオク》）、憲宗時代（在位一八三四～四九）の一八三九年の弾圧（己亥邪獄《キヘサオク》、己亥教獄《キヘギヨオク》）と大きな弾圧がくり返された。

一八三〇年代に入ると、朝鮮に対して開国通商を求める西欧列強の圧力が及ぶようになった。一八三二年、イギリス商船ロード・アマースト号が黄海道《フアンヘド》長淵県《チヤンヨンヒヨン》、忠清道《チユンチヨンド》洪州牧《ホンジユモク》の沖に到り、開国通商を求めた。朝鮮政府（備辺司《ピビヨンサ》）は、「藩国の事例を考えるならば、他国と私交すべきではない」として拒絶する方針を決め、アマースト号を退去させた。

一八四五年にはイギリス軍艦サマラン号、四六年と四七年にフランス軍艦が来航した。これに対して、朝鮮政府は憲宗より礼部に咨文《しぶん》（対等な位置にある官庁間の往復書簡）を送り、イギリス艦船が広東から朝鮮に来航することを阻止してくれるよう要請した。

第二章　朝鮮の開国・開化と日本

1　大院君政権の時代

大院君政権の内政改革　一八六三年末、哲宗《チョルチョン》が死去し、王族である興宣君昰応《フンソングンハウン》の次男が即位した。朝鮮王朝第二六代の王（のち皇帝）の高宗《コジョン》（在位一八六三〜一九〇七）である。高宗は翼宗《イクチョン》（孝明《ヒョミョン》世子《セジャ》を追尊）の後を継いだとされ、若年であったので翼宗妃（孝明世子嬪、神貞王后趙氏《シンジョンワンフチョシ》）が大王大妃として垂簾同聴政をおこなうことになった。しかし、政治の実権を握ったのは、王の生父（実父）である興宣君《フンソングン》であった。興宣君には大院君《テウォングン》の称号が奉られた。大院君とは、宣祖《ソンジョ》などのように傍系の王族から即位したときに、王の生父に奉られる尊称であるが、前例はすべて死去していた場合であった。ひとり興宣君のみが生きながらにして大院君となったのである。このため、大院君と言えば、興宣大院君を指すことになった。王の生父として王権を事実上、代行する立場を得て、強力に権力を行使することになったのである。大王大妃（神貞王后）趙《チョ》氏の垂簾同聴政は一八六六年に終わり、表面的には王の親政が開始されたが、その後も大院君が実権を握り続けたのである。

　大院君が政権を握ると、まず第一に重視したのは、政権の基盤を固めるための人事政策であった。第一に、老論と老論の安東金《アンドンキム》氏を分断して、その中から大院君の協力者を獲得した。第二に、王の同族である宗室（王族）や王子の子孫である全州李《チョンジュイ》氏の登用の拡大である。これは一種の身内びいきである。第三に、弱小党派である南人《ナミン》・北人《プギン》の高官への登用の拡大である。一八六四年には北人の任百経《イムベッキョン》が右議政に任命され、六六年には南人の柳厚祚《ユフジョ》が左議政に任命された。第四に、武臣の地位の強化とその高官への登用の拡大である。大院君は以上のような人事政策によって、自らへの協力者を増やそうとしたのであるが、その努力を通じて大院君の施政を積極的に支持する腹心の勢力、大院君派が南人・北人・少論《ソロン》の間に形成された。

このように政権の基盤を固めつつ、大院君政権はいくつかの内政改革を推進した。

第一に、備辺司《ピビョンサ》を議政府《ウイジョンブ》に統合する形で廃止し、王朝前期のように議政府を再び最高行政機関にしたのである（一八六五年）。王朝初期の体制に戻すことが、王の権威の回復につながると考えたためである。その実、最高行政官庁に復帰した議政府の堂上官《タンサングアン》は備辺司堂上を引き継いだ多数の議政府堂上を加えて構成された。備辺司が議政府に看板を掛け替えた形であった。同じく王朝初期の体制に復することを掲げて、六八年には軍政機関としての三軍府《サムグンブ》が設置された。

第二に、王の権威を視覚的に示すために、豊臣秀吉の侵略の際に焼失した景福宮《キョンボックン》の再建工事を一八六五年に開始し、六八年に完成させた。工事に当たっては、「願納銭」という自発的拠出を装った工事費の強制的な徴収がおこなわれた。景福宮についで、議政府庁舎などの工事もおこなわれ、願納銭の徴収も続いた。

第三に、政権初期に官庁や制度の大きな改編を承けて、王朝最後の法典となった『大典会通』を一八六五年に発布した。

第四に、一八六四年から七一年にかけて、段階的に書院《ソウオン》の整理が実施された。書院とは、一六世紀半ば以来、在地両班（地方居住の両班）によって各地に設立されてきた儒教教育施設であり、忠臣や「名賢」（著名な儒学者）を祀《まつ》る施設が付属していた。書院を減らすことで、在地両班の勢力の拠点であり、その運営のために土地や奉仕する使用人を所属させていた。書院を減らすことで、在地両班の勢力をそぐとともに、書院に所属する土地や使用人を課税対象にくり入れて国家の財政収入を増やすことが可能になった。六四年に、まず一人の祭祀対象者（忠臣・名賢）につき重複して書院を設けること（畳設）、政府の許可なく書院を設けること（私設）が禁止され、賜額書院（王から書院名の扁額《へんがく》を賜った書院）についてもその保有する土地、使用人の数が制限された。六五年には、忠清道清州牧《チュンチョンドチョンジュモク》にあり、明の万暦帝《ばんれきてい》・崇禎帝《すうていてい》を祀っていた万東廟《マンドンミヨ》の廃止が命ぜられた。万東廟は老論の領袖・宋時烈《ソンシヨル》の遺言で建てられた施設であったので、老論は猛烈に反対したが、大院君政権は押し切った。六八年には、書院の新設は禁止され、未賜額書院（王から扁額を賜っていない書院）は撤廃された。七一年三月には、ついに賜額書院についても、存置すべきもの四七処を定め、それ以外は撤廃させた。

第五に、もう一つの財源拡張策として、一八七一年に、前年以来、大院君の命令に従って両班の戸は奴の名をもって軍布を出させていたが、これを恒久の法とすることが布告された（班戸奴名収布法）。在地両班は、両班の特権を侵害するものであるとして強力に反対したが、政権はこの改革を断行した。

洋擾（仏米の侵攻の撃退）　大院君政権にとって試練となったのは、一八五〇年代とは異なって、フランス、アメリカが相次いで開国通商を求めて侵攻してきたことである。

大院君政権は成立当初から、思想的には「衛正斥邪《ウイジョンチョクサ》」、すなわち「正学」である朱子学《チユジヤハク》を擁護し、「邪学」「邪教」（天主教）を排斥する政策を推進していた。そして、一八六六年の年頭から、再び勢力を広げていた天主教徒を摘発し、信徒だけでなく、潜入して布教に当たっていたフランス人神父を処刑した（丙寅邪獄《ピヨンインサオク》、丙寅教獄《ピヨンインギヨオク》）。

一八六六年七月、アメリカ商船ゼネラル・シャーマン号が大同江《テドンガン》を遡航して平壌《ピヨンヤン》に到り、開国通商を求めて発砲の挙に出た。これに対して平壌の軍民は、平安道《ピヨンアンド》観察使朴珪寿《パツキユス》の指揮の下に同船を焼き沈めた。翌八月には、フランス極東艦隊司令官ローズ海軍少将は軍艦三隻を率いて江華島《カンファド》沖に侵入し、うち二隻は漢江《ハンガン》を遡航し、漢城《ハンソン》郊外の楊花津《ヤンファジン》まで到った。九月、ローズ少将は艦隊の全兵力七隻と横浜居留地に駐屯していた海兵隊一枝隊を率いて、江華島沖に再侵入し、江華府を占領して、神父殺害者の処罰と条約締結を求めた。大院君政権はこれを拒み、漢城から部隊を増援し、射撃に長じた地方の砲軍（猟師）や褓負商《ポブサン》も動員した。一〇月、江華府中軍（すぐに鎮撫営中軍と改称）梁憲洙《ヤンホンス》の率いる現地部隊が、江華島南部の鼎足山城《チヨンジヨクサンソン》でフランス海兵隊を撃破し、江華府を修復したので、フランス艦隊は撤退した。この年のアメリカ武装商船とフランス艦隊の侵攻を合わせて、丙寅洋擾《ピヨンインヤンヨ》という。

フランス艦隊の侵攻に際して、大院君政権は在野の老論系朱子学者である李恒老《イハンノ》、奇正鎮《キジヨンジン》を参判クラスの高官に抜擢し、抗戦態勢の強化の一環としようとした。しかし両名は官職を辞する上疏《じようそ》（王にたてまつる文書）を呈して、「洋夷《ようい》」（野蛮な民族である西洋）を排撃する主戦論、天主教排斥論、「洋物」（西洋の物貨）禁止論を唱える一方、土木工事の中止、民からの収斂《しゆうれん》の停止などを求めて大院君の施政をも攻撃した。この行動をきっかけにして、李恒老・奇正鎮の門人を中心にして、在地両班の間に、欧米諸国を「夷狄《いてき》」として排斥し、朱子学に支えられた旧来の支配体制を維持しようとするとともに、大院君政権にも批判的な独自の政治勢力としての衛正斥《ウィジョンチョク》邪《サ》派《パ》が形成されることとなった。

一八七一年四月、駐清アメリカ公使ローは、シャーマン号事件を口実として、朝鮮と条約を結ぼうとして、アジア艦隊司令長官ロジャース海軍少将の率いる軍艦五隻（ロー公使も搭乗）を江華島沖に侵攻させた。アメリカ海兵隊は江華島東岸の三砲台を占領した。しかし、大院君政権は抗戦態勢を強化して交渉を拒否したので、五月にアメリカ艦隊は撤退した。この戦争のさなかに、大院君は「洋夷侵犯するに、戦いを非とするは即ち和なり。和を主とするは売国なり」と刻んだ石碑（斥和碑、斥洋碑）を全国各地に建て、抗戦・開国拒否の固い意志を示した。

日朝外交改編交渉の開始　日本では、一八六七年に江戸幕府が倒れ、天皇をいただく新政府が成立した。対馬藩は政府の命を受けて、「王政復古」＝新政府樹立を通告する使節を派遣した。礼曹参判・礼曹参議宛ての書契《ソゲ》を携行した使節（「大修大差使」と称した）の派遣、書契に「図書《トソ》」を押さず、新政府から下付された銀印を押したことを伝える先触れの使節は六八年一二月に釜山《プサン》に到着した。まず先触れ使節に面接した東萊府《トンネブ》の倭学訓導（主任訳官）の安東晙《アンドンジュン》は、使節の携行した書契が格例（定められた形式）に反しているとして、その受理を拒否した。日本の天皇に関わって、「皇室」「奉勅」の文字を用いたこと、「図書」を廃して勝手に鋳印したことを問題としたのである。六九年三月には安東晙は対馬藩通事（朝鮮語通訳）浦瀬裕に先触れ使節の書契を受理できない理由をあらためて説明したが、そのなかで、「皇」「勅」の文字を用いるのは、やがて朝鮮を日本の臣下にしようとする野望を抱いているからだと強く非難した。七〇年三月、東莱府使鄭顕徳《チョンヒョンドク》は、旧例に反しているとして、大修大差使に退去を求める声明文を交付した。こうして日本の新政府樹立にともなって、日朝外交を改編しようとした日本の企ては、入り口のところで頓挫《とんざ》することになったのである。

窮地に陥った対馬藩は一八七〇年五月、浦瀬裕を釜山に派遣し、安東晙との間に、書契より朝鮮側に異論のある文字と新印を除き、図書を押して提出し、その後に改めて使節を派遣して書契、図書の改定について協議するという妥協案を成立させた。これは穏当な妥協案であったが、その成立直後に駐日北ドイツ連邦代理公使ブラントの搭乗する軍艦ヘルタ号が釜山に来航し、開国通商を求める事件が起きた。ヘルタ号には案内役として、対馬藩通詞を含む日本人数名が同乗していた。朝鮮政府は対馬藩に対して、通詞が西洋の船を引導してきたことに抗議した。そして、この事件のために、安東晙・浦瀬の妥協案は実行不可能となった。

一八七〇年一〇月には、吉岡弘毅ら三人の外務省官吏が倭館に到着して、ようやく七一年三月に浦瀬通詞の勧めにより安東晙との会見は実現したが、府使鄭顕徳は会見を拒否した。交渉が停頓しているうちに、七一年七月、日本では廃藩置県が実施され、対馬藩の「家役」も消滅に帰し、対朝鮮外交も外務省が直接、全面的に管掌することになった。七二年一月、森山茂・広津弘信らが汽船に乗って釜山に到着し、旧対馬藩の大修大差使は帰国した。

しかし、朝鮮側は、森山らが汽船に乗ってきたことをもって旧例に反するとして交渉を拒絶した。関係が悪化するなか、同年九月に外務大丞花房義質《よしもと》は軍艦春日、汽船有功丸、鎮西（熊本）鎮台の歩兵二個小隊を率いて釜山に入港し、倭館を接収した。軍艦に搭乗しての来航は初めてのことであり、威圧的な行動であった。前述したように、倭館は朝鮮側が建てて対馬に与えた施設であるので、これを接収するのは一方的で不当な行為であった。日本の外務省は翌七三年四月に倭館を日本公館と改称し、館長には外務省官吏が就任するようになった。また、対馬の商人を装って東京の商人が貿易に加わろうとして、東莱府使に拒絶される事件も起きた。朝鮮側からみれば、日本は旧例に反することを一方的に次々と進めたと見るしかない事態であった。

一八七三年五月、東莱府使鄭顕徳は倭館の出入口に、日本人の「形を変え風俗を易《かえ》ること」、洋服を着て「洋船」（汽船）に乗ってきたこと、対馬以外の人が貿易に加わろうとしたことを非難し、日本は「無法の国」であると断じた告示を掲げ、一二月にも同種の告示を掲げた。府使鄭顕徳（南人）、訓導の安東晙はともに大院君の腹心であったが、強硬な態度によって日本外務省官吏との交渉を拒みつづけたのである。

日本新政府の対朝鮮政策　日本の新政府の対朝鮮政策は、江戸幕府時代の日朝関係を条約に基づいた外交・貿易関係に改編しようとするものであった。改編が必要だとする理由は、一八六九年九月に外務省が太政官（当時の政府の正式呼称）の弁官に提出した上申書「朝鮮国一件伺書《うかがいしょ》」によれば、次のようなものであった。（1）「全世界文明開化の時勢」に条約を結ばず、対馬藩による「私交」を維持したままでは、西洋諸国に「万国公法」（国際法）を以て詰問されたときに弁解できない。（2）朝鮮は昔年に「御親征」もあり、「列聖」（歴代天皇）がご配慮なさった国なので、たとえ「皇朝」（日本）の藩属にならなくても、その国家の命脈を永世保存しておきたい。（3）現在、ロシア等の強国が「俎上《そじょう》の肉」としようと狙っているが、朝鮮を「匡救撫綏《きょうきゅうぶすい》」する（正し救い撫でやすんずる）任に当たるべきものは、皇朝以外にはない。強国に併呑されては、「皇国永世の大害、燃眉の急」である。

第一に、条約に基づく関係に変え、対馬藩に対朝鮮外交交渉を一任しているような状態を無くさないと、西洋諸国から国際法から外れていると責められるであろうとして、速やかな変更を求めたのである。交渉相手である朝鮮の事情や旧来の関係への顧慮よりは、西洋諸国への聞こえがよくなることを優先させていたのである。第二に、朝鮮を歴史的に目下の国であったと見なして、日本の勢力下に置くべきであるという志向があった。昔年の「御親征」とは「神功皇后《じんぐう》の三韓征伐」の神話を指すが、古代に朝鮮は日本の属国であったと主張し、それを根拠にして「藩属」にしないまでも、朝鮮の国家としての命脈は日本が関与して維持したいということは、文脈から言って朝鮮を日本の影響下、勢力下に置くことを当然視したものである。第三に、ロシアなどの強国による朝鮮侵略の危険性を誇張し、これに対抗することの重要性を主張し、強国の侵略の危険から朝鮮を救うことができるのは日本であると描き出している。

「伺書」は続いて、「皇使」（天皇が派遣する使節）を派遣したいと述べるが、朝鮮は「倨傲自尊《きょごうじそん》」で交誼を容易に受け入れないであろうから、兵威を示し、その「侮慢《ぶまん》の胆」を破る必要がある、使節は軍艦一二艘を用いて渡航して交渉を進めることを命じて欲しいと述べている。

もちろん、その後の日本の対朝鮮政策がすべて「伺書」の筋書きどおりに進んだわけではないが、条約に基づく関係の樹立が軍艦の力を背景にして達せられたわけであるし、朝鮮を目下に位置づけ、自己の勢力下に収めようとする政策が、紆余曲折をたどりながらも推進されていったのである。

2　閔氏政権の成立と開国

閔氏政権の成立　一八七二年一〇月、領議政に老論《ノロン》の洪淳穆《ホンスンモク》、左議政に北人《プギン》の姜㳣《カンノ》、右議政に南人《ナミン》の韓啓源《ハンゲウォン》が任命される人事がおこなわれた。南人・北人の登用の拡大が進んでいくことに対して、老論の名門人士の不満が高まり、勢力回復のために、王妃閔氏《ミンシ》（諡《おくりな》は明成皇后《ミョンソンファンフ》）の兄である閔升《ミンスン》鎬《ホ》を中心にして結集した。二〇歳を超えた高宗《コジョン》も、大院君《テウォングン》に制約されることなく権力を行使したいという志向を強めた。

一八七三年一一月、衛正斥邪派の李恒老《イハンノ》の門人である崔益鉉《チェイッキョン》が承政院同副承旨（承政院は王命の出納を掌る秘書官の属する官庁、承旨は六名いる秘書官）に抜擢任命された。崔益鉉は辞職上疏を呈して、そのなかで大院君の施政を弾劾した。高宗は崔益鉉をさらに戸曹参判に抜擢した。崔益鉉は再び辞職上疏を呈し、大院君の書院整理、大土木事業などを厳しく批判し、大院君が国政に関与しないことを求めた。洪淳穆ら三大臣は崔益鉉を厳しく取り調べることを求めたが、逆に罷免された。これを受けて、大院君は楊州牧《ヤンジュモク》の別荘に移り、退陣した。崔益鉉は済州島《チェジュド》に流配された。この政変（癸酉政変《ケユジョンビョン》）によって、高宗が名実ともに親政をおこなうことになるとともに、政治の実権は閔升鎬に帰し、老論の驪興閔氏《ヨフンミンシ》による世道政治が始まった。

閔升鎬は、粛宗《スクチヨン》の継妃であった仁顕王后《イニヨンワンフ》閔氏の父、驪陽府院君《ヨヤンブウォングン》閔維重《ミニユジユン》の祀孫《サソン》（閔維重の祭祀を掌る嫡系の子孫）であった。大院君の夫人は、閔致久《ミンチグ》の長女であったが、その弟であった閔升鎬は、閔維重の祀孫であった閔致禄《ミンチロク》の養子となった。大院君、高宗の外戚となった老論の驪興閔氏は、大院君政権の成立とともに勢力をしだいに伸ばした。一八六六年に閔致禄の娘が王妃となると、老論の名門内部での地位は高まり、やがて大院君を退陣に追い込む勢力の中心となったのである。

閔升鎬は一八七四年末に不慮の死を遂げたため、閔奎鎬《ミンギユホ》が政権を握る実権者（世道《セド》）の地位を引き継いだ。その下で老論の驪興閔氏から高官に昇る者が増え、大王大妃趙氏（神貞王后《シンジヨンワンフ》）の甥である趙寧夏《チヨヨンハ》、金輔鉉《キムボヒヨン》（老論の光山金氏《クアンサンキムシ》）、大院君の兄・興寅君《フンイングン》李最応《イチエウン》などが要職について、閔氏政権を支えた。

閔氏政権の成立後は、南人・北人の登用は再び抑制された。大院君政権の政策は、万東廟《マンドンミヨ》の復設などによって、否定されるものがあった一方、書院の整理や班戸奴名収布法など財源確保のための重要政策は引き継がれ、土木工事も続けられた。大院君派の反撃に備えるため、一八七四年には宮中を守備するための軍営として武衛所《ムウイソ》（長官は武衛都統使）が新設された。土木工事や武衛所の経費調達のため、財政は窮乏した。経費不足に対処するため、守令《スリヨン》の官職を売買することが、閔奎鎬の執権下で始まった。

江華島事件　閔氏政権は成立後、対日外交の停頓を打開しようとはかった。一八七四年初めに東莱《トンネ》府使鄭顕徳《チヨンヒヨンドク》は更迭され、対日外交停頓の事情調査のために東莱府按覈使《アネクサ》として朴定陽《パクチヨンヤン》が派遣された。同年六月、朴定陽の求めに応じ、釜山の日本公館は一八六八年以来の両国往復文書の謄本を交付した。調査がおこなわれているなか、八月に清の礼部から咨文《しぶん》が届き、日本が台湾に出兵し、朝鮮に侵略する可能性があることを伝えた。この報を受けて、領議政李裕元《イユウォン》は対日国交を阻隔した訓導、地方官の処分を請い、右議政朴珪寿《パッキュス》は書契の違式を以て国交を阻隔すべきでないと論じた。前東萊府使鄭顕徳は流配され、前慶尚道《キョンサンド》観察使金世鎬《キムセホ》は官職を罷免された。前訓導安東晙《アンドンジュン》は東萊府に流配されたのち、翌七五年四月に梟首《きょうしゅ》刑（さらし首）とされた。

東萊府使更迭などの報に接した日本外務省は、朝鮮政情視察のために森山茂を派遣した。七四年六月に釜山に到着した森山茂は、東萊府側との交渉に入り、九月に新任の訓導玄昔運《ヒョンソグン》との間に国交交渉再開のための基礎案を協定した。同月、按覈使の随行員から森山に禁衛大将兼武衛都統使趙寧夏の国交の形式を改めることを認めた私信が手交された。いったん帰国した森山は、外務少丞《しょうじょう》に任ぜられ、交渉に当たる理事官として、翌一八七五年二月に到着し、東萊府との交渉に入った。森山は外務卿の礼曹判書宛て書契、外務大丞の礼曹参判宛て書契をもたらしたが、朝鮮側は同書契における「大日本」「皇上」の字句の使用を問題とした。ついで三月末以降、東萊府使が理事官を接待する宴享（宴会）の挙行に関して、森山が洋式の大礼服の着用などを主張し、今回に限り旧式によることを懇請する朝鮮側の主張を斥けた。六月に高宗は大臣、議政府《ウイジョンブ》・六曹《ユクチョ》の二品以上三四人を召集して、書契・宴享問題について諮詢《しじゅん》したが、会議は旧例に違えば接待すべきではないと決した。だが、理事官は交渉を拒絶するに至ったので、政府は八月に旧式により宴享をおこない、書契を受理して国交調整に着手する方針を決定した。しかし、九月二一日、森山理事官は帰国して交渉は頓挫した。

森山理事官は交渉が不調になると、四月に副官の広津弘信らを東京に帰し、軍艦の朝鮮近海への派遣を上申させた。寺島宗則外務卿は海軍大輔川村景義と協議して、軍艦三隻の派遣を決定した。この軍艦の一隻が雲揚《うんよう》（排水量二四六トン）であり、五月以来、朝鮮海域で行動した。九月二〇日、雲揚は江華島《カンファンド》沖に碇泊し、測量と視察のために艦長以下が乗るボートを出し、江華島の東海岸と本土との間の狭い水路に入った。草芝鎮《チョジジン》砲台の前に到ったとき、砲台から砲撃・射撃を受け、本艦に帰った。翌二一日、雲揚は草芝鎮砲台を砲撃し、大きな打撃を与え、さらに近くの頂山島《チョンサンド》砲台に上陸し、これを焼き払った。さらに二二日には永宗島《ヨンジョンド》砲台を砲撃したうえで、永宗鎮《ヨンジョンジン》城を焼き払い、大砲などを奪取した。これが江華島事件である。

江華島事件の報が届くと、日本政府は居留民保護のために軍艦を派遣することを決定した。一〇月には軍艦三隻が釜山《プサン》に集結し、艦隊指揮官として海軍少将中牟田《なかむた》倉之助が派遣された。中牟田指揮官は、一二月にかけて礼砲発射、ボート回漕、海兵隊の上陸など武力示威を重ねた。

日朝修好条規　釜山における武力示威を背景にして、日本政府は全権を派遣して朝鮮に条約の締結を迫る方針を決定した。一八七六年一月、全権大臣黒田清隆、副全権大臣井上馨《かおる》は春日以下軍艦三隻、汽船三隻、海兵隊二六六人をともなって品川を出航した。また、山県有朋《やまがたありとも》陸軍卿は下関に出張し、交渉不調の際には熊本・広島両鎮台から二個大隊を出兵させる準備を講じた。同年二月、全権一行は江華島沖に到り、江華府において朝鮮側の接見大官申櫶《シノン》、副官尹滋承《ユンジャスン》と交渉に入った。日本側は武力示威を背景にして、用意してきた条約案への調印を求めた。朝鮮側は一部修正の上で同意したので、二月二七日に日朝修好条規は調印された。

条約調印に先立って、流配から釈放されていた崔益鉉は、開国反対の上疏を呈した。「日本との交易を通じて、邪学が広まり、人類は禽獣《きんじゅう》と化してしまう」「内地往来・居住を拒めないから、日本人による財貨・婦女の略奪、殺人、放火が横行して、人理は地を払い、人民の生活は脅かされる」というのが、その反対の理由であった。大院君も議政府堂上に書簡を送って、軟弱ぶりを非難した。閔氏政権は、崔益鉉を再び流配する一方、大院君派の重鎮・前吏曹判書趙秉昌《チヨビヨンチヤン》（少論《ソロン》の豊壌趙氏《プンヤンチヨシ》）を、朝廷を眩惑しているという理由で流配した。

日朝修好条規に規定されなかった通商などに関する条項については、同年八月に理事官として派遣されてきた日本の外務大丞宮本小一《おかず》と朝鮮の講修官である刑曹参判趙寅熙《チヨイニ》との間に交渉がおこなわれ、「日朝修好条規付録」「日本国人民貿易規則（日朝通商章程）」が調印され、「修好条規付録に付属する往復文書」が交換された。日朝修好条規の体制は、これらの付属条約、付属文書を含めて成り立っている。

条規の第一款には、「朝鮮国は自主の邦であり、日本国と平等の権を有す」と規定された。これは二面性のある規定であった。第一に朝鮮は独立国であるとして、宗属関係を否定する日本の思惑を込めたものであった。第二に、日本が朝鮮の独立を「保証」した意味も持つことになり、日本の行動を少なからず拘束する面もあった。ただし、「平等」と言いながら、条約には多くの不平等条項が盛り込まれた。

外交体制の大きな変革を意味するものとして、（1）外交使節の首都派遣が規定され、貿易に関しては、日本に対して（2）釜山ほか二港の開港と自由貿易、（3）開港場における居留地の設定、

（4）領事による居留民の管理、（5）領事裁判権、（6）釜山の波止場から四キロ以内と東萊府への内地旅行・通商権、（7）開港場における日本貨幣の通用、（8）朝鮮からの米穀輸出の自由、（9）輸出入税の免除（無関税）が認められた。（3）～（5）は日本と欧米諸国との間の条約に倣ったものであるが、（6）～（9）はそれらの条約にはないもので、朝鮮への日本の経済的浸透にとって有利に働く条項であった。また、朝鮮沿海の測量・海図作成の権利も規定され、日本軍艦による測量が進められることとなった。

開国初期の日朝外交　日朝修好条規に規定された外交使節の派遣について、日本側は常駐使節の派遣であるとしたが、朝鮮側は臨時的な使節の派遣と理解しており、実際に一八七六年五月に初回の修信使《スシンサ》として金綺秀《キムギス》を日本に派遣した。日本の公使派遣も臨時的な使節の派遣の枠内で取り扱おうとして、日本側と対立した。結局、八〇年一二月に弁理公使花房義質《よしもと》が高宗に謁見して国書を奉呈した後、滞在を続け、朝鮮側もこれを黙認することによって、公使の首都常駐が実現した。

　釜山の他の二港の開港は条規の調印後、二〇カ月以内と規定されていたが、難航した。日本は一八七七年秋から七九年にかけて軍艦を朝鮮沿海に派遣して測量し、開港場の候補地を選定した。その上での朝鮮側との交渉によって、七九年五月に咸鏡道《ハムギョンド》の元山《ウォンサン》の開港が決定し、元山は八〇年五月に開港された。ついで漢城《ハンソン》の近地にある開港場として、仁川《インチョン》の開港が八一年二月に決定した。仁川の開港は、壬午軍乱《イモグルラン》が起きたために遅延し、八三年一月になった。

　以上の二件とならんで、両国の大きな交渉案件となったのは、関税問題であった。朝鮮政府は無関税であることが自国の財政・経済に不利なことをすぐに認識し、それに対応する措置として、一八七八年九月、開港場に近い釜山の豆毛鎮《トウモジン》において朝鮮商人の扱う輸出入品について課税を開始した。日本の釜山管理官（領事）はこれに抗議するとともに、日本政府に報告した。日本政府は一一月、代理公使花房義質を軍艦比叡《ひえい》に搭乗させて釜山に急派した。花房公使は東萊府使に対して課税は条約違反であるとして、その中止を求めた。一二月、比叡は陸戦隊を上陸して豆毛鎮まで行軍させ、訓錬や空砲発射などの武力示威をおこなった。比叡は同年、イギリスで竣工して回航されたばかりの新鋭艦（排水量二二四八トン、一七センチ主砲三門）であった。この強硬な武力示威に押されて、朝鮮政府は課税を中止するに至った。朝鮮政府は、通商章程改訂によって課税権を回復することが必要なことを認識し、改訂交渉に乗り出した。

3　開化政策への転換と政局の激動

開化政策への転換　日本の台湾侵略、日朝修好条規調印後の日本の朝鮮進出、一八七九年の琉球処分、ロシアとのイリ問題と続く国際情勢の展開によって、清は安全保障上の危機感を強めた。一八七九年、清は朝鮮へ欧米諸国との条約締結を勧告する政策を採用した。朝鮮へ日露が進出すれば、満洲、直隷《ちよくれい》、山東などの安全が脅かされるという判断のもと、朝鮮に欧米諸国の勢力を引き入れて日露を牽制させようとする狙いからであった。しかし、欧米に対する開国通商を拒んできた従来の政策からの転換であったので、朝鮮にはすぐに受け入れられなかった。

高宗《コジョン》と閔氏《ミンシ》政権が対欧米開国に転換するのは、一八八〇年に日本に派遣された第二回修信使金《キ》弘集《モンジプ》一行の帰国を契機にしてであった。金弘集一行は、日本政府や駐日清国公使館との接触を通じて、日本や世界の事情を詳しく見聞し、清国公使館の参賛官（書記官）の黄遵憲《こうじゅんけん》から『朝鮮策略』を贈られた。『朝鮮策略』は、ロシアの脅威を防ぐために「中国に親しみ、日本と結び、アメリカと連なる」外交方針を採用して、まずアメリカと条約を締結すること、外交通商、西洋の学問・技術の学習、洋式軍備の導入、産業開発によって自強を図ることを朝鮮に勧めるものであった。金弘集の見聞と『朝鮮策略』は、高宗と領議政李最応《イチェウン》ら政府首脳に大きな影響を与えた。一八七八年に閔奎鎬《ミンギュホ》が病死したあと、世道《セド》の地位を占めたのは、閔謙鎬《ミンギョモ》（閔升鎬の弟）、閔台鎬《ミンデホ》（閔奎鎬の兄）であったが、一八八一年初めから西洋式の軍備・技術・制度の導入を図る開化政策への転換を開始した。

一八八一年一月、開化政策と外交を掌る官庁として、統理機務衙門《トンニギムアムン》が設置された。閔謙鎬、閔台鎬、閔泳翊《ミニョンイク》（閔台鎬の子で、閔升鎬の養子となっていた）ら閔氏一族がその要職を占めた。二〜三月には、朴定陽《パクチョンヤン》・趙秉稷《チョビョンジク》・閔種黙《ミンジョンモク》・洪英植《ホンヨンシク》・魚允中《オユンジュン》など参判・参議クラスを中心とする一二人の上層・中堅官僚が日本視察を命ぜられ、五月から八月までの約四カ月間、日本に滞在し、官庁・軍隊・学校・工場などを視察し、膨大な報告書を提出した（紳士遊覧団あるいは朝士視察団という）。五月には閔謙鎬の建議によって、新式（洋式）軍隊の別技軍が新設され、日本公使館付武官の堀本礼造陸軍工兵少尉が教官に傭聘《ようへい》された。別技軍の設置によって旧式化した訓錬都監《フルリョンドガム》・武衛所《ムウィソ》などの五軍営は、八二年二月に武衛営《ムウィヨン》・壮禦営《チャンオヨン》の両営に統合された。

一八八一年九月には第三回修信使として趙秉鎬《チョビョンホ》一行が派遣され、一〇月から一二月まで東京に滞在して、日本側と日朝通商改訂交渉をおこなった。妥結をみなかったが、関税賦課権回復をめざす強い意向を示したのである。同年一一月、領選使《ヨンソンサ》と命名された使節として金允植《キミユンシク》の一行に引率されて、両班出身の学徒と工匠が清の天津機器局に派遣され、新式兵器の製造技術を学習することになった。

こうして開化政策への転換が進む中で、開化派《ケファパ》の勢力が成長した。西洋の文物・制度を導入して内政の改革をはかろうとする開化思想は、金玉均《キモッキュン》・朴泳孝《パギョンヒョ》・徐光範《ソグァンボム》（以上は朴珪寿《パッキュス》の門人）・洪英植、訳官の呉慶錫《オギョンソク》、医師の劉鴻基《ユホンギ》、僧侶の李東仁《イドンイン》らを担い手として、日朝修好条規による開国の前にすでに形成されていた。金玉均らの一派は、一八七八～七九年には実際に改革をおこなおうとする活動に着手し、李東仁を日本へ視察のために送った。金玉均らは八〇年以降、しだいに政権上層部に進出した。また、金弘集、金允植、魚允中らも八〇年以降、外交・開化政策の担い手として重用され、金玉均らと協同して、開化派の一翼を形成するようになった。開化派の中心人物は、老論《ロン》・少論《ソロン》の名門の出身であり、科挙登第後の昇進も早く、王の側近に仕える機会が多かったので、西洋の軍備や技術を導入することに肯定的であった高宗の信任を得て、政権上層部に進出することができたのである。

一方、開化政策への転換に対して、衛正斥邪派《ウィジョンチョクサパ》の在地両班から激しい反対運動が起きた。一八八一年三月以来、各道の衛正斥邪派在地両班は漢城に集結し、『朝鮮策略』を非難し、金弘集や大臣の処罰、衛正斥邪策の実行を求める上疏を呈し、示威運動を展開した（辛巳斥邪上疏運動《シンサチョクササンソウンドン》）。これに対して、兵曹判書《ピョンジョパンソ》閔台鎬が先頭に立って、運動の弾圧をはかり、上疏の代表者・作製者は死刑や流配に処せられた。

一八八一年一〇月には、大院君《テウオングン》の庶子である李載先《イジエソン》を王に擁立しようとする大院君派の陰謀が発覚し、一一月には安驥泳《アンギヨン》・蔡東述《チエドンスル》（ともに南人《ナミン》）らは処刑され、李載先も賜死《しし》（賜った毒薬を飲んで自決すること）された。閔氏政権は、衛正斥邪派・大院君派を厳しく弾圧して、開化政策への転換を推進しようとしたのである。

朝米条約の締結　一八八〇年五月、アメリカの派遣したシューフェルト提督はタイコンデロガ号に搭乗して、釜山《プサン》に来航し、日本領事の仲介により開国通商の交渉を求めた。東莱《トンネ》府使はこれを拒絶した。これを受けて、同月、駐日アメリカ公使ビンガムは井上馨外務卿に仲介を要請したが、これも朝鮮側の拒絶にあった。シューフェルトは天津に回航し、八月に北洋大臣李鴻章《りこうしょう》と会談し、その助力の約束を取り付けた。これによって、朝米条約の交渉には初めから清が関与することになった。八一年七月にシューフェルトは再び天津に来航し、李鴻章と会談して、朝米条約交渉は天津で両者の間でおこなうことを決めたのであった。

一八八二年二月、領選使として天津に来ていた金允植は、李鴻章との会談で高宗の指示に従って李鴻章の対米交渉主宰を認めるとともに、交渉への参加を求めた。しかし李鴻章は金允植には全権の資格がないとして、これを拒否した。シューフェルトと李鴻章の間の交渉は、三〜四月におこなわれ、両者は仮条約に調印した。五月、軍艦スワタラ号に搭乗して仁川《インチヨン》に来航したシューフェルトと朝鮮の全権申櫶《シノン》、金弘集との間に本交渉がおこなわれ、同月二二日に朝米修好通商条約が調印された。本交渉と調印には、李鴻章の幕僚である馬建忠《ばけんちゆう》が立ち会い、その勧告によって朝鮮国王のアメリカ大統領宛の照会が出され、朝鮮は清の属邦である旨が声明された（属邦声明）。

朝米条約も日朝修好条規と同様に不平等条約であったが、必需品は一割以下、奢侈品《しやし》は三割以下とする関税率、凶年のときの米穀輸出禁止を定めたので、日朝修好条規よりは朝鮮の地位を改善する面を持っていた。また、条約の第一条は、第三国が締結国の一方を軽蔑することがあれば、他方は通知を受けて周旋すると規定した。この周旋条項は、朝鮮側が困難にあったときには、アメリカが好意的な態度を取ってくれると期待させる役割を果たすことになった。

朝米条約調印の報に接すると、英独の駐清公使は朝鮮との条約締結の斡旋《あつせん》を清に依頼し、朝米条約と同一条件にすることを受け入れた。一八八二年六月、朝英修好通商条約、朝独修好通商条約が相次いで調印された。両条約の交渉、調印にも馬建忠が立ち会い、国王の属邦声明が交付された。

こうして欧米諸国との条約が締結されるのと並行して、朝鮮は対清外交・貿易体制の修正を要請する交渉をおこなった。一八八二年三月、魚允中らが問議官に任命され、五月に天津に到着し、北洋大臣衙門との間で、海上貿易の開始、国境貿易（中江・会寧・慶源の開市）の体制の刷新、朝鮮使節の北京常駐と進賀・謝恩などの臨時使節の廃止などを要請した。六月、魚允中は北京に入り、礼部に同様のことを要請した。しかし、六月一四日に光緒帝《こうしよてい》の上諭が下り、海上貿易の開市、国境貿易の刷新は認めるが、朝貢使節の形式の変更はできないとして、使節の北京常駐は却下された。朝鮮側は宗属関係自体を否定したのではなく、朝貢使節の派遣による負担の軽減を求めて、使節の北京常駐を提案したのであるが、清は宗属関係の根幹に関わるとして、これを受け入れなかったのである。

壬午軍乱と済物浦条約　一八八二年七月一九日、漢城《ハンソン》で武衛営所属の旧訓錬都監の兵士が給料米に糠《ぬか》・砂が混ぜられており、実際には半分に過ぎないことに怒り、支給の任に当たった宣恵庁《ソネチョン》の倉庫係を殴打して格闘するに至った。倉庫係からの報告に接して宣恵庁堂上（長官）の閔謙鎬は、兵士の代表格を捕らえ、これを捕盗庁《ポドチョン》（漢城の警察を掌る官庁）に引き渡して死刑に処せしめようとはかった。捕らえられた兵士の父や兄弟である兵士が中心となって、彼らを救おうとする運動を開始し、二三日に閔謙鎬邸を襲撃して、閔謙鎬が不在であったため、邸宅を破壊した。ついで大院君の邸宅（雲峴宮《ウニョングン》）に赴いて陳情した。これを機に、給料米支給の不正に抗議する旧式軍隊の兵士たちの運動は、閔氏政権打倒を導く政治的運動に転化することになった。同日午後、兵士たちは捕盗庁に乱入して逮捕されていた兵士を解放し、京畿観察使営（当時の観察使は金輔鉉《キムボヒョン》）を襲撃したうえで、一隊は閔台鎬らの邸宅を襲撃し、一隊は漢城の民衆を加えて日本公使館を襲撃した。花房公使以下の日本公使館員は深夜、包囲を突破して仁川まで逃れ、二六日にイギリス測量艦フライング・フィッシュ号に収容された。

二四日夜、行動を起こした兵士たちは武衛・壮禦両営の兵士だけでなく、兵士の居村である漢城城外の往十里《ワンシムニ》・梨泰院《イテウオン》両村の住民に行動への参加を求めた。翌二五日、両村の住民を加えた旧式軍隊兵士たちは、領敦寧府事・前領議政李最応をその邸宅に襲撃して殺害したのち、昌徳宮《チャンドックン》に入り、駆けつけてきた閔謙鎬・金輔鉉を殺害した。王妃閔氏も殺害される危機に直面したが、顔を知られていないことに助けられて辛うじて脱出し、八月四日には忠清道《チュンチョンド》忠州牧《チュンジュモク》にある閔応植《ミヌンシク》の郷第（いなかの屋敷）に避難した。

以上の動きが壬午軍乱《イモグルラン》であるが、これによって閔氏政権は倒れ、高宗は大院君に政権を委ねた。

復活した大院君政権（第二次大院君政権）は統理機務衙門の廃止と三軍府の復活、別技軍の廃止と旧軍営の復活、大院君派・衛正斥邪派の釈放など、反開化の措置をとった。大院君派の李会正《イフェジョン》・任応準《イムンジュン》（北人《プギン》）、趙秉昌《チョビョンチャン》（少論）、鄭顕徳《チョンヒョンドク》（南人）らが要職に起用された。

反乱の報に接した日清両国は争うように朝鮮に出兵した。七月二九日に長崎に到着した花房公使は外務省に打電し、出兵を上申した。三一日に日本政府は緊急閣議を開き、出兵を決定した。八月一二日、花房公使は仁川に到着したが、一六日までに歩兵第一四連隊第二大隊（派遣軍隊指揮官は高島鞆之助《とものすけ》陸軍少将）、比叡・金剛など軍艦四隻（艦隊指揮官は仁礼景範《にれかげのり》海軍少将）が仁川に集結した。なお、東京・熊本の両鎮台に動員命令を下し、混成一個旅団を編成し、増兵の必要に応ずる態勢も取った。花房公使は一六日に兵を率いて入京し、要求を提出して妥結を迫った。しかし、朝鮮側は亡くなったとされた王妃の葬儀の準備を優先させたので、二二日には最後通牒を発して、いったん仁川に退去した。

八月一日に清の駐日公使黎庶昌が署理北洋大臣張樹声（李鴻章は母の死で服喪中）に日本出兵の報を打電すると、張樹声は迅速に出兵準備を開始した。日本が出兵して反乱を鎮圧することになれば、朝鮮における日本の政治的勢力が増大することを憂慮して、日本軍を上回る兵力を送って、事態収拾の主導権を握ろうとしたのである。七日には「藩属国保護」のために出兵するとの光緒帝の上諭が下り、一〇日に清の北洋艦隊四隻は仁川に到着した。ついで二〇日、呉長慶の率いる清軍の先発隊も二〇〇〇人が南陽府馬山浦《ナミヤンブマサンポ》に上陸し、二五日に漢城に入った。翌二六日、清軍の陣営を訪れた大院君は、清軍に拘束され、清に連行されることとなった。こうして第二次大院君政権は崩壊し、閔氏政権が復活することとなった。二八日から二九日にかけて、清軍は往十里・梨泰院両村を攻撃して、反乱兵士を鎮圧した。

清軍に随行してきた馬建忠の背後斡旋もあって、八月二八日に仁川の済物浦《チエムルポ》にて日朝間の交渉は再開され、三〇日に花房公使と朝鮮側全権李裕元《イユウオン》・金弘集との間に済物浦条約・日朝修好条規続約が調印された。続約は、日本人の遊歩区域を開港場から二〇キロ以内に広げ、二年後には四〇キロ以内に広げること、外交官・領事官の内地旅行権の承認を定め、日本の経済的浸透に利する内容であった。済物浦条約は、反乱首謀者等の逮捕・処罰、日本人遭難者への優恤金《ゆうじゆつきん》（弔慰金）五万円の支払い、損害及び出兵費の賠償金五〇万円の支払い、公使館護衛兵の設置、大官の特派・謝罪を定めた。損害及び出兵費の賠償金の額は過大であり、公使館護衛は朝鮮側のおこなうべきことであって日本軍隊の配備は主権侵害であったが、日本人の遭難という事情を利用して、武力を背景に押しつけたというべきものであった。そして、いったん認められた駐兵権は、日本の軍事力が朝鮮内に浸透していく足場となったのである。

壬午軍乱に際して清軍が迅速に出兵したことは、朝鮮における勢力の拡大をはかってきた日本政府に衝撃を与えるものであった。壬午軍乱後、日本政府・陸海軍は清に対抗するに足るように陸海軍を拡張する計画を立て、遂行した。陸軍は一八八二年に近衛兵と六鎮台を合わせて一六個の歩兵連隊を擁していたが、これを二八個へと大幅に増やし、八八年には外征向きの軍隊とするため鎮台を廃して師団を設置した。海軍は八三年に大規模な建艦計画を立てたが、八五年に清の北洋艦隊に七〇〇〇トン級の巨艦二隻が配備されると、これに対抗する建艦計画を追加し、有力な艦隊を擁するようになった。

中朝商民水陸貿易章程の成立　壬午軍乱後、漢城には日本軍が駐屯するようになり、その兵力は一八八二年には二個中隊となった。これに対して清軍も三〇〇〇人の兵力を擁して駐屯を続けることになった。この両国軍の首都駐屯の状況は、最初から両国が軍事力を背景にして対立を深める危険性を抱えるものであった。しかし、清軍の優勢は、清が朝鮮の政局に強い影響を及ぼすことを支え、日本もこれに正面から挑戦する方針をとらなかったので、両国の対立が深まることは当面回避された。そして、高宗と朝鮮政府にとっては、日清両国の関与が強まるなかで、両国の動向に適切に対処して自律性を可能な限り確保することが課題となった。

軍乱鎮圧直後の一八八二年九月、高宗は即位以来、幾多の失政を重ねたと自責する教書を下すとともに、開国・開化を国是とし、「邪教」を排斥するが西洋の「器《き》」（技術・軍備・制度）を学ぶ方針（「東道西器」論）を明示した教書も下した。これは高宗と閔氏政権が衛正斥邪派・大院君派の反開化運動を退けて開化政策を推進する立場を確固とさせた、重要な方針表明であった。同月に趙寧《チョヨン》夏《ハ》、金弘集が陳奏使として中国に赴き、改革案「善後六条」を李鴻章に示し、その意見を仰いだ。また趙寧夏と李鴻章の会談において、中国・朝鮮間の貿易章程作成が合意された。

貿易章程についての具体的な交渉は、九月末に天津に到着した問議官魚允中と清側の馬建忠・周　馥《しゅうふく》との間でおこなわれたが、清側の用意した原案にほとんど修正を認められないまま合意を余儀なくされ、一〇月二三日、光緒帝が裁可することによって中朝商民水陸貿易章程が成立した。中朝商民水陸貿易章程は、両国が対等な立場で結ぶ条約ではなく、宗主国の皇帝が定めるという形式をとったのである。

章程はその前文において、清と朝鮮との間の宗属関係の変更は議論することができないとし、この章程は「属邦を優待」するものなので、他の条約国は均霑《きんてん》（均等な待遇を受けること）できないとした。海路による自由貿易が認められ、両国は商務委員（領事に相当）を派遣して自国の商人を管理すること、国境における陸路貿易も自由貿易に改めることが定められた。「属邦優待」の謳い文句とは裏腹に、清側に有利な条項が押しつけられた。清にのみ領事裁判権が認められ、清の商人には漢城で開桟《かいさん》する（店舗を設置して卸売を営む）権利、朝鮮内地にて物資を採弁（仕入れ購入）する権利を認められた。

国境陸路貿易の改編に関する交渉は、一八八三年におこなわれた。義州府中江《ウイジュブチュンガン》における貿易に関しては、西北経略使魚允中と清の東辺兵備道陳本植との間で交渉がおこなわれ、八三年四月一五日に「奉天與朝鮮辺民貿易章程」（別名「中江貿易章程」）が合意され、一一月一九日に光緒帝が裁可して成立した。東北国境の咸鏡道会寧《ハムギョンドフェリョン》、慶源《キョンウオン》における貿易に関しては、西北経略使魚允中と清の刑部候補郎中彭光誉《ほうこうよ》との間で交渉がおこなわれ、八三年七月九日に「吉林與朝鮮貿易章程」が合意され、八四年三月一二日に光緒帝が裁可して成立した。

ところで、先述したように朝米条約は日朝修好条規に比して朝鮮の地位を向上させるものであった。これを受けた形で、一八八三年七月二五日に改訂された日朝通商章程が調印され、一般品八％の輸入関税率が賦課され、水害・旱害《かんがい》・兵擾《へいじょう》（戦乱）のときの穀物輸入禁止が規定された。朝鮮にとっては一歩前進の内容であった。

しかし、それから間もない一八八三年一〇月にイギリスの駐清公使パークス、ドイツの横浜総領事ツァッペが漢城に来て、朝英条約・朝独条約の改訂交渉をおこない、一一月二六日に輸入関税率を五分から二割の間に引き下げた朝英改訂条約・朝独改訂条約に調印した。東アジア在住のイギリス商人が朝英条約の輸入関税率は高いとして反対したため、イギリスは改訂を求め、ドイツがこれに同調したのであった。この朝英改訂条約によって、イギリスは内地における「售売《しゅうばい》」（販売）を含む通商権も認められた。これを受けて、八四年一月に北洋大臣李鴻章は高宗に咨文《しぶん》を送り、中朝商民水陸貿易章程第四条を改訂し、清にも全国内地通商権を認めるよう求めた。二月に高宗は同意の咨文を送り、三月一六日に光緒帝の裁可により改訂は成立した。貿易章程に他の条約国は均霑できないと謳いながら、イギリスの獲得した権利には直ちに均霑を図ったのであり、「属邦優待」ではなく清の利益を優先させる姿を露わにしたのであった。

以上のような壬午軍乱後における清の対朝鮮政策は、宗主国としての地位を根拠にして、朝鮮に対する支配を確保、強化しようとするものであり、宗主権強化政策と規定するのがふさわしいものであった。

甲申政変　壬午軍乱後の閔氏政権の中心となったのは、閔台鎬、閔泳翊、趙寧夏らであった。復活後の閔氏政権は、まず最初に第二次大院君政権によって廃止された外交・開化政策を担当する官庁を復活させた。一八八二年九月に機務処が設置され、それが一二月には統理衙門（外交担当）、統理内務衙門（開化政策担当）へ改組された。翌八三年一月に前者は統理交渉通商事務衙門《トンニギョソプトンサンサムアムン》、後者は統理軍国事務衙門《トンニグンククサムアムン》に改称された。この過程で、八二年一〇月に趙寧夏は再度、陳奏使として中国に赴き、李鴻章と会談して外交顧問の招聘を協議し、一二月の帰国の際に馬建常（馬建忠の兄）、ドイツ人メレンドルフを顧問として伴ってきた。メレンドルフは協弁交渉通商事務（統理交渉通商事務衙門の次官）に就任し、八三年六月に朝鮮海関（税関）が創設されると、その長官である総税務司にも就任した。

壬午軍乱善後処理のため、一八八二年九月に特命全権大臣兼修信使朴泳孝の一行（従事官に徐光範）が日本へ派遣され、一〇月に東京に到着して明治天皇に謁見し、国書を捧呈するとともに、日朝修好条規続約の批准書を交換し、日本公使館焼き打ちと日本人の遭難について謝罪の意を表明した礼曹判書の外務卿宛て書契を交付した。また、朴泳孝と外務卿井上馨は済物浦条約による賠償金の一〇年賦支払いに関する協定も結んだ。

翌一八八三年七月には、報聘使《ポビンサ》と名づけられた遣米使節が漢城を出発した。全権大臣は閔泳翊、副大臣は洪英植、従事官は徐光範であった。日本を経て太平洋を横断して、八月にサンフランシスコに到着し、九月にニューヨークにてアーサー大統領に国書を捧呈した。洪英植は日本経由で帰国し、一二月に復命したが、閔泳翊・徐光範らはヨーロッパを歴訪して、八四年六月に復命した。この使節は欧米を訪問した朝鮮最初の使節となった。

開化政策として最重要の位置を占めたのは、新式（洋式）軍隊の建設であった。一八八二年一〇月、漢城の壮丁から一〇〇〇人を選んで、駐留清軍の幹部であった袁世凱《えんせいがい》（のちの中華民国大総統）に依頼して新式軍隊の編制・訓練が始まった。この部隊は、翌八三年に親軍左営《チングンジャヨン》、右営《ウヨン》となった。

一方、金玉均一派である朴泳孝は、八三年四月に広州府留守《クァンジュブ》（漢江の南にあり、副都の一つとして置かれた広州留守府の長官）になり、留守府庁舎のある南漢山城《ナマンサンソン》で、日本式の訓練による新式軍隊の建設を進めた。一一月に朴泳孝は広州府留守を更迭され、南漢山城の新式部隊は漢城に送られた。この部隊を一部に含む形で、同月に親軍前営《チングンジョニョン》が新設された。さらに八四年九月に親軍後営《フヨン》が新設されたが、その一部にはかつて別技軍に属した兵士が加わっていた。また、金玉均らが計画して日本へ派遣された徐載弼《ソジェピル》らは八三年九月に陸軍戸山学校に入学して士官・下士官養成の教育を受けて、八四年五月に帰国した。同年七月に徐載弼は操錬局（各営の合同訓練を担当）の士官長に任命され、他の戸山学校留学者も「士官生徒」の名でその配下となった。こうして八四年九月に親軍四営の体制が成立したが、清式の訓練を受けた左営・右営と日本式訓練を受けたものを含む前営・後営が並存したことは、当時の政治状況を反映したものであり、甲申政変が起こされる伏線となったのであった。

新式軍隊建設以外に注目される開化事業としては、英語学校の創設と漢文新聞の発行がなされた。いずれも統理交渉通商事務衙門が担当したものであるが、前者は一八八三年八月にイギリス人ハリファックスを招聘して設置された同文学英語学塾《トンムナク》（同文学は統理交渉通商事務衙門の一部署）であり、その学生の中から、のちに『皇城新聞《ファンソンシンムン》』社長となる南宮檍《ナムグンオク》らが出た。後者は同文学の所管する博文局が準備を進め、八三年一〇月に発行された『漢城旬報《ハンソンスンボ》』である。政府への官吏の報告、中国で発行された新聞などを基にした国際情勢に関する記事などを掲載した。福沢諭吉の門人であった井上角五郎《かくごろう》は博文局に雇用されて、新聞発行に関与した。

高宗は一八八三年六月、大院君派の重鎮である趙秉昌（少論）、李会正・任応準（北人）らに対して第二次大院君政権時に王・王妃に対して不敬な行動があったことをとがめて、賜死《しし》した。これによって大院君派の勢力が大きく後退したことも要因となって、開化派の分裂が進んだ。一八八三年に入って以降、金玉均・朴泳孝らは広州での新式軍隊の建設など独自行動路線を強めたので、閔台鎬・閔泳翊ら閔氏政権首脳との対立を深めるようになった。開化派のうち、金允植・魚允中・金弘集らは外交や開化政策を担う中心となって、清や閔氏一族に協調的な路線をとり、清からの独立をはかろうとする金玉均らと路線を異にするようになった。研究の上では、前者を穏健開化派、後者を急進開化派と称している。

急進開化派と閔氏政権首脳・穏健開化派との対立は、財政問題をめぐって先鋭化した。財政難に対処するため、一八八三年に閔台鎬らは悪貨である当五銭を発行し、発行者利得を財源に充てる策を用いた。これに対して金玉均は日本からの借款獲得を提起し、高宗の支持を得たので、八三年六月に日本へ渡り、借款交渉をおこなったが、失敗して翌八四年五月に帰国した。

金玉均が帰国した当時、ベトナムをめぐって清とフランスとの対立が深まり、八四年五月には漢城駐屯の清軍の半数は撤収し、遼東に移動した。六月には事実上、清仏戦争が開始され、八月には福州の海戦で、フランス艦隊が清の南洋艦隊を撃破した。このような形勢をみて、急進開化派は、九月には清からの独立をなす機会であると判断し、閔氏政権打倒のクーデターを企てるようになった。一〇月末に、一年近く帰国していた日本の弁理公使竹添進一郎公使が帰任し、急進開化派に接近し、クーデター計画に荷担、慫慂《しょうよう》するようになった。クーデターに当たって、金玉均らは日本公使館護衛のための日本軍を利用しようとしたが、日本の駐屯兵力は八三年七月に竹添公使の上申に基づいて一個中隊に半減されており、八四年一〇月下旬に仙台鎮台歩兵第四連隊第一大隊の一個中隊に交代して間もないときであった。

急進開化派は一八八四年一二月四日、郵征総局落成祝賀宴を利用して、まず閔泳翊ら親軍四営使（司令官）の暗殺を計画した。郵便事業は四月に兵曹参判洪英植が郵征総局総弁（長官）に任命され、準備が進められてきて、ようやく庁舎の落成に至ったのであるが、その祝賀宴がクーデターに利用されたのである。初動の手違いで閔泳翊を負傷させるにとどまったので、金玉均らは高宗を昌徳宮から景祐宮《キョンウグン》に移し、親軍前営の一部と日本公使館警備兵で警備し、王の安否を問うために駆けつけてきた閔氏政権の要人である閔台鎬、趙寧夏、閔泳穆《ミニョンモク》らを殺害した（甲申政変《カプシンジョンビョン》）。翌五日、金玉均らは守備の容易なことから李載元《イジェウォン》（大院君の兄・興寧君昌応《フンヨングンチャンウン》の子で高宗の従兄）邸に移ったが、大王大妃趙氏や王妃が寒さを理由に昌徳宮に戻ることを主張したため、やむなく戻った。昌徳宮に戻った後、李載元を左議政、洪英植を右議政とする急進開化派の新政権が樹立され、翌日にかけて改革方針が発布された。金玉均がのちに著した文書「甲申日録」によれば、財政官庁の戸曹への一元化、大臣・参賛会議による政令の議定執行、対清朝貢の廃止、還穀《ファンゴク》の廃止などが入っていたという。しかし、急進開化政権の力の及ぶところは、昌徳宮のなかだけに限られており、その政令にはまったく実効性はなかった。

一二月六日、閔氏側の右議政沈舜沢《シムスンテク》の要請を受けた形で、清軍は昌徳宮に出動し、急進開化派、日本軍、徐載弼の率いる士官生徒、これに従う前営・後営の一部に攻撃を加えた。前営・後営の兵は逃走し、形勢不利とみた竹添公使、日本軍も昌徳宮を脱出し、仁川まで逃走した。見放された急進開化派はまったく劣勢となって敗れ、その政権はわずか三日で崩壊した。金玉均・朴泳孝・徐光範・徐載弼らは日本へ亡命し、洪英植らは殺害された。

漢城条約と天津条約　甲申政変の報に接した日本政府は、竹添公使の責任は不問に付し、公使館焼失、居留民殺害の責任を問う方針を決定し、参議兼外務卿井上馨を特命全権大使として派遣することとした。井上大使一行は、一八八四年一二月三〇日、陸軍中将高島鞆之助、海軍少将兼海軍大輔樺山資紀《かばやますけのり》、歩兵第一四連隊の二個大隊を伴って仁川に到着した。比叡などの軍艦三隻も仁川に集結した。八五年一月三日、井上大使は高島中将、樺山少将と歩兵一個大隊を伴って漢城に入った。一月六日に井上大使が高宗に謁見し、国書を捧呈したのち、一月七日より、朝鮮側全権左議政金弘集、督弁交渉通商事務（統理交渉通商事務衙門の長官）趙秉鎬らとの交渉が議政府においておこなわれ、九日に漢城条約が調印された。条約では、朝鮮より日本へ国書を致し謝意を表明すること、日本人遭難者遺族などへ朝鮮より一一万円を支給すること、日本公使館再建のために二万円を支給することなどが定められた。条約調印と同日に、井上大使は高島中将と協議して、清軍と交戦した一個中隊に加えて、率いてきた歩兵第一四連隊第一大隊を公使館護衛兵として残すことにして、駐留兵力を増強した。

　ついで、朝鮮において日清両国軍が再び衝突することを避けるために同時撤兵を協定するための交渉が、日清両国間でおこなわれた。一八八五年三月に日本の全権大使である参議兼宮内卿伊藤博文が北京に赴いて総理各国事務衙門（総理衙門、清の外交官庁）の大臣と会見した後、四月三日より天津で北洋大臣直隷総督李鴻章と会談を開始した。六回の会談を経て、四月一八日に三カ条の条約に調印した。その内容は、（1）調印日から四ヵ月以内に日清両国は朝鮮より撤兵する、（2）両国は朝鮮国王に兵士を教練し自ら治安を護るに足るようにすること、他の外国から軍事教官を雇うことを勧め、両国からは軍事教官を派遣しないこと、（3）将来、朝鮮に変乱・重大事件があり、両国あるいは一国が派兵を要するときは、互いに事前通知をおこない、事が定まったならば、即時撤兵して駐留しないこと、であった。

天津条約第一条に基づいて、日清両国軍は七月までに撤兵を完了した。ただし、七月の日本軍全数撤兵に際して、臨時代理公使高平《たかひら》小五郎は、撤兵は済物浦条約によるものであり、全数撤兵によっても同条約の規定（公使館護衛兵の駐兵権）は消滅するものではないとする照会を督弁交渉通商事務金允植に送り、金允植はこれを承認した。

両国軍の撤兵によって、両国軍の衝突は当面回避されたが、両国が必要と判断するときには兵力の派遣は可能であったので、両国間の戦争を防止するものではなかった。

甲申政変後の朝鮮　甲申政変後、閔氏政権が再び復活した。閔台鎬が殺害されたあと、閔氏一族の中心（世道）になったのは、壬午軍乱の際に王妃の避難を助けた閔応植であった。

甲申政変後、高宗と王妃は清の勢力の強化を警戒して、メレンドルフと結んでロシアへの接近を試みた。一八八五年二月、漢城条約に基づく国書捧呈のために、欽差副大臣として東京に到着したメレンドルフは、駐日ロシア公使館の公使ダヴィドフ、書記官シペイエルと協議してロシアからの陸軍教官傭聘の諒解を成立させた。六月にシペイエルが漢城に到着し、メレンドルフとの秘密交渉を進めたが、七月に督弁交渉通商事務金允植は協定の調印を拒否したので、交渉は失敗した。メレンドルフは協弁交渉通商事務、総税務司を解任された（第一次朝露秘密協定問題）。

清は高宗、王妃を牽制するために、八五年一〇月に大院君を帰国させ、袁世凱を駐箚《ちゅうさつ》朝鮮総理交渉通商事宜に任命して、一一月に漢城に着任させた。袁世凱には宗主国の代表として、諸外国の公使とは別格の地位・待遇と国王・政府を指導する強い権限が与えられた。高宗と王妃は閔応植、閔《ミ》泳煥《ニヨンファン》（閔謙鎬の実子）らと結んで、なおもロシアに接近する動きを続けた。翌八六年八月にロシアの「保護」を求める動きのあることがこれに反対する閔泳翊から袁世凱に通報されると、清は仁川に軍艦五隻を回航して圧力をかけ、秘密協定の動きを阻止した（第二次朝露秘密協定問題）。

朝露秘密協定の動きが起きると、イギリスの巨文島《コムンド》占領が起きた。ロシアの南下政策に対抗してきたイギリスは、ロシア艦隊の通路を遮るために、一八八五年四月、全羅道《チョルラド》南方海上にある巨文島を突如占領し、朝鮮政府の度重なる抗議にもかかわらず、占領を続けた。八六年一〇月、李鴻章はロシアの駐清代理公使ラドゥイジンスキーと会談し、朝鮮の現状維持と領土不可侵について口頭の約束を取りつけ、これをもとにイギリスに撤退を求めた。これによって八七年三月、イギリスはようやく巨文島から撤退した。李鴻章の調停は、清が朝鮮の宗主国であることを英露両国に再確認させる効果をもたらした。

一八八七年には、公使派遣をめぐって清との紛争が起きた。この年、朝鮮政府は公使の派遣・常駐を開始しようとした。駐日弁理公使についで、駐米特命全権公使朴定陽などを派遣しようとするときに、清の干渉が起きた。九月に、朝鮮の公使派遣には皇帝の許可が必要であるとの光緒帝の上諭が下った。朝鮮政府が許可を求める手続きを取ると、一一月に李鴻章は、朝鮮公使が着任したなら、まず清国公使館に赴き、清国公使と同行して相手国外務省に赴くこと、など三条件に従うことを要求した。朝鮮政府はこの要求を受け入れたが、駐米公使朴定陽（かつての紳士遊覧団の一員）は翌八八年一月にワシントンに到着すると、清国公使に面会することなく、国務省に赴き、ついでクリーブランド大統領に謁見して国書を捧呈した。このことが駐米清国公使から通報されると、袁世凱は朝鮮政府に対して、朴定陽の三条件違反を厳しく詰責した。袁世凱はさらに朴定陽の早期帰国を求めたが、朴定陽は一一月に病気のために離任するまで任地に滞在した。朴定陽は一二月に日本に到着し、八九年四月まで滞在したのち帰国し、七月に復命した。

一八九〇年六月に、大王大妃趙氏（神貞王后《シンジョンワンフ》）が死去すると、弔勅使派遣辞退問題が起きた。朝鮮の告訃使（王などの訃を告げる使節）は北京に至って、財政難につき弔勅使（朝鮮王室の使者を弔うため皇帝が派遣する使節）の派遣の免除を要請したが、一〇月八日に光緒帝は「体制」に関することは軽々しく変更できないとして、要請を却下した。一一月に弔勅使は迎接の負担を軽減するために海路で派遣されてきたが、高宗は郊迎の儀（勅使を国王が迎恩門に出迎える儀式）の免除を求めて、李鴻章に拒否された。この問題での高宗の行動は、宗属関係は否定しない、また否定できないものの、日本や欧米諸国の目の及ぶところで臣下としての礼を演ずることをよしとしなくなっていたことを示すものであった。

以上のような動きは、清の宗主権強化政策への抵抗と位置づけられるが、それは直ちに宗属関係を否定するものではなく、条約に基づく諸外国との関係を活用して、清の勢力が過大になるのは阻み、朝鮮の自律性をできるだけ発揮しようとするものであったといえよう。

甲申政変後の閔氏政権の下でも、開化政策はゆるやかであったが前進した。開化政策を担当する官庁であった統理軍国事務衙門は、甲申政変直後に廃止されたが、一八八五年七月に内務府《ネムブ》が設置され、新たな担当官庁となった。病院の設置（一八八五年）、『漢城旬報』の後継である『漢城周報《ハンソンジュボ》』の発行（一八八六〜八八）、汽船による税穀輸送の開始（一八八六年）などがおこなわれた。一八八七年に電報総局が設置され、八八年に漢城―釜山《プサン》間の電信線（南路電線）、九一年に漢城―元山《ウオンサン》間の電信線（北路電線）を自力架設したことは、注目されるべきことである。新式軍隊である親軍営は六営に拡張され、八八年に一営の規模を二〇〇〇人強に拡大するため、親軍統衛営《チングントンウィヨン》・壮衛営《チャンウィヨン》・摠禦営《チョンオヨン》の三営に改編された。

しかし、一八九〇年に閔泳駿《ミニヨンジュン》が閔応植に代わって閔氏一族の中心（世道）の地位を占めると、財政難が深刻化した。このため、開化政策は停頓する一方、財政難に対処するため売官売爵（官職の売買）、とくに地方官の売買が盛んになった。高額で守令《スリョン》（邑に派遣される地方官）のポストを得た者は、在任中に管下の住民から規定の税額を上回る取り立てをおこなって、購入費を償却した上で蓄財も図ろうとすることが多かった。厳しい取り立てにあえいだ管下住民（農民だけでなく、在地両班の一部も含む）は、まずは取り立ての緩和を求める請願活動をおこなったが、それが聞き入れられないときには蜂起し、守令を追い出し、取り立ての実際の執行者である郷吏《ヒャンニ》を攻撃する行動に出た（民乱《ミルラン》）。この民乱と呼ばれる住民反乱は、八八年以降は毎年のように起き、九二〜九四年には多発し、支配の危機が進んでいることを示した。このような状況の下で、後述するように東学の運動も発展したのである。

日清の経済的浸透　甲申政変後は、日本・清がその経済的勢力を朝鮮の内部に浸透させた時期であった。両国が朝英改訂条約に均霑して内地通商権を獲得したことが、その趨勢を促進したのである。清の商人は漢城、仁川を拠点にして、内陸部にも居住して商業活動を拡大していった。また一八八〇年代末には山東省の沿海から平安《ピョンアン》・黄海《ファンヘ》両道の沿海に清の船が渡航して密貿易をする者も多くなった。

日本は、日朝修好条規の調印後、不平等条項に支えられて朝鮮との貿易を拡大した。日本からはイギリスの綿製品が中継輸出され、朝鮮からは米、大豆、金地金、牛皮などが輸出された。穀物（米・大豆）の輸出は、朝鮮の穀物流通構造を開港場である釜山、仁川、元山《ウォンサン》を中心とするものに改編し、朝鮮側の売込商である客主（卸売商人）や地主には利益をもたらしたが、国内における米の供給不足や米価騰貴をもたらし、下層民の生活を圧迫することとなった。

日本は一八八五年に朝英改訂条約に均霑《きんてん》して内地通商権を獲得した。日本商人の内地行商による穀物買付が可能となり、穀物輸出の拡大をもたらした。当時、日本では産業革命が進展中であり、朝鮮の米・大豆は阪神地区の労働者の飯米、副食や調味料（豆腐、味噌、醤油）の原料として需要が増大していた。内地行商に赴く日本商人は、居留地の有力貿易商や日本人銀行支店から融資を受けて、それを元手に生産地の客主に資金を前貸しして穀物を買い集めた。このため、開港地の客主や仲買穀物商は流通ルートから排除され、打撃を受けた。また穀物の域外への搬出が増大することによって、地域の安定した穀物流通が動揺し、飯米購買者である下層民の生活が困難になった。観察使などの地方官は、日本商人からは自立した朝鮮商人の利益を保護し、下層民の不満の爆発を防ぐため、穀物の域外搬出の禁止令（防穀令）をしばしば発布するようになった。八三年の日朝通商章程では、旱害・水害・兵擾のときには一ヵ月前に通知することを条件に、防穀令の発布を認めていたからである。しかし日本商人は前貸しによって買い集めをしていたため、防穀令によって損害を被ったとして賠償を求めて地方官としばしば紛争を起こした。

防穀令事件のなかで最大のものは、一八八九年に咸鏡道観察使趙秉式《チヨビヨンシク》が発布した防穀令、九一年に黄海道《フアンヘド》観察使呉俊泳《オジユニヨン》が発布した防穀令によるものであった。九一年一二月、日本の弁理公使梶山鼎介《ていすけ》（陸軍歩兵中佐）は咸鏡道防穀令の賠償金として一四万七〇〇〇円の支払いを要求したが、九二年六月に督弁交渉通商事務閔種默は六万円を交付すると回答し、交渉は決裂した。

同年一二月、日本の帝国議会衆議院本会議で自由党の代議士井上角五郎は朝鮮に対する強硬策を求め、それによって梶山公使は更迭されるに至った。後任の弁理公使大石正巳（自由党員）は九三年二月、黄海道防穀令の賠償金も含めて一七万六〇〇〇円を求めた。これに対して督弁交渉通商事務の趙秉稷（かつての紳士遊覧団の一員）は四万八〇〇〇円の支払いを回答した。大石公使は日本政府に兵力による威圧を進言した上で、五月に最後通牒を発した。日本の首相伊藤博文は李鴻章に打電して斡旋を依頼したので、交渉は急転して一一万八〇〇〇円の支払いで妥結した。武力威嚇で要求をもぎ取った結末となったのである。

日本は一八八三年の日朝通商章程によって、朝鮮へ肥前、筑前、長門、石見、出雲、対馬の沿海への通漁権を認めるのと引き換えに、咸鏡、江原《カンウオン》、慶尚《キヨンサン》、全羅四道への通漁権を獲得した。この規定は、実際には朝鮮漁民が出雲以西の地域に出漁することはありえないし、日本側の獲得したのは朝鮮の半ばに及ぶ不均衡なものであって、結果的には日本に一方的に有利な形で通漁を認めることになった。四道の沿海には日本の漁民が進出した。

朝鮮における清の経済的勢力は拡大し、朝鮮への日清両国からの輸入額の割合は、一八八五年には八二対一八で日本が優勢であったが、九三年には五一対四九と互角になった。輸入品の中心は日清両国ともイギリス製綿製品であったが、その供給地は上海、香港であったので、清は輸送距離面において有利な地位を占めることができたからである。また清の電報総局（華電局と略称）は仁川―漢城―義州間の電信線（西路電線）を架設し、その管理下に置いた。

しかし朝鮮からの輸出貿易においては、日本は圧倒的な優位を占め続けた。朝鮮からの輸出額のうち日本向けは、一八八五年から九三年まで九割以上であった。貿易を扱う商船の数においても日本船が大半を占めたことも、日本の第一銀行の朝鮮内支店が海関税取扱銀行となったことも、日本に有利に作用した。

日本、清の経済的浸透に対して、朝鮮ではさまざまな抵抗が起きた。漢城では市廛《シチョン》商人などが清・日本商人の漢城進出によって打撃を被ったため、両国商人の退去を求めつづけ、一八九〇年には七日間に及ぶ撤市《チョルシ》（閉店ストライキ）をおこなった。日本人漁業会社・漁民の出漁に対しても、それを阻もうとする朝鮮漁民の運動が起きた。とくに済州島《チェジュド》では、日本人漁業会社が潜水器を使った新しい漁法で特産のアワビを大量に採取しようとしたのに対し、海女による採取を営んできた地元漁民は反対し、九一年には日本漁民の出漁永久禁止を求めて蜂起した。

4　日清戦争と朝鮮

甲午農民戦争　東学《トンハク》は慶尚道慶州府《キョンジュブ》生まれの崔済愚《チェジェウ》が一八六〇年に創始した新興の宗教であり、その名称には西学《ソハク》＝天主教に対抗する意味がこめられていた。崔済愚はやがて理想の「後天開《フチョンゲ》闢《ビョク》」の世がやってくるので、人々は真心をこめて呪文を唱えて霊符を飲めば、天と人は一体となり、現世において神仙となることができると説いた。政府は東学を危険視し、崔済愚を六三年に捕らえ、六四年、大院君政権の初期に「左道惑正（異端）」のかどで死刑に処した。

崔済愚の死後、東学は第二代教主崔時亨《チェシヒョン》のもとで教典の編纂や教団の組織化を進め、その勢力は一八八〇年代以降には中南部一帯に広がっていった。九二年一月、忠清道《チュンチョンド》観察使として赴任した趙秉式《チョビョンシク》は、東学に対する弾圧を強めた。これに抗して、東学教徒は教祖崔済愚の罪名を取り消させて、教団の合法化を求める運動（教祖伸冤《しんえん》運動）を開始した。同年一二月、忠清道公州牧《コンジュモク》、全《チョル》羅道《ラド》全州府《チョンジュブ》参礼駅《チャムネヨク》に集まって、両道の観察使に教祖伸冤の願いを政府に伝えてくれることを請願した（公州集会、参礼集会）。趙秉式も全羅道観察使李耕稙《イギョンジク》（王妃閔氏の母方の従兄弟）も東学は異端であるとして請願を斥《しりぞ》けたが、同時に東学への暴行や郷吏の苛斂誅求《かれんちゅうきゅう》（租税の厳しい取り立て）を禁ずる命令も下した。教徒は王に直接に訴えることとし、九三年三月に景福宮《キョンボックン》前に集まり伏閤《ふくこう》上疏（王宮の前に伏しておこなう王への意見書の提出）をおこなったが、解散させられた。この直後に漢城《ハンソン》では、外国人経営の学校、キリスト教宣教師の住宅、フランス公使館、日本領事館などに「斥倭洋」（日本と西洋を排斥する）を掲げた貼り紙が張られ、在留外国人を慌てさせた。ついで四月には、東学の本拠地であった忠清道報恩郡《ポウングン》帳内《チャンネ》に教徒二万人余りが集まって、「斥倭洋倡義」の旗を掲げ、観察使と守令の虐政を非難した（報恩集会）。これを並行して、全羅道金溝《キムグ》県《ヒョン》院坪《ウォンピョン》にも教徒一万人余りが集まって、「斥倭洋」を掲げた集会を開いた（金溝集会）。政府は五月、魚允《オユン》中《ジュン》を両湖宣撫使に任命し、忠清道と全羅道（両湖《ヤンホ》は湖西《ホソ》と湖南《ホナム》で、湖西は忠清道、湖南は全羅道のそれぞれ別称）の東学教徒を解散させようとした。魚允中はまず報恩集会に赴き、解散を命じた。親《チン》軍壮衛営《グンジャンウィヨン》正領官洪啓薫《ホンゲフン》の率いる精兵六〇〇人が忠清道清州《チョンジュ》まで出動して圧力をかけたので、教徒は解散に応じた。魚允中はついで院坪へ向かったが、到着したときには集会は解散していた。半年にわたって連続した運動の高まりを受けて、東学の勢力はさらに拡大していった。

翌一八九四年二月一五日、全羅道古阜郡《コブグン》において東学の接主《チョプチュ》（地方組織の幹部）である全琫準《チョンボンジュン》が率いる民乱が起きた。民乱の原因は、古阜郡守趙秉甲《チョビョンガプ》が洑税（水利施設である洑《ポ》の運営のために徴収する税、洑については第一章1の「朝鮮王朝後期の政治と社会」の項を参照）のむやみな取り立てなどの悪政であった。農民たちは郡庁を占拠して趙秉甲を逃走させ、その横領した米を取り戻し、四月初めには解散した。ところが古阜郡按覈使《アネクサ》（調査官）として民乱の調査のために派遣されてきた全羅道長興《チャンフン》府使李容泰《イヨンテ》が民乱参加者を捜索し、略奪をおこなった。これに憤った全琫準らは四月二五日、近隣の接主に呼びかけて竹槍や弓矢、火縄銃などで武装した農民を集めて、茂長《ムジャン》県《ヒョン》にて挙兵した。農民軍は古阜郡を占領して、李容泰を逃走させ、同月三〇日には同郡の白山《ペクサン》に六〇〇〇～七〇〇〇人を集めて、「倭夷（日本）を逐い滅ぼす」「兵を駆り京に入り、権貴を尽く滅ぼす」などの方針を示した。白山大会の後、農民軍は周辺の諸邑に進撃し、五月一〇日に再び古阜郡に入り、同郡の黄土峴《ファントヒョン》で全羅道観察使金文鉉《キムムニョン》が派遣してきた観察使営軍を撃破した（黄土峴の戦い）。農民軍はその後、沿海諸邑を南下し、悪政をおこなっていた守令や邑吏《ウムニ》を捕らえ、武器を奪取した。政府は五月六日、全羅道兵馬節度使兼親軍壮衛営正領官洪啓薫を両湖招討使（宣撫官兼討伐軍司令官）に任命して、壮衛営の八〇〇人を率いて全羅道に出動させた。招討使軍は清国軍艦と汽船によって輸送され、同月九日に全羅道沃溝県群山浦《オックヒョンクンサンポ》に上陸し、一一日に観察使営所在地の全州府《チョンジュブ》に入った。壮衛営兵士の士気は低下しており、全州到着の時点で四七〇人に減少していた。二二日、招討使は全州より南下し農民軍を追ったが、二七日に長城府《チャンソンブ》の黄龍村《ファンニョンチョン》で壮衛営軍の大部分である三〇〇人は、農民軍と交戦して敗北した（黄龍村の戦い）。勢いのついた農民軍は北上して、三一日に全州府に入城した。招討使軍は追尾して、翌六月一日に全州府城の南にある完山に陣地を設けた。忠清道でも東学の活動が広がり、閔氏政権は危機に陥った。

世道《セド》の閔泳駿《ミニョンジュン》は全州攻防戦の帰趨を悲観し、自力鎮圧は困難とみて、清軍の出兵を求めることを提議した。六月三日、朝鮮政府は左議政趙秉世《チョビョンセ》の名で袁世凱に出兵を請求した。清の北洋陸海軍はすぐに動員を開始し、五日には軍艦二隻が仁川《インチョン》に到着し、八日には陸軍の先発隊九〇〇人が忠清道牙山県《アサンヒョン》に上陸した。清出兵の報に接した日本も、迅速に出兵を決定し、陸海軍を動員した。六月二日、日本政府（第二次伊藤博文内閣）は公使館と居留民の保護を理由としての朝鮮出兵を閣議決定した。五日には陸海軍双方にわたって作戦を指導する機関としての大本営が設置され、広島の第五師団に動員令が下り、混成第九旅団が編成された。同日、一時帰国中の朝鮮駐箚特命全権公使大鳥圭介は通報艦八重山に搭乗して横須賀を出航し、一〇日には海軍陸戦隊四三一人を率いて漢城に入った。同日、仁川には日本の常備艦隊司令長官伊東祐亨《すけゆき》海軍中将の率いる旗艦松島以下の軍艦六隻が集結した。
農民軍は、増援部隊を加えて全州の包囲を強めた政府軍と激戦を展開していたが、六月一〇日、新任の全羅道観察使金鶴鎮《キマクジン》との間に「全州和約」を結んで、全州で撤退した（甲午農民戦争の第一次蜂起）。

日本軍の王宮占領　六月一二日、督弁交渉通商事務趙秉稷《チヨビヨンジク》は大鳥公使に反乱の平定を通告した。大鳥公使は陸奥宗光外相に後続部隊派遣の見合わせを上申するとともに、袁世凱との共同撤兵交渉に入った。六月一三日、一戸兵衛少佐の率いる混成旅団の先発隊（歩兵第一一連隊第一大隊）が漢城に入り、一戸大隊に随行してきた陸軍歩兵中佐福島安正（のち関東都督）、陸軍工兵少佐上原勇作（のち陸相・参謀総長）は、公使館の書記官杉村濬《ふかし》・交際官試補松井慶四郎（のち外相）、外務省から派遣されてきていた本野一郎参事官（のち外相）とともに共同撤兵反対を大鳥公使に説き、多数の兵力を背景に戦端を開くも辞さない方針に急転換させた。六月一五日、日本政府は、日清両国軍による反乱の共同鎮圧、日清両国共同による朝鮮内政改革の提議の方針を閣議決定した。駐兵を続ける新たな理由を案出したのである。これに対して、六月二一日、李鴻章は共同改革拒否を回答した。反乱はすでに鎮圧されたので、共同鎮圧の必要はない、内政改革は朝鮮自らがおこなうべきであり、日本には朝鮮の内政に干与する権利はない、反乱が平定されたら撤退することは天津条約に定められている、というのがその理由であった。翌二二日、日本政府は単独で朝鮮の内政改革に当たる方針を閣議決定した。混成第九旅団主力（旅団長大島義昌陸軍少将と歩兵第一一連隊の二個大隊など）は六月一六日に仁川への上陸を完了して、漢城への進発を見合わせていたが、二四日に漢城に入り、後続部隊の歩兵第二一連隊も二八日に仁川上陸を完了した。こうして混成第九旅団の八〇〇〇人が漢城・仁川地区を制圧したのを背景に、大鳥公使は朝鮮政府に内政改革の実施を強要する行動に移った。

他方、牙山の清軍も増派されて、六月二五日には二八〇〇人に達した。総指揮官の提督葉志超《しようしちよう》は二七日、聶士成《じようしせい》の部隊を全州に送ったが、全羅道の農民軍は清軍との衝突を回避したので、聶部隊は数日で牙山に引き上げた。

七月三日、大鳥公使は趙督弁に朝鮮内政改革案要項を示し、改革案調査委員の任命を要求した。一〇日、朝鮮側の調査委員である督弁内務府事申正熙《シンジヨンヒ》（申櫶の子）らと大鳥公使は漢城の南山《ナムサン》の麓にある老人亭で会談をもった。この場で大鳥公使は内政改革案二七項目を提示した。朝鮮政府は一三日に校正庁《キヨジヨンチヨン》を設置して自主的に改革を進める姿勢を示し、一五日の第三回老人亭会談において、申正熙は、日本軍の漢城駐留下で改革案実施を督促するのは、民心の不安を招き、内政干渉の嫌いがあるとして、日本軍の撤退が先決であると主張した。翌一六日には趙督弁も日本軍撤退が先決であると声明した。

これより先、七月三日に大鳥公使は大島旅団長と協議して、宗属関係の問題を開戦の口実とする方針を具申するために、本野参事官・福島中佐を一時帰国させていた。一九日、両名は帰任して方針の承認されたことを伝えた。これを受けて、大鳥公使と混成第九旅団は強圧手段の実施に着手した。まず、旅団の電線架設隊は漢城―忠州《チユンジユ》―大邱《テグ》――釜山《プサン》間の軍用電信線の架設に着手した。この日、袁世凱は帰国した。翌二〇日、大鳥公使は、趙督弁に清軍の駆逐と中朝商民水陸貿易章程、奉天與朝鮮辺民貿易章程、吉林與朝鮮貿易章程の廃棄を求めた。朝鮮政府がこれに応じないと、二三日、歩兵第二一連隊が出動し、一個大隊の兵力で王宮（景福宮）を占領し、朝鮮軍を武装解除した。日本は大院君を担ぎ出し、二四日には閔泳駿・閔応植らを罷免・流配に処させ、閔氏政権を倒壊させた。二五日に、趙督弁は残留していた清の代理交渉通商事宜の唐紹儀に中朝商民水陸貿易章程など三章程の廃棄を通告し、一六三七年以来の清との宗属関係を絶った。二六日には趙督弁は大鳥公使に清軍の駆逐を依頼し、統理交渉通商事務衙門は各地方官に日本軍の軍事行動への「協力」を指令した。二七日、穏健開化派の金弘集《キモンジプ》が領議政に任命され、親日開化派《ケファパ》政権が成立した。日本は武力行使によって、朝鮮政府をすげかえ、朝鮮を戦場にした対清戦争遂行の体制を作り出し、強引に清との開戦の道を開いたのであった。

日清戦争と朝鮮　三章程が廃棄された七月二五日、日本海軍（戦時編制で連合艦隊に組織されていた）と清の北洋艦隊は、忠清道北方の豊島《プンド》の近くで交戦し（豊島沖海戦）、日清戦争が開始された。二九日には漢城から南下した混成第九旅団は、葉志超の率いる清軍と忠清道稷山県成歓《チクサンヒョンソンファン》で戦い、これを撃破した（成歓の戦い）。八月一日、日清両国は相互に宣戦を布告した。

日清開戦後、日本は、朝鮮政府の戦争への「協力」の体制を固めるとともに、朝鮮における勢力を拡張するために、八月二〇日に「日朝暫定合同条款」、同月二六日に「大日本大朝鮮両国盟約」を朝鮮政府に調印させた。「合同条款」は、日本政府による内政改革の勧告、漢城—釜山間（京釜）、漢城—仁川間（京仁）鉄道敷設権の日本への供与、京釜・京仁間の日本軍用電信線の存置、全羅道沿岸での一港の開港、王宮占領事件の不問と王宮占領日本軍撤退を掲げ、日本の内政干渉を合法化し、多くの経済的利権を日本に与えるものであった。「盟約」は清軍を朝鮮の国境外に逐い、朝鮮の独立を鞏固《きょうこ》にすることを目的とすると謳い、日本は戦争に任じ、朝鮮は日本軍の行動と糧食準備に便宜を与えるとし、朝鮮における日本の軍事行動を合法化し、朝鮮政府の「協力」を義務づけたものであった。

九月中旬、日本は平壌の戦い、黄海海戦で勝利して、戦局の主導権を握り、一〇月下旬には鴨緑《アムノッ》江《カン》を渡河して満洲に侵攻した。また、日本軍は釜山—大邱—忠州—漢城間（中路と称した街道沿いで軍用電信線が架設された）、漢城—平山《ピョンサン》—黄州《ファンジュ》—漁隠洞《オウンドン》（黄海道《ファンヘド》長連県《チャンニョンヒョン》、大同江河口）間に兵站《へいたん》線を設け、線上の要地に兵站部を設け、守備隊や憲兵を配置して、食糧・人馬・物資の徴発、道路の整備、電信線の警備に当たらせた。平壌以北は、第一軍（一八九四年九月に第三、第五師団などで編成）の兵站線（平壌《ピョンヤン》—安州《アンジュ》—義州《ウイジュ》間）が置かれた。兵站線沿路の住民は徴発に反対し、兵站部や日本軍に「協力」する官庁を襲撃し、電信線を切断した。地方官や郷吏《ヒャンニ》のなかにも日本軍に非協力的な動きがあらわれた。沿海の諸島は、日本海軍（連合艦隊）の根拠地に供された。連合艦隊は一八九四年八月に全羅道康津県《カンジンヒョン》の長直路《チャンジンジンノ》を根拠地とした。長直路は、古今島《コグムド》、助薬島《チョヤクト》、薪智島《シンジド》、莞島《ワンド》に囲まれた内海であり、艦隊の錨地、陸軍輸送船の中継地とされ、旅順港に根拠地が移されたあとの一二月に撤収された。

平壌の戦いの後、九月下旬から東学の地方幹部に率いられる農民軍の蜂起が起きた。まず慶尚道から蜂起が起き、日本軍の兵站線が襲撃された。全羅道の農民軍は、全州から撤退した後、各邑に自治機関を設置し、弊政改革を実施した。奴婢《ノビ》を解放し、両班と良人《ヤンイン》の間の差別をなくす措置をとるとともに、欲深い地方官・郷吏や横暴な両班を処罰し、軍需に充てるために小作料を押収した。これらの改革は、従来の両班中心の支配体制を大きく揺るがすものであった。全羅道の農民軍は、一〇月下旬に、日本勢力の駆逐と開化派政権の打倒を掲げて再蜂起した。第一次蜂起には反対した東学教主の崔時亨も、その掌握下にある組織に蜂起を命じたので、蜂起は忠清、慶尚、江原《カンウォン》、京畿《キョンギ》、黄海、平安《ピョンアン》の諸道にも広がった。朝鮮政府は、両湖巡撫営を設けて、鎮圧のために政府軍二八〇〇人を南下させた。日本軍も、後備歩兵第一八大隊をあらたに動員し、釜山、仁川、龍山《ヨンサン》、黄州の守備隊からの派遣兵も加えて、約二〇〇〇人を投入した。日本海軍も軍艦筑波《つくば》などを慶尚道、全羅道の沿海に出動させ、陸戦隊を上陸させて鎮圧に加わった。また、在地両班や郷吏の率いる民《ミン》堡軍《ボグン》（義兵）も鎮圧行動に加わった。

全琫準の率いる農民軍は北上して忠清道に入り、一一月二二日から一二月七日に及んだ公州の戦いで政府軍、日本軍の連合軍に敗れ、全羅道に退却して各個撃破され、一八九五年一月には抵抗を終えた。その他の道の農民軍も、政府軍、日本軍や民堡軍に撃破されて、同年四月には活動を終えた。火縄銃や竹槍で武装した農民軍は地の利と地域住民との結びつきを活かして奮戦したが、射程の長い村田銃やスナイドル銃で武装した日本軍の火力の前に抑え込まれたのである。

一八九五年四月一七日、下関条約が調印され、日清戦争は終結した。清は宗属関係の廃止を承認し、朝鮮の清からの独立は確定した。その直後の四月二三日に露独仏三国が日本に遼東半島の返還を勧告し（三国干渉）、日本は五月五日にこれを受け入れることを通告した。一一月一七日に清との間に遼東還付条約が調印され、一二月には遼東半島を占領していた日本軍は撤退した。三国干渉と遼東半島還付は、軍事力を背景に朝鮮への内政に干渉しつづけてきた日本の力の限界を示すものであった。三国干渉を機に、朝鮮の宮廷・政府の内部では王后閔氏を中心にして、ロシアへ接近して日本を牽制しようとする勢力が台頭してきた。

甲午改革　金弘集政権は一八九四年七月二七日、軍国機務処《クングッキムチョ》を設置して内政改革に着手した。軍国機務処の総裁官には金弘集が就任し、穏健開化派の金允植《キミュンシク》・魚允中、甲申政変後に開化政策の担い手として台頭してきた兪吉濬《ユギルチュン》・趙義淵《チョヒヨン》・安駉寿《アンギョンス》・金嘉鎮《キムガジン》・金鶴羽《キマグ》らが会議員の中心となった。これ以後、九六年二月の金弘集政権倒壊までに実施された内政改革を甲午改革《カボゲヒョク》という。

改革の第一期は、一八九四年一二月に軍国機務処が廃止されるまでの約五カ月である。まず第一に、中央行政機構の大幅な改革が八月一五日に実施された。議政府は存続したが、三議政や議政府堂上を廃止し、一人の総理大臣を中心とするものに改められた。六曹《ユクチョ》や内務府《クンネブ》、統理交渉通商事務衙門などの既存官庁は廃止され、内務《ネム》、外務《ウエム》、度支《タクチ》、軍務《クンム》、法務《ポプム》、学務《ハンム》、農商《ノンサン》、工務《コンム》の八衙門が設置され、各衙門に大臣、協弁（次官）などを置いた。宮中の事務を扱う官庁は宮内府に統合され（大臣、協弁を置く）、議政府とは分離された。漢城の警察行政を管掌してきた左辺捕盗庁《チャビョンポドチョン》、右辺《ウビョン》捕盗庁は廃止されて、警務庁《キョンムチョン》が新設された（長官は警務使）。これと同時に、官吏の任用方法による区分（勅任官・奏任官・判任官）の制度が採用された。第二に、科挙が廃止され、新しい官吏登用法（専門能力を基準とする採用）が定められた（八月）。第三に、財政官庁は度支衙門に一元化されるとともに、租税の種目を統合して地税・戸税を中心とし、貨幣で徴収する（金納化）租税制度に改められた（八月）。第四に、新式貨幣発行章程を制定し（八月一一日）、銀本位制を採用し、新貨幣を発行することとした。第五に、旧来の身分制度の廃止（両班と良人の間の差別の廃止、奴婢制度の廃止、賤民の解放）と婚姻制度の改革（夫と死別した妻の再婚の自由、早婚の禁止）が宣言された（七月～八月）。第六に、宗属関係の廃止に伴う措置として、清国年号の使用の廃止と「開国紀年」（朝鮮王朝が建てられた一三九二年を元年とする紀年法で、一八九四年は開国五〇三年になる）の使用（七月三〇日）、朝貢使節の派遣の廃止が実施された。

一八九四年一〇月二五日、大鳥公使に代わって、井上馨が日本政府の内務大臣を辞して朝鮮駐箚特命全権公使として着任した。井上公使は一一月下旬、高宗に「内政改革綱領」を示して、これを承認させ、大院君《テウォングン》や王妃閔氏の国政への関与を禁じさせた。一二月には甲申政変《カプシンジョンビョン》に失敗して亡命していた朴泳孝《パギョンヒョ》、徐光範《ソグァンボム》を復権させ、同月一七日には両名を加えた政権を成立させた（第二次金弘集政権）。井上公使は議政府、各衙門、宮内府などに日本人顧問官を採用させ、九五年三月には海関税を担保として三〇〇万円の借款を供与して、朝鮮の行財政に対する支配を強めた。第二次金弘集政権では、金弘集派と朴泳孝派との対立が起き、五月三一日に金弘集は内閣総理大臣を辞職し、朴定陽《パクチョンヤン》が後任となった（朴定陽政権）。前述したように、四月の三国干渉後、親露派が台頭し、六月二日に親露派の李完用《イワニョン》が学部大臣となった。さらに七月六日には、内部大臣の朴泳孝が王后殺害を企てたとの嫌疑を受けて再亡命するに至った。

改革の第二期は、第二次金弘集の成立から朴泳孝の再亡命までの六カ月半である。第一に内閣制度を創設した。議政府は内閣《ネガク》に改められ、八衙門は七部（内部《ネブ》、外部《ウェブ》、度支部《タクチブ》、軍部《クンブ》、法部《ポップ》、学部《ハクブ》、農商工部《ノンサンゴンブ》）に改められた（九五年四月二六日）。第二に軍制改革である。九四年一二月三〇日に「陸軍将官職制」が頒布され、大将・副将・参将以下の階級が定められた。九五年一月には、壮衛営以下の親軍四営を母体にして訓錬隊《フルリヨンデ》が新設された。訓錬隊の訓練には、日本公使館附武官兼軍務衙門顧問官の楠瀬《くすのせ》幸彦《ゆきひこ》陸軍砲兵中佐（のち陸相）以下の日本軍人が当たった。第三に裁判所を設置し（四月二六日）、司法機構を行政機構から分離する第一歩とした。道裁判所の判事は観察使の兼任であったが、漢城裁判所には独自の判事が任命された。第四に、「管税司及徴税署官制」の施行（四月二六日）によって、全国に九つの管税司・二二〇の徴税署を置き、地方行政機構から分離された徴税機構を設けることが図られた。第五に、「会計法」が施行され（四月二六日）、予算制度が採用された。第六に、還穀《ファンゴク》が廃止された（四月六日）。第七に、学校制度の整備が着手された。「教育に関する詔勅」が下され（二月二六日）、しだいに学校を設置することがめざされた。

第八に、地方制度の改革（六月二三日）であり、大きな改革となった。八道を二三府に改編し、さまざまな名称を持っていた各邑《ウプ》は一律に郡《クン》とされた（一律に郡と称することは今日まで続く制度となった）。各府には観察使、参書官、警務官、主事、警務官補、総巡、郡には郡守、主事が置かれて、機構が強化された。第九に、清からの独立を明示する措置の実施である。九四年一二月一七日に王専用用語として、「勅令」「詔」「奏上」などの用語が使用されることとなった。九五年一月一二日に王室の尊称が改正された。「国王殿下」は「大君主陛下」へ、「王妃殿下」は「王后陛下」へ、「王世子邸下」は「王太子殿下」へ改められた。以上の措置は、清の皇帝・皇室と同格であり、対等であることを示そうとする措置であった。二月には迎恩門《ヨンウンムン》（勅使送迎用の門）が破壊された。

朴泳孝再亡命後の朴定陽政権、一八九五年八月二四日に成立した第三次金弘集政権では、高宗・王后閔氏の姻戚である沈相薫《シムサンフン》や親露派の李允用《イユニヨン》・安駉寿・李完用・李範晋《イボムジン》が各部大臣や警務使に就任した。一〇月八日の王后殺害事件で親露派が政権から追われるまでの三カ月間が改革の第三期である。第一に軍制改革が進められた。七月一七日に、王宮警備のために侍衛隊《シウィデ》を新設した。侍衛隊の訓練にはアメリカ人教官が当たっており、日本軍の影響が強く及ぶ訓錬隊に対抗する性格を持っていた。旧来の地方陸上部隊である兵馬節度使営（兵営）とその管下部隊、水軍部隊である水軍節度使営（水営）とその管下部隊は九月三日に廃止された。第二に、小学校令が九月七日に頒布され、同月三〇日に学部令「小学校教則大綱」が発布されて、小学校の制度が整備・発足することになった。修業年限は尋常科は三年、高等科は二年ないし三年とされ、尋常科の教科目は修身、読書と作文、習字、算術、体操などであり、観察使は「教則大綱」に規定された教科目の要旨の範囲内で、学級編制や修業年限に応じて各科目の程度を規定し、学校長と首席教員が各科目の細目を定めることができるとしており、学部による統制は緩やかな制度であった。一〇月にかけて、まず漢城に官立の小学校四校が設立された。第三に、「郵逓規則」が頒布され（七月一八日）、甲申政変によって停止されていた郵便事業が再開されることとなった。

王后殺害事件の当日、一八九五年一〇月八日に成立した第四次金弘集政権は、兪吉濬・趙羲淵・張博《チャンバク》らの親日派を多く登用した。成立の事情もあって、何よりもまず軍制を再度改め、政権の基盤を固めようとした。一〇月一〇日、侍衛隊は訓錬隊に編入する形で廃止され、同月三〇日には、訓錬隊を引き継ぐ形で、漢城に親衛隊《チヌイデ》二個大隊、平壌と全州に鎮衛隊《チヌイデ》各一個大隊が設置された。第二に徴税機構の改革は見直されて、管税司・徴税署は半年で廃され、税務視察官を置いて観察使・郡守の徴税事務を監督し、郡守の下に税務主事を置いて徴税事務を担当させることになった（一〇月二六日）。この他に、第四次金弘集政権がおこなった主なことは、太陽暦の採用と年号の制定、断髪令の強行であった。太陽暦の採用は、一〇月二六日に布告され、旧暦の開国五〇四年一一月一七日を以て一八九六年一月一日とした。同時に「建陽《コニャン》」の年号を建て、一八九六年を建陽元年とした。一二月三〇日、断髪令が発布され、内部大臣兪吉濬らがこれを推進して、大きな反発を呼ぶことになった。

甲午改革は、政府主導による上からの改革であり、日本公使や日本人顧問官の干渉を受け、日本の軍事上・経済上の利益にかなう面を含むなど、日本に従属した側面を持っていたが、政治・軍事・経済・社会・教育・文化など広範な面にわたる改革であり、朝鮮における近代社会の形成を促進する端緒を創り出す役割を担ったといえる。

王后殺害事件　一八九五年九月に着任した日本の特命全権公使三浦梧楼《ごろう》（予備役陸軍中将）は、日本の勢力を挽回しようとして、親露勢力の中心である王后閔氏を除去（殺害）する計画を企てた。一〇月七日の夜から八日の朝にかけて、杉村濬書記官などの日本公使館員・京城領事館員、領事館警察署員、軍部顧問官楠瀬中佐や宮中顧問官岡本柳之助などの日本人顧問官、大隊長馬屋原務本《まやはらむほん》陸軍歩兵少佐以下の京城守備隊（後備歩兵第一九大隊）隊員、「大陸浪人」らは、大院君を担ぎ出して、景福宮に侵入し、王后を捜索し、これを止めようとした訓錬連隊長洪啓薫や宮内府大臣李耕稙を殺害した上で、王后を宮女とともに斬殺し、その死体を焼き払った（閔妃事件、乙未事変）。三浦公使と金弘集政権は事件の真相の隠蔽を図ったが、事件はアメリカ人軍事教官ダイとロシア人建築技師サバチンに目撃されており、国際問題化した。

日本政府・陸海軍は事態の収拾を図るため、一〇日に小村寿太郎外務省政務局長、田村怡与造《いよぞう》陸軍歩兵中佐、海軍軍令部第一局長伊集院五郎海軍大佐、横浜地方裁判所検事正安藤謙介検事らを漢城に派遣した。一行は一五日に漢城に入り、調査をした上で、三浦公使、楠瀬中佐、馬屋原少佐らを召還した。三浦公使ら文官・民間人は広島地方裁判所の予審に、楠瀬中佐ら軍人は第五師団の軍法会議に付された。九六年一月、軍法会議（判士長は第九旅団長大島義昌少将）は、楠瀬中佐については勝手に兵を動かしてはいないし、謀殺に関与してはいないとして無罪、馬屋原少佐については三浦公使の命令に従っただけ、守備隊の幹部も大隊長の命に従っただけとして全員無罪の判決を下した。広島地裁は三浦公使らの関与は認めつつも、殺害時の状況が不明で証拠不十分として全員無罪の判決を下した。

5　甲午改革後の朝鮮

初期義兵と露館播遷　閔妃事件が起きると、朝鮮の反日感情は高まり、真相を隠蔽しようとする金弘集政権に反対する動きも強まった。さらに断髪令が強行されると、反日反開化派の動きはいっそう強まった。一八九六年一月中旬、江原《カンウオン》、京畿《キヨンギ》、忠清《チユンチヨン》の三道（当時の二三府制によれば、春川《チユンチヨン》、忠州《チユンジユ》、洪州《ホンジユ》の三府）において、衛正斥邪派《ウイジヨンチヨクサパ》在地両班の指導下に「砲軍」（各郡の警備兵）、農民を組織した義兵が蜂起し、「中華を尊び夷狄《いてき》を攘《はら》う」「国母（王后）復讐」を掲げて、開化派《ケファパ》政権の打倒をめざした。一月下旬から、義兵は慶尚道《キョンサンド》北部、江原道北部から咸鏡道《ハムギョンド》南部にかけての地域（二三府制では安東《アンドン》、江陵《カンヌン》、春川、咸興《ハムン》の四府）にも広がり、開化派系の観察使・参書官・郡守を殺害するとともに、日本の軍用電信線を襲撃・切断し、日本人商人・漁民の活動を脅かした。金弘集《キモンジプ》政権は義兵鎮圧のため、漢城《ハンソン》から親衛隊を各地に派遣した。

親衛隊の地方派遣により漢城の警備態勢をついて、二月一〇日、仁川のロシア軍艦から約一〇〇人の水兵が上陸して、漢城のロシア公使館の警備に就いた。翌一一日、親露派の李範晋《イボムジン》・李允用《イユニョン》・李完用《イワニョン》は高宗《コジョン》をロシア公使館に移して（露館播遷《はせん》）、金弘集政権を倒して親露派政権を樹立した。金弘集、魚允中《オユンジュン》らは殺害され、兪吉濬《ユギルチュン》、趙義淵《チョヒヨン》、張博《チャンバク》らは日本へ亡命した。

親露派政権は金弘集らを「国賊」であると断罪し、断髪令を取り消して、義兵を解散させようと図った。しかし、義兵の多くは親露派もまた開化派の一部であると論じ、柳麟錫《ユインソク》（李恒老《イハンノ》の門人）の率いる義兵部隊が忠清道忠州（忠州府所在地）を占領したのをはじめ、有力な義兵部隊は慶尚道晋州《チンジュ》（晋州府所在地）、江原道江陵（江陵府所在地）などの地方都市とその周辺を占領して、勢力を強めた。これに加えて、咸鏡、平安《ピョンアン》、黄海《ファンヘ》、全羅《チョルラ》の四道や京畿南部、慶尚道中南部（二三府制では咸興、鏡城《キョンソン》、甲山《カプサン》、平壌《ピョンヤン》、海州《ヘジュ》、開城《ケソン》、羅州《ナジュ》、全州《チョンジュ》、晋州、漢城《ハンソン》の一〇府）にも蜂起は広がった。

三月になると、政府軍（親衛隊・鎮衛隊）や日本軍が攻勢に出た。柳麟錫の義兵部隊は、三月中旬に忠州を撤退し、忠清道堤川《チェチョン》に拠点を移し一〇郡を支配下に収め、政府軍と対峙した。しかし、五月下旬に政府軍は堤川を占領したので、柳麟錫部隊は北方に移動し、八月下旬に満洲に入り、そこで解散した。江陵の義兵部隊は元山《ウオンサン》の日本居留地を脅かしたが、日本軍の元山守備隊と停泊中の軍艦高雄の陸戦隊は三月、南下して咸鏡道安辺《アンビョン》郡《グン》新坪場《シンピョンジャン》で義兵を撃破した。江陵の義兵部隊は七月に咸鏡道に移動し、九月頃に活動を停止した。晋州の義兵部隊は四月に慶尚道金海《キメ》を占領し、釜山《プサン》の日本居留地を脅かしたが、その直後に慶尚道密陽《ミリャン》郡《グン》亀浦《クポ》の日本軍守備隊に敗れ、同月中旬には親衛隊によって、晋州を占領された。この他の地域の義兵も一〇月頃に活動を終えた。これら一八九六年の義兵を初期義兵という。

高宗のロシア公使館滞在は、一八九七年二月までの一年間続いた。この時期の政府の中心は親露派であったが、宮中では甲午改革以前に政権の中心にあった旧勢力が復活した。宮内府《クンネブ》は甲午改革第二期に属する九五年七月に、掌礼院《チャンネウオン》（宮中の儀式・祭祀を管掌）、侍従院《シジュンウオン》、内蔵院《ネジャンウオン》（王室の荘園・財産の管理を管掌）など多くの付属機関を擁し、多数の勅任官が配置される大規模な機関となっていた。同年五月には、王室の儀式・典礼について諮詢《しじゅん》を受けることを任とする宮内府特進《トウクチン》官《グアン》も設けられた。この特進官を含む宮内府の勅任官には、政府の大臣・協弁には就任していなかった名門出身者が多く任命され、とくに閔氏一族の勢力は顕著であった。

政策面では、甲午改革に対する反動というべき動きが見られた。第一に、一八九六年九月に頒布された「議政府官制」では、内閣を議政府に改めるとともに、前文で大君主は万機を統領すると謳い、王権の強化と政府の権限弱体化の方向を示した。議政府には議政、賛政、各部大臣が置かれ、九八年六月の官制改正により、議政不在のときに首班の役割を果たす参政が設けられた。第二に、一八九六年八月に地方制度が改正され、二三府は一三道に改められた。一三道制は、以前の八道のうち、忠清・全羅・慶尚・咸鏡・平安の五道を南道、北道に分割したもので、植民地期まで続く区分となった。

道や郡へ派遣される官吏は減らされ、甲午改革期に整備された上から改革を進める体制は後退した。第三に観察使・郡守は徴税権を回復し、郡守が裁判権を回復し、これらの点では甲午改革以前の体制に戻った。九六年四月に税務視察官、税務主事が廃止され、地税・戸税の徴収は観察使・郡守が管理することになり、六月には郡守が管内の一切の訴訟を裁く手続きが定められたのである。

露館播遷《ろかんはんせん》による金弘集政権の倒壊は、朝鮮における日本の政治的勢力を大きく後退させたが、朝鮮に軍事力を配置する体制は維持した。日本の勢力がなお強かった一八九五年六月に、外部大臣金允植は反乱に備えるため、日本兵を漢城・釜山・元山の三カ所に合わせて一個大隊配備してくれるよう日本の西園寺外相代理に要請する照会の伝達を杉村濬《ふかし》臨時代理公使に依頼した。この照会には、日本軍が駐屯を継続する理由を確保するために朝鮮政府に迫った面とともに、朝鮮政府が日清戦争下で増大した日本軍守備隊の兵力を削減させようと図った面の両面があった。結局、この照会の線に沿って、九六年五月、日清戦争下から駐屯していた後備兵からなる日本軍守備隊は撤退して、代わって第一師団歩兵第一連隊第一大隊が、漢城に大隊本部と二個中隊、釜山・元山に各一個大隊という形で駐屯することになった。また、漢城―釜山間の軍用電信線を警備するための憲兵二〇〇人強も配備された（臨時憲兵隊と称した）。この後、一年交代で各師団から派遣された一個大隊が配備されたので、日本軍には朝鮮現地に関する軍事上の知識を蓄積する上での便宜を得たのである。

日清戦争下の獲得物を維持しようとする日本と露館播遷後に勢力拡張を図るロシアとの間に成立

した妥協が、一八九六年五月調印の小村・ヴェーベル覚書（朝鮮駐劄の日本公使小村寿太郎とロシア公使ヴェーベルが調印）と同年六月調印の山県《やまがた》・ロバノフ協定（ロシア皇帝ニコライ二世の戴冠式に派遣された日本の特派大使山県有朋とロシア外相ロバノフ＝ロストフスキーが調印）である。前者は、（1）朝鮮国王の安全が確認できたときには、両国は王宮への帰還を勧告、（2）朝鮮政府の現状維持、（3）電信線保護のための日本憲兵二〇〇人以内の駐屯をロシアは承認、（3）日本は居留民保護のために漢城・釜山・元山に合わせて一個大隊を置くことができ、ロシアも公使館・領事館保護のために日本兵の数を超過しない護衛兵をおくことができる、と定めた。後者は、（1）両国政府は朝鮮政府の財政について勧告し、両者合意の上で援助を与える、（2）国内秩序を保つに足るべき軍隊・警察の創設は朝鮮国に一任、（3）日本は現に占有中の電信線を引き続き管理でき、ロシアは漢城より国境に至る電信線を建設できる、（4）以上の原則に精細かつ詳細の定義を要するか、新たに商議を要する他の事項が生じたときには、日露両国政府の代表者は友誼的に妥協すること、と定めた。後者には秘密条款が付されていた。それは、（1）両国政府がさらに軍隊を派遣する必要が生じたときには、衝突を防止するために、両国軍隊の間にまったく占領しない空白地帯を設けること、（2）朝鮮国が内国人の軍隊を組織するまでは、日露両国が同数の軍隊を置く権利に関して、小村・ヴェーベル覚書は有効である、というものであった。二つの協定は、ロシアに同一の「権利」を与えることと引き換えに、日本軍一個大隊と憲兵の駐屯をロシアに認めさせたものであり、日本は朝鮮における軍事的足場を確保したのである。ロシアは結局、日露戦争前までに電信線の架設も守備隊の駐屯もおこなわなかった。

ロシアは日本軍と同規模の軍事力を配置しなかったものの、朝鮮における政治的・経済的勢力の拡大を図った。一八九六年九月にはヴラジヴォストクの商人ブリネルが鴨緑江《アムノッカン》、豆満江《トウマンガン》流域の森林利権を獲得し、一〇月には軍事教官プチャータ大佐の一行が着任して、漢城配備の部隊（親衛隊）の一部を選抜してロシア式訓練を施し、九七年三月には侍衛隊《シウィデ》を組織した（九五年一〇月に廃止された部隊と同じ名称になった）。九七年九月にロシア公使シペイエルが着任すると、一〇月に外部大臣閔種默《ミンジョンモク》に迫って、ロシア大蔵省関税局官房主任であったアレクセイエフを財政顧問兼総税務司に就任させた。

大韓帝国の成立　一八九七年二月二〇日、高宗はロシア公使館から、そこにほど近い慶運宮《キヨンウングン》（のち徳寿宮《トクスグン》と改称）に戻った。高宗の王宮帰還から間もなく、同年五月から臣下たちの皇帝を要請する上疏を呈する運動が展開した。そのなかで、七月に「逆臣」の制定した年号であるとして「建《コ》陽《ニャン》」年号の使用が止められ、「光武《クアンム》」と改元された。一〇月に入ると、元老大臣である議政沈舜《シムスン》沢《テク》、宮内府特進官趙秉世《チヨビヨンセ》が百官を率いて皇帝即位を求める上疏を六回にわたって呈した。高宗はこれを受け入れて、一一日に国号を「大韓」と改め、一二日に皇帝に即位した。こうして大韓帝国が成立した（以後、国号は「韓国」と表記する）。

甲午改革のなかで、王室の尊称は清の皇帝・皇室と同格になっていたが、皇帝への即位は同格であることをいっそう鮮明に示すものであった。したがって甲午改革以来の自主独立政策の延長線上にあるものであったが、同時に君主の権威を高めようとする高宗やその側近勢力の志向を表わすものでもあった。

旧宗主国であった清は、下関条約で朝鮮の独立を承認したが、しばらくは朝鮮と対等な国交を結ぼうとしなかった。一八九六年六月に委弁朝鮮商務総董《そうとう》として着任した唐紹儀は、朝鮮側からの条約締結の打診を受けて、これを拒否した。唐紹儀から報告を受けた清政府は、同年七月に「預《よ》籌《ちゅう》朝鮮通商弁法」を決定した。それは、朝鮮は旧藩属国なので西洋各国と同等には扱えない、条約は結ばずに通商章程のみにとどめ、朝鮮からの使臣の派遣や国書の捧呈は許さず、中国は総領事を派遣することとして「属国の体を存す」るというものであった。ようやく九九年一月に清の全権公使徐寿朋が着任し、同年九月に外部大臣朴斉純《パクチェスン》との間に「韓清通商条約」が調印された。同条約は、互いに領事裁判権を認める形をとった対等条約であった。

独立協会の改革運動　高宗の王宮への帰還後、甲午改革以前に政権の中心にあった旧勢力（守旧派）が議政府の大臣・協弁にも多く進出するようになった。これに対して、自主独立と近代的改革の推進を主張して活動した政治結社が独立協会《トンニプヒョップェ》であった。

独立協会は、一八九六年七月に開化派系官僚を中心に結成された。独立協会はまず、迎恩門《ヨンウンムン》跡に独立門《トンニプムン》を建設する募金運動を展開し、九七年一一月、高宗の皇帝即位の直後に独立門を完成させた。九六年四月には、前年にアメリカから帰国していた急進開化派の徐載弼《ソジェピル》が『独立新聞《トンニプシンムン》』を創刊した。同紙は最初の純ハングル新聞であり、独立協会の機関紙の役割を果たし、朝鮮が自主独立の文明開化した富強な国家となることをめざして、欧米諸国と日本を模範とするさまざまな改革の必要と愛国心・君主への忠誠心を説いた。独立協会はまた、かつての迎恩門近くにあった清からの勅使を迎える施設であった慕華館《モファグァン》を改修して、独立館《トンニプクァン》と名づけていたが、九七年八月から、独立館を会場にして討論会を開き、演説・言論による政治活動の能力を身につける活動を展開した。

独立協会の政治活動が軌道に乗り始めた頃、ロシアが朝鮮における勢力を拡大しようとする動きが顕著になった。ロシアは、一八九七年一〇月のアレクセイエフの財政顧問就任に次いで、九八年二月には釜山絶影《チヨリヨン》島《ド》における石炭貯蔵庫用地の借入を承認させ、三月には露韓銀行支店を漢城に設置した。独立協会は九八年二月、反露闘争を開始し、三月には漢城市民の街頭大衆集会（万民共《マンミンゴン》同会《ドンフェ》）を開いて、その声に支えられて、ロシア人軍事教官および財政顧問の解雇、露韓銀行支店の撤収を迫った。これに押されて、政府はシペイエル公使にロシア人教官・顧問の雇用を継続しないことを通告した。ロシアは極東政策の主方向を旅順・大連の獲得に向けたことと相まって、これを受け入れ、軍事教官・財政顧問は帰国し、露韓銀行支店は撤収された。

反露闘争で成果を収めたのち、独立協会の政治活動は活発化し、参政趙秉式《チヨビヨンシク》の失政・腐敗を糾弾する活動、度支部《タクチブ》典圜局長《チヨノアングクチヤン》（造幣局長に相当）李容翊《イヨンイク》の悪貨鋳造、腐敗を糾弾する活動などを展開した。八月末の独立協会の役員改選で、会長に尹致昊《ユンチホ》、副会長に李商在《イサンジエ》が選ばれると、活動はいっそう活発になった。九月にロシア語通訳出身で権勢を振るった金鴻陸《キモンニユク》が勢力を失って流配されたことを恨んで、高宗にアヘン入りコーヒーを飲ませて謀殺しようとして失敗した事件（金鴻陸毒茶事件）が起きた。中枢院《チユンチユウオン》（一八九四年一二月に設置された議政府の諮問機関）は会議を開いて、孥戮《どりく》・連座法（大逆罪【皇帝・皇族に危害を加えた、または加えようとした罪】を犯した者の近親も死刑にする法）の復活の要求を議決した。これは、明らかに残虐苛酷な刑罰制度を廃止した甲午改革に逆行することであった。独立協会は一〇月に入ると、孥戮・連座法の復活に反対し、復活を図る法部大臣申箕善《シンギソン》、議政沈舜沢、参政尹容善《ユンヨンソン》ら七大臣を糾弾する活動を展開した。

独立協会は、七大臣糾弾活動を急速に拡大発展させて、一〇月中旬以降、中枢院を改組して、立法機関化することを求める運動を、万民共同会に支えられて進めた。一〇月末には政府側（参政朴定陽《パクチョンヤン》ら）と独立協会・万民共同会の合同集会（官民共同会）が開かれ、その場で「献議六条」という国政改革案が採択された。それは、（1）外国人に依りすがることはせず、官民は同心合力して専制皇権を鞏固にする、（2）外国人への利権供与の約束は大臣及び中枢院議長の承認を要する、（3）財政はすべて度支部が管理する、（4）重大犯罪は、公平に処理し、被告が徹底して説明し、ついに犯罪の事実を自ら認めたのちに刑を執行する、（5）勅任官の任命には政府の協賛（賛成）を要する、などであった。外国への依存を排し、外国人への利権供与を規制すること、大臣・中枢院の権限を強化して、皇帝の権力の制限を図ったものと言える。一一月二日には「中枢院官制」が改正され、中枢院を立法機関化すること（法律、勅令などを審査議定する権限を持つ）、中枢院議官の半数を「人民協会中にて二七歳以上の人で法律・学識に通達した者をもって投票選挙する」ことが規定された。

しかし、改革に反対する賛政趙秉式らは、一一月四日に独立協会は共和制の樹立を図っていると誣告《ぶこく》する「匿名書」を漢城市内に撒布し、これを口実に、独立協会副会長李商在ら幹部を逮捕し、独立協会の解散を命じて、五日に守旧派政権（参政趙秉式）を成立させた。独立協会は連日、万民共同会を開き、幹部らの逮捕に抗議して釈放させ、ついで趙秉式らの処罰、献議六条の実施、独立協会の復設を求めた。二一日には守旧派系の皇国協会《ファングッキョップェ》が集めた褓負商《ポブサン》二千余人が万民共同会を襲撃し、万民共同会も反撃して趙秉式らの邸宅を打ち壊す事件が起きた。翌二二日、万民共同会が数万人の集会を開いたのに押されて、高宗は独立協会の復設を許可した。高宗は改革派の閔泳煥《ミニョンファン》、朴定陽を相次いで参政に任命するとともに、二六日には慶運宮敦礼門《トルレムン》の前に出て、万民共同会に解散を親諭した。万民共同会はこれに応じて、いったん解散した。

一一月二九日には、一二日に改正された中枢院官制によって全員官選となった中枢院議官が任命され、独立協会系が三分の一を占めた。一二月二日、守旧派の沈相薫《シムサンフン》らが大臣に任命されると、独立協会は六日に万民共同会を再開して、沈相薫らの任命に抗議し、二三日まで連日開催した。そのなか、一六日に中枢院会議が開かれ、独立協会系の議官崔廷徳《チェジョンドク》の動議により、大臣の候補者となるべき人材一一人を無記名投票で選出した。そのなかには、王后殺害企図の嫌疑で亡命した朴泳孝《パギョンヒョ》が含まれていた。二〇日、高宗は朴泳孝の任用を求める者は処罰するとの詔書を下した。さらに二三日、侍衛第二大隊を出動させて万民共同会を武力弾圧・解散させ、二五日には独立協会、万民共同会禁止の詔書を下した。独立協会は平壌などに支会を組織していたが、翌一八九九年一月一五日には支会を禁止する詔書を下した。ここに独立協会の国政改革運動は武力によって終息させられた。

独立協会の改革運動は大きな限界を持つものであった。第一に、独立協会の組織と活動は、漢城を中心にしたものであって、支会を少なくとも全国の要地に組織して、全国的規模の運動に発展させることはできなかった。漢城では討論会のように政治活動の能力を向上させるための取り組みがあったが、それが展開したのは一年を少し上回る短い期間であり、地方における取り組みはいっそう不十分であった。第二に、独立協会が直接的に国政改革運動を展開したのは、一八九八年二月の反露闘争開始から数えれば一一カ月、一〇月の七大臣糾弾活動から数えれば三カ月足らずであって、全国的に運動を広げて、その地盤を固めていく時間が不足していた。第三に、中枢院を立法機関化する目標を掲げながら、その議員の半数だけを事実上は独立協会の会員のなかの限られた者の中から選挙するという、特異な制限選挙にしてしまった。一定の基準にしたがって、全国から国民の代表としての議員を選んで構成する議会の設立とはほど遠いものであり、議会設立運動とは言いがたいものであった。以上のような政治的な限界はあったものの、一時的には中枢院を立法機関化する改革案を決定させたこと、そのために市民の街頭大衆集会への参加を呼びかけ実現するという新たな運動方法を創出したことは、改革運動の歴史に新たな段階をもたらすものであったといえる。

皇帝専制政治　独立協会の国政改革運動を抑え込んだ高宗と守旧派は、皇帝の専制を強化して、宮中勢力を中心に政権を運営し、独立を維持しようと図った。皇帝の専制を強めるという方針は、一八九九年八月に頒布された「大韓国国制」に示された。「大韓国国制」は、韓国の政治は万古不変の専制政治であり、皇帝は陸海軍の統率・編制、法律と官制の制定、勅令の発布、文武官の任免、宣戦講和、条約締結など無限の君権を有すると規定した。しかし、これ以前においても、国政の重要事については、二品以上の官僚からの収議、元老大臣や中枢院への諮詢などがおこなわれてきたのであって、必要なことは君主の権限、政府の権限を明確に定めることであった。「万古不変の専制政治」「無限の君権」とするのでは、歴史の事実に反する虚構であり、改革に大きく逆行するものであった。

皇帝に直属し、宮中の事務を管掌する宮内府は「布達《ポダル》」という独自の命令で、所属機関の構成を決めることができた。一八九九年以降、宮内府の機構はさらに拡大した。そのため、例えば水輪院《スリュヌオン》（一九〇二年四月設置、水車に関する事務を管掌）のように、宮中に関する事務とは関係ない事業も抱え込んだ。宮内府に属する財源も拡張された。すでに一八九七年には紅蔘《ホンサム》（蒸して乾かした薬用人蔘）の専売権は農商工部から移管され、九八年には四三郡の鉱山が農商工部から移管されていたが、九九年には駅屯土《ヨクトウント》（甲午改革以前には公文書を逓送し公用の馬匹を供給した施設である駅に属した土地である駅土と、各官庁・軍営が所有していた屯土）・沿江税（内陸河川を航行する船に課する通行税）、一九〇〇年には漁税（漁業施設へ課する税）・塩税（製塩施設に課する税）・船税（沿海を航行する船に課する税）が宮内府に移管された。宮内府の財源を管理する内蔵院の長官である内蔵院卿には、高宗の信頼の厚い李容翊が長く在任した。

高宗は軍を直接に掌握することにつとめ、軍備の拡張を図った。一八九九年六月には、皇帝直属の元帥府《ウオンスブ》が設置され、皇帝を大元帥、皇太子を元帥とし、軍務・検査・記録・会計の四局を置いて、国防・用兵・軍事の命令を管掌させた。議政府に属する軍部の権限は大幅に縮小し、軍備の管理、部隊の人事などに限定された。一八九九年には地方部隊である鎮衛隊《チヌイデ》・地方隊《チバンデ》（九六年に旧式の地方部隊を母体に設置）を増強したが、一九〇〇年に清において義和団の勢力が広がり満洲にも及んでくると、北辺防備の必要が意識されて、鎮衛隊（地方隊も鎮衛隊に改称）はさらに増設された。一九〇二年の時点で、漢城には侍衛連隊、親衛連隊が各二個、約五〇〇〇人、地方には五個鎮衛連隊を基幹にした一七個大隊、約一万七〇〇〇人の兵力が配備された。

高宗と李容翊は、経済的自立を図るために、鉄道建設、中央銀行の創設を試みた。一九〇〇年に宮内府に西北鉄道局、鉄道院が設置され、漢城—義州《ウィジュ》間の京義鉄道の敷設を計画した。〇二年にはその第一歩として漢城—開城《ケソン》間が着工されて、資金不足で中止された。また、一九〇一年に政府は貨幣条例を頒布して、金本位制の導入を企画した。それに要する資金調達のために借款導入を図ったが、列強の利害対立のために獲得できなかった。政府は一九〇三年には中央銀行条例、兌換《だかん》金券条例を頒布して、その実施のために日本から借款を得ようとしたが、日露の対立が激化するなかで交渉は中断された。

着実に成果を収めたのは通信事業であった。農商工部通信局、ついで一九〇〇年に設置された通《トン》信院《シヌオン》は、郵便・電信網を逐次拡大するとともに、〇二年に開通した漢城—開城間を最初にして電話事業も開始した。通信事業の拡大を背景にして、韓国政府は日本が開港場や主要都市に設置していた郵便局を漸次撤廃していくことをくり返し求めたが、日本側はこれを拒否した。

しかし財政の窮乏は続いており、国家予算の支出が宮内府関係費・軍事費に偏重していたので、その他の事業を進めることは困難であった。財源確保のために、一八九九年から一九〇四年初めにかけて全国の三分の二の地域で量田（耕地の測量）がおこなわれ、国家による土地把握が強化されたが、日本による軍事占領が始まることによって中断した。地税も増徴されたが、重要な新財源とされたのは、九四年の新式貨幣発行章程に定められた補助貨幣である白銅貨の鋳造による発行者利得であった。悪貨である白銅貨の鋳造が、典圜局長でもある李容翊によって推進された。白銅貨の濫発はインフレーションを招き、民衆の生活を圧迫した。
国家による収奪の強化や日本の経済的浸透に対する民衆の抵抗は続いた。苛酷な徴税に反対する農民や穀物輸出の増大による米価騰貴に反対する都市下層民の蜂起が各地で起きた。中南部では活貧党《ファルビンダン》を名乗る秘密結社が両班や富豪の邸宅を襲って財産を奪い、貧民に分け与える活動を展開したが、その襲撃対象は日本人の鉱山主・鉄道敷設工事関係者・商人などにも及んだ。

朝鮮をめぐる日露の対立　露館播遷後、日本は朝鮮における政治的勢力を後退させたものの、経済的勢力は大きく伸張させた。日清戦争後、日露戦争前の時期における朝鮮の対外貿易は、輸出額の八～九割、輸入額の六～七割を日本が占めた。日本からの輸入の増大は、主として日本産の綿糸、シーチング（機械織りの粗布）の輸入増によるもので、その背景には日本における産業革命の進展、綿紡績業の確立があった。日本製綿布はイギリス製綿布や朝鮮土布（在来の綿布）の販路を奪った。土布生産者は輸入紡績糸を用いて土布を生産するという対応を試みたが、それも生産力格差のために敗退を余儀なくされ、朝鮮の在来綿業の解体が進行した。ただし、農家が綿花を栽培し、主に自家用に綿糸を紡ぎ綿布を織ることは、日本の場合と違ってその後も続いていった。穀物の対日輸出は、租税金納化に伴う穀物販売の増加にも支えられていっそう増大した。日本商人は内陸にも定着して高利貸をさかんにおこない、朝鮮人の名義で土地を所有する者も現われた。
新式貨幣発行章程の施行によって、日本銀貨が開港場を中心に流通した。一八九七年に日本が金本位制に移行したのちも、日本は朝鮮内では刻印を付した日本銀貨を通用させ、ついで日本金貨・紙幣が通用するようになった。こうした日本貨幣の浸透を背景にして、一九〇二年に日本の第一銀行は朝鮮において第一銀行券を発行し、流通させた。第一銀行はまた、海関税取扱銀行であることを利用して、イギリス人の総税務司ブラウンと結んで、他の列強が海関税を担保とする借款を成立させるのを阻止する一方、一九〇一～〇二年に合計六五万円の借款を成立させた。また、日本資本は日本政府の資金援助を得て、一九〇〇年には漢城—仁川《インチョン》間の京仁《キョンイン》鉄道を開通させ、〇一年には漢城—釜山《プサン》間の京《キョンブ》釜鉄道を起工した。

一八九八年、独立協会の反露闘争によって、朝鮮における勢力を後退させたロシアは、同年四月、日本との間に「西・ローゼン協定」を調印した（日本の西徳二郎外相とロシアの駐日公使ローゼンが調印）。この協定で、ロシアは朝鮮における経済的勢力の発達を承認し、これを妨害しないとした。しかし、ロシアは朝鮮南部に拠点を獲得することをあきらめたわけではなく、一八九九年から一九〇〇年にかけて慶尚南道《キョンサンナムド》馬山浦《マサンポ》で土地の買収を企て、日本が対抗的な買収によって、これを阻止するという事件が起きた。

日本政府・陸海軍は、三国干渉の後、ロシアに対抗するための陸海軍の大拡張を進めてきた。陸軍は一八九八年までに七個師団を一三個師団へとほぼ倍増し、海軍は戦艦六隻、装甲巡洋艦六隻を基幹とする新鋭の艦隊を一九〇二年三月までに就役させた。戦艦六隻はすべてイギリスで建造され、排水量は一万二〇〇〇トン級～一万五〇〇〇トン級、速力一五ノット、主砲三〇センチ砲四門装備というものであり、当時世界最強を謳われたイギリス海軍の主力艦に匹敵していた。このような陸海軍大拡張を背景にして、日本は二〇世紀に入ると、戦争を辞さない強硬な外交を展開していったのである。

一九〇〇年、清で列強による義和団鎮圧戦争が起きた際、ロシアは満洲に出兵して、これを占領した。日本政府内では、ロシアの満洲占領に対抗して、朝鮮を排他的支配のもとに置こうとする議論が強まった。一九〇二年一月、日本はロシアと対抗するために、世界の多くの方面でロシアと対立していたイギリスとの間に日英同盟を結んだ。これを受けて、ロシアは同年四月に清と満洲撤兵に関する条約を結び、一〇月に第一次撤兵をおこなった。同月、日本とアメリカは清と日清・米清通商条約を調印し、満洲への経済的進出を図った。これに対抗して、ロシアは一九〇三年四月の第二次撤兵をおこなわず、さらに鴨緑江河口近くの平安北道《ピョンアンプット》龍川《ヨンチョン》郡《グン》龍岩浦《ヨンアムポ》において土地買収をおこない、朝鮮西北部に拠点を確保しようとする動きを示した。

日露間の緊張は深まり、両国は同年八月から満洲・朝鮮に対する支配をめぐって妥協を図るための交渉を開始した。満洲については、日本が満洲への経済的進出を妨害しないよう求めたのに対して、ロシアは満洲は日本の利益範囲外であるとして拒否した。日本は軍事面を含めて韓国の内政に干渉する権利を主張したのに対して、ロシアはそれを内政面に限ることを求めた。ロシアが韓国領土を軍略的に使用しないこと、北緯三九度線以北（三九度の少し北に平壌、元山がある）を中立地帯とすることを求めたが、日本はこれを拒否した。日本は韓国を従属国ないし勢力圏にすることを譲らなかったのである。すでに開戦の準備を整えていた日本は、一九〇四年二月四日、交渉の打ち切りを決定し、六日に日本のロシア駐箚公使栗野慎一郎がロシア政府に国交断絶を通告した。その日には、日本は軍事行動を開始したのである。

第三章　朝鮮の植民地化

1　日露戦争と朝鮮

日露開戦と朝鮮　日本政府は、日露交渉と並行して、対露開戦も辞さないという方針の下に開戦準備を始めていたが、その一環は朝鮮を軍事的制圧の下に置く計画であった。一九〇三年一二月三〇日、日本政府（第一次桂太郎内閣）は「対露交渉決裂ノ際日本ノ採ルヘキ対清韓方針」を閣議決定した。韓国に関しては、いかなる場合でも「実力ヲ以テ之ヲ我カ権勢ノ下ニ置カサルヘカラサルハ勿論ナリ」であるが、名義の正しきを選ぶのが得策なので、攻守同盟もしくは保護的協約の締結をめざして、駐韓公使にその素地を作りおくためにさまざまの手段を執らせているが、その成功はあらかじめ期しがたい、たとえ成功したとしても韓国皇帝はこれを終始一貫遵守するとは到底期しがたい、最後の成功は実力の如何《いかん》である。要するに韓国に対する政策は軍事上と併考して決定しなければならない、とした。あまりにもあからさまに、軍事力をもって朝鮮を日本の勢力下に収める方針を決定したのであり、朝鮮の植民地化の出発点となる決定であったと言える。

日露開戦の可能性が濃厚となる情勢の下で、韓国政府は一九〇四年一月二一日、局外中立を宣言した。しかし日本はこれをまったく無視した。二月六日、日本海軍の第三艦隊は慶尚南道《キョンサンナムド》南岸の鎮海湾《チネマン》と馬山《マサン》の電信局を占領した。同日、佐世保軍港を出発した連合艦隊（第一、第二艦隊で編成）

は七日、全羅南道珍島《チヨルラナムドチンド》の南にある接島《チヨプト》の沖に達し、ここで二手に分かれ、一部は仁川《インチヨン》に向かい、八日に陸軍の「韓国臨時派遣隊」の上陸を掩護し、九日に仁川港にいたロシア軍艦二隻に攻撃を加えて爆沈させた（仁川沖の海戦）。連合艦隊の主力は旅順に向かい、八日夜から九日朝にかけて旅順港のロシア太平洋艦隊に夜襲を加えた。こうして日露戦争が開始された。両国が相互に宣戦布告したのは、二月一〇日であった。

「韓国臨時派遣隊」（司令官は歩兵第二三旅団長木越安綱陸軍少将）は、第一二師団（司令部は小倉）所属の歩兵連隊から各一個大隊、計四個大隊を抽出して編成された部隊で、京仁鉄道を使ってすぐに漢城《ハンソン》に入り、二個中隊であった漢城駐劄《ちゆうさつ》部隊を一挙に増加した。二月一九日には第一二師団司令部（師団長井上光《ひかる》陸軍中将）が漢城に入った。第一二師団は二月末に平壌《ピヨンヤン》に向けて北上し、三月一四日には第一軍主力（軍司令官黒木為禎《ためもと》陸軍大将）が平安南道鎮南浦《ピヨンアンナムドチンナムポ》への上陸を開始した。五月一日、第一軍（近衛、第二、第一二の三個師団）は鴨緑江《アムノッカン》を渡河し、主戦場は満洲へ移った。

第一二師団が漢城を制圧しているなか、二月二三日に林権助《ごんすけ》公使は韓国政府に迫って、「日韓議定書」に調印させた。議定書は、第一に韓国政府は「施政改善」に関して日本政府の「忠告」を容れることとして、日本の内政干渉を承認させ、第二に「第三国ノ侵害」または「内乱」により韓国皇室の安寧あるいは領土保全に危険がある場合には日本政府は速やかに「臨機必要ノ措置」を取る、韓国政府はこのための日本政府の行動を容易にするため十分便宜を与える、日本政府は軍略上必要な地点を臨機収用できることと定めて、日本の軍事行動とそのための臨機収用を合法化し、それへの韓国政府の便宜供与を義務づけ、第三に相互の承認なく本協約の趣旨に反する協約を締結できないと定めて、韓国政府の外交権に制限を加えた。議定書は、一方で日本政府が韓国皇室の「安全康寧」、韓国の独立及び領土保全を保証することを謳っていたが、右に掲げた三点はこれらの「保証」をすでに損なうものであった。

軍略上必要な地点の臨機収用は大規模なものであり、一方的なものであった。日本海軍は、全《チョル》羅南道《ラナムド》木浦《モッポ》の西方にある羅州《ナジュ》群島、箕佐島《キジャド》・長山島《チャンサンド》・上台島《サンデド》・荷衣島《ハイド》・大也島《テヤド》・都草島《トジョド》・飛禽島《ピグムド》などの島々で囲まれた内海（八口浦《パルグポ》と称される）を艦船の泊地、通信拠点として確保することを図り、開戦に先立つ一月一五日には内海の中央にある玉島《オクド》の沖まで佐世保から海底電信線を韓国政府に断ることなく密かに敷設した。二月六日、軍艦明石が玉島に至って、陸上電信線を敷設して海底電線と接続し、通信所を設置した。ここで受信した海軍軍令部からの電報が、連合艦隊の仁川・旅順口奇襲作戦に用いられたのである。

鎮海湾は釜山《プサン》西南方の加徳島《カトクト》、大きな島である巨済島《コジェド》、本土側の熊川《ウンチョン》・昌原《チャンウォン》・鎮海《チネ》・龍南《ヨンナム》の諸郡に囲まれた広大な湾であり、朝鮮海峡を扼《やく》し、ヴラジヴォストクと旅順を拠点とするロシア艦隊を警戒するのには至便な地点であった。二月六日に第三艦隊が鎮海湾を占領するのと同時に、日本海軍は佐世保—巨済島—雪津洞《ソルジンドン》（当時は漆原郡《チルオングン》の飛地、現在は馬山市に属す）—馬山浦間の電信線を敷設した。また、巨済島北東部の松真浦《ソンジンポ》に鎮海湾防備隊司令部を置き、巨済島内をはじめ湾内の要地に防御施設を配置した。広い湾内は艦隊、陸軍輸送船の泊地として使われた。旅順攻囲戦が終了した後の一九〇五年一月からは連合艦隊の主要な根拠地となり、湾内で訓練が重ねられた。湾の中央部、加助島《カジョド》の北にある小さな無人島である吹島《チュイド》は艦隊の砲弾射撃の標的とされ、島の形が大きく変わった。同年五月、はるばると東航してきたロシアのバルチック艦隊を迎え撃つために連合艦隊が出撃したのは、この鎮海湾からであった。

日本陸海軍は日清戦争のときと同様に、朝鮮において労働力、物資の動員、軍用地のための土地収用をおこなった。日本軍の人夫調達は、食糧や物資の運搬、築城工事、海軍根拠地建設、鉄道・電信線・道路の工事のためであった。平安南北道《ピョンアン》、黄海道《ファンヘド》諸郡の民衆は満洲にまで人夫として動員された。日本軍による食糧、馬糧調達も朝鮮民衆には時ならぬ負担となった。このような状況の下で、日本の軍用鉄道・軍用電信線を破壊する活動、日本軍による軍用鉄道建設・土地収用・人夫強制募集に反対する運動が各地に広がった。

日本陸軍は、作戦軍の背後を固め、朝鮮を制圧するために、一九〇四年三月、韓国駐劄軍とその隷下の韓国駐劄憲兵隊を編成した。駐劄軍の兵力は当初、六個大隊半、平壌—元山《ウォンサン》以南がその管区とされた。韓国駐劄軍は民衆運動を鎮圧する主力となった。七月二日、韓国駐劄軍司令官原口兼済陸軍少将は、漢城—釜山間、漢城—仁川間、漢城—平壌間、漢城—元山間の電信線路上、軍用鉄道線路上を施行区域として、軍律を発布した（この軍律は、軍の紀律という意味ではなく、軍が一般人民に出す命令という意味である）。それは、軍用電信線・鉄道に害を加えた者は死刑、情を知って加害者を隠匿《いんとく》した者も死刑に処するという厳しいものであり、村内に架設する軍用電信線・鉄道の保護は全村民の責任とした。同月二〇日に、駐劄軍司令官は漢城とその周辺の軍事警察権（治安警察権の意味）は駐劄軍が執行することを韓国政府に通告した。駐劄軍司令官は言論・集会・出版・通信を規制する権限を、韓国政府の許可なく行使することになった。駐劄軍の兵力はしだいに増加し、司令官は九月に長谷川好道《よしみち》陸軍大将に代わった。翌〇五年一月六日、駐箚軍司令官は再び漢城とその周辺の軍事警察権を駐箚軍が執行すると告示した。

日本は咸鏡南北道方面では、元山を確保することを方針としていたが、満洲における作戦の展開と並行して、北上作戦を展開した。一九〇四年九月、元山後備諸隊（指揮官宇垣一成《うがきかずしげ》陸軍歩兵少佐）の率いる八個中隊弱は咸鏡南道《ハムギョンナムド》観察府所在地の咸興《ハムン》を占領した。一一月に咸鏡道諸隊が編成され、同隊は〇五年二月、咸鏡北道《ハムギョンプット》南端の城津《ソンジン》を占領した。ついで後備第二師団が城津に上陸し、さらに北上を続け、六月には咸鏡北道観察府所在地の鏡城《キョンソン》を占領し、九月三日、豆満江《トゥマンガン》岸の会寧《フェリョン》を一時占領した。こうして拡大していった咸鏡南北道の日本軍占領地においては、〇四年一〇月九日以降、日本軍は軍政を施行した。占領地域内の地方官のうち、日本軍に不利益な行動を取る者、不適任と認めた者は退去を命じられ、軍事行動の妨害者は処分された。韓国政府は主権侵害であると抗議したが、駐箚軍はこれを無視した。

韓国駐箚軍は、韓国軍の兵力の削減も進めた。まず、一九〇四年三月に軍部顧問に傭聘された野津鎮武《しずたけ》陸軍歩兵中佐は、李址鎔《イジヨン》・李秉武《イビヨンム》ら親日派を利用して軍制改革を進めさせた。同年九月、元帥府《ウォンスブ》は軍政・国防・用兵にわたる広範な権限を失い、軍部《クンブ》が軍政に関する権限を回復し、用兵については参謀部、軍隊教育については教育部が新設された。これは経過的な措置で、〇五年二月に参謀部・教育部は軍部に吸収され、軍部が広範な権限を持つことになった。このような九月以降の改編は、駐箚軍が韓国軍の組織・兵力について干渉するのに好都合な状況をもたらした。一一月に長谷川駐箚軍司令官は当時の軍部大臣李允用《イユニヨン》に対して、咸鏡南道北部の北青《プクチヨン》、咸鏡北道豆満江岸の鍾城《チョンソン》に配備されている鎮衛隊がロシア軍に協力していると非難して、その処分を求めた。両鎮衛隊は結局、一二月に廃止されたが、長谷川司令官はさらに同月末に高宗《コジョン》に上奏して、軍隊の縮小を求めた。韓国軍の縮小は〇五年四月に実施され、中央部隊は侍衛《シウィ》歩兵第一連隊など約三三〇〇人、地方部隊は鎮衛歩兵七個大隊、約四四〇〇人に減らされた。一九〇一年には中央・地方部隊を併せて二万二〇〇〇人の兵力を擁していた（第二章5「皇帝専制政治」の項参照）のに比すると、三分の一近くに縮小されたのである。

日本の対朝鮮支配の強化　日本は韓国駐劄軍の軍事力を背景にして、朝鮮に対する支配を急速に強化した。一九〇四年五月、韓国政府に迫ってロシアとの条約を廃棄させるとともに、同月末に日本政府は対韓方針・対韓施設綱領を閣議決定した。「対韓方針」は韓国に対して政治上・軍事上において「保護ノ実権」を収め、経済上の利権の発展を図るとした。「対韓施設綱領」は具体的方針を定めたものであり、戦後も相当の軍隊を駐屯させ、軍略上必要な地域を占領させるとして軍事的支配を継続することとともに、外政・財政の監督、交通・通信機関の掌握、拓殖を図ることを掲げた。

「対韓施設綱領」に沿って、日本は韓国政府に迫って、八月二二日に第一次日韓協約に調印させた。この協約は、韓国政府は日本政府の推薦する日本人を財務顧問に、外国人を外交顧問に傭聘することを定めるとともに、韓国政府が日本以外の外国と条約を締結するときには日本政府との事前協議が必要であると定めて、韓国の外交権に対する制限をいっそう拡大した。顧問傭聘の規定に従って、一〇月には日本の大蔵省主税局長目賀田《めがた》種太郎が財政顧問に、日本の駐米公使館顧問であったアメリカ人スティーブンスが外交顧問にそれぞれ傭聘された。日本は、両顧問のほかに、軍務顧問、警務顧問、学政参与官などを韓国政府の各部に傭聘させ、各部の行政を監督し、内政に対する支配を強化していった。これを顧問政治という。

目賀田財政顧問は、一九〇五年一月からの第一銀行券の無制限発行を認め、同年七月には白銅貨、葉銭《ヨプチョン》（常平通宝《サンピョントンボ》）を回収して日本貨幣と同一品位の新貨幣と交換する貨幣整理を開始した。これによって韓国の貨幣制度は日本の貨幣制度に従属し、日本の私立銀行である第一銀行が発券、国庫金取扱をおこなう韓国の中央銀行の地位を獲得して、日本による金融支配が確立した。目賀田顧問はついで歳入歳出の統制を進めた。〇五年七月には漢城に中央金庫、八月には全国一〇カ所に支金庫を設置して、郡守は租税その他の国庫収入を支金庫に納入しなければならないことになった。同時に観察使などによる歳出入の処理を財政顧問付属の地方財務官が監督することになった。

一九〇五年二月に、日本の警視庁第一部長丸山重俊は警務顧問に傭聘されたが、三月以降に漢城の警務庁《キョンムチョン》や各道観察府所在地に日本人警察官を配置して、警務顧問の補佐機関である顧問警察の機構を創り出し、韓国政府の警察をその監督下に置いた。

交通・通信に対する支配も急速に進められた。日本は一九〇五年五月に京釜《キョンブ》鉄道とその支線である馬山線《マサンソン》（三浪津《サムナンジン》—馬山間）を全通させるとともに、〇四年三月から韓国駐箚軍臨時軍用鉄道監部（鉄道監山根武亮《たけすけ》陸軍少将）によって京義《キョンウィ》鉄道の速成工事に着手し、〇五年四月には平安南北両道境の清川江《チョンチョンガン》・大寧江《テニョンガン》の橋梁工事を除いて開通させた（全通は〇六年四月）。

一九〇五年四月一日には日韓通信機関協定が調印され、韓国政府の通信機関（郵便、電信、電話）

は委託経営の名の下に、日本政府の管理下に置かれた。長年にわたって通信事業の拡張を進めてきた通信院《トンシヌオン》摠弁《チョンビョン》閔商鎬《ミンサンホ》は通信機関接収に反対して解任された。八月一三日には「韓国沿海および内河における日本国船舶の航行に関する約定書」が調印された。日本船舶が沿海、内陸河川にも自由航行できるようにする協定であったが、これに反対した参政大臣（一九〇五年二月の議政府官制改正で参政を改称）閔泳煥《ミニヨンファン》は林公使の圧力で五月、辞職に追い込まれ、後任の参政大臣沈相薫《シムサンフン》も強硬に反対して辞職に追い込まれた。

「対韓施設綱領」の「拓殖」に関わることとしては、荒蕪地《こうぶち》開拓権を日本人に賦与せよという要求が一九〇四年六月、林公使から提出された。これに対する反対運動がすぐに起こり、七月に宋秀《ソンス》万《マン》らが組織した輔安会《ポアンフェ》が集会を開くなど、運動が高まったので、日本は要求撤回を余儀なくされた。前述した韓国駐箚軍司令官の漢城及びその周辺の軍事警察権執行の告示は、この反対運動の高まりの中で出されたのである。

日本の「経済上の利権の発展」としては、日本人の通漁権が忠清南、黄海、平安南北四道の沿海にも拡大したことも挙げられる。このことは韓国政府の『官報』に一九〇四年六月九日付の外部告示「韓日両国人民漁採区域条例」として掲載されている。韓国へ伯耆《ほうき》・因幡《いなば》・但馬《たじま》・丹後・九州の沿海への通漁権を認めるのと引き換えに、日本へ忠清《チュンチョン》、黄海、平安各道の沿海への通漁権を認めるという規定であるが、実際には日本側だけに利権を供与するものであった。

保護条約の強要　一九〇五年三月の奉天会戦において日本軍がロシア軍を破ったのち、四月に日本政府は韓国の外交権を奪って保護国とする「韓国保護権確立の件」を閣議決定した。「韓国ノ外政ハ東洋禍源ノ伏在スル所」なので、将来における紛糾再発の端を断ち、「帝国ノ自衛」を全うするためには、一歩を進めて保護権を確立しなければならない、というのがこの閣議決定の理由であった。日本の「安全」を脅かすのは、もはやロシアではなく、韓国の外交そのものであるから、日本の「自衛」のためには韓国の外交権を奪わなければならないという「論理」である。「日韓議定書」に謳われていた韓国の独立、領土保全の保証は、ここにかなぐり捨てられた。この閣議決定に基づいて、日本政府はまず、ほかの列強から韓国保護国化への承認を取りつけていった。七月には桂太郎首相と訪日中のアメリカ陸軍長官タフトとの間に、日本がアメリカのフィリピン支配を承認するのと引き換えに、アメリカが日本の韓国保護国化を承認する「桂・タフト協定」が成立した。八月には日本はイギリスと第二回日英同盟を結んだが、そのなかで日本がイギリスのインド支配を承認するのと引き換えに、イギリスは日本の韓国保護国化を承認した。そして、九月五日に調印された日露講和条約（ポーツマス条約）において、ロシアは日本の韓国保護国化を承認した。

一九〇五年一〇月、韓国駐劄軍の配属部隊は、従来の後備兵（七年の常備兵役【現役三年と予備役四年】を終了した者から召集された）を主力としていたものに代えて、現役兵（徴兵検査合格後、三年間服する）を中心とする第一三師団、応召補充兵（現役に適するとされたが、定員超過のために入営しなかった者で、召集されたもの）を中心とする第一五師団の配備を開始した（完了するのは〇六年四月）。これは駐劄軍の兵力を大きく強化するものであった。

一〇月二七日、日本政府（第一次桂太郎内閣）は韓国保護権確立実行に関する閣議決定をおこなった。この閣議決定は、英米両国の同意が得られ、それ以外の諸国も日英同盟や日露講和条約の明文に照らして日本の韓国保護国化は避けることができないと黙認し、日本が今回の講和において収め得た権利及び利益を確守活用する決心であることを信じているから、この際保護権確立を決行し、「我素望《そぼう》ヲ貫徹」するを期すべきであるとした。そして、決行の方法順序と条約案を定め、さらに、韓国政府の同意を得られない場合には、最後の手段として韓国政府に保護権確立を通告し、列国にも同措置に出でざるを得ない理由を説明することも定めていた。韓国政府の同意が得られなくても保護権確立を決行するとの方針を定めていたことは、保護国化の方針がそもそも強制的なものであったことをよく示すものである。

右の閣議決定に定めた方法順序に従って、明治天皇の親書を高宗に捧呈するための勅使に、一一月二日、枢密院議長伊藤博文が任命された。伊藤大使は一〇日、保護条約の調印に応じるよう勧告した天皇の親書を捧呈した上で、一五日、高宗と内謁見し、保護条約案を捧呈し、条約案は寸毫《すんごう》も変更の余地がない確定案であって、これを拒否するならば韓国はいっそう困難な境遇、不利益な結果に陥ると脅した。これに対して、高宗は重大事なので臣下に諮詢し、人民の意向も察する必要があるとした。伊藤大使は、韓国は君主専制国なのに、人民の意向を云々するのは、人民を煽動し、日本の提案に反抗しようとするものである、韓国の人民は幼稚で、外交に暗く世界の大勢を知る道理が無いのであるから、ただいたずらに日本に反対させようとするに過ぎないと面責した。高宗は直接に民論を聞こうということではなく、中枢院に諮詢することであると述べたが、伊藤大使は日本の提案に同意を与えるのが適当であるとのご意思を閣僚に示すべきであると一方的に論じた。君主専制国であるから、臣下や人民に諮詢する必要はないとするのは暴論であって、大事であるから臣下や人民に諮詢することを決めるのは君主の権限に属することであり、前例もあることであって、他国の大使が口を出すことではない。

伊藤大使は、条約調印を急いだ。漢城の市中では、韓国駐箚軍が演習をおこない、圧力を加えた。一一月一六日午後三時に、林公使から外部大臣朴斉純《パクチエスン》に条約案を手交した。その後、伊藤大使は韓国政府の大臣・元老を宿舎のソンタクホテルに招いて、条約締結への同意を求めた。翌一七日午前一一時、林公使が公使館に参政大臣韓圭卨《ハンギユソル》以下八大臣を招集して、条約調印への同意を求めたが、参政大臣韓圭卨が高宗への上奏の必要を主張したので、林公使は御前会議を開かせるために大臣に同行して慶運宮《キヨンウングン》に入った。大臣たちは条約案拒絶を奏上したが、高宗は交渉継続を指示した。同日午後八時、伊藤大使は長谷川駐箚軍司令官とともに慶運宮に到り、林公使とともに八大臣を招集し、各大臣に条約案への賛否を問う異例の行動に出た。あくまで反対した参政大臣韓圭卨は別室に連れ出され、度支部大臣閔《ミ》泳《ニヨン》綺《ギ》は反対し、学部大臣李《イ》完《ワ》用《ニヨン》、内部大臣李址鎔、農商工部大臣権《クオン》重《ジユン》顕《ヒヨン》は条文のわずかな修正を条件に賛成した。外部大臣朴斉純《パクジエスン》、法部大臣李《イ》夏《ハ》栄《ヨン》は反対の意思表示が不徹底であったので、伊藤大使は賛成と数えた。

修正案はただちに宮内府大臣李載克《イジエグク》、内部大臣李址鎔によって上奏されたが、高宗は条約の前文に「韓国ノ富強ノ実ヲ認ムル時ニ至ル迄」という期限設定の規定を挿入することを求めた。伊藤大使はこれを受け入れて修正されたが、以後、日本側はこの修正によって高宗の裁可が得られたと押し通すことになった。条約は深夜に外部大臣朴斉純と日本公使林権助との間に調印された（日付は一七日になっている）。これが「乙巳保護条約」（第二次日韓協約）である。伊藤大使の圧力に屈して条約案に賛成した六大臣のうち李夏栄を除く五人は「乙巳五賊《ウルサオジョク》」と称され、売国奴として厳しく指弾されることになった。

　条約案手交の翌日に調印という性急な「交渉」、韓国政府の会議に日本側代表が参席し大臣の賛否を問うというような、独立国であることをすでに無視している方法が採られることなく、もっと時間をかけ、高宗や韓国政府が自由な意思決定をできるような状態に置かれていれば、日本の用意した条約案が大きな修正を施されることなく調印されることは不可能であったろう。「乙巳保護条約（第二次日韓協約）」は強制によって成立した条約であると言うしかない。

　保護条約調印の報が伝わると、韓国政府内部からも民間からも強い反対運動が起きた。早くも一一月一八日には李完用邸が焼き打ちされた。『皇城新聞《ファンソンシンムン》』『大韓毎日申報《テハンメイルシンボ》』が条約の内容と調印の顛末を暴露すると、反対運動は高まった。元老大臣の宮内府特進官（元左議政）趙秉世《チョビョンセ》は百官を率いて五賊の処罰と条約の取消を求める上疏をくり返し、日本憲兵隊に連行された。代わって侍従武官長（元参政大臣）閔泳煥（高宗の母方の従弟）が百官を率いての上疏を引き継いだ。しかし日本憲兵隊の弾圧で功を奏さず、閔泳煥は一一月三〇日に、趙秉世は一二月一日に抗議の自決を遂げた。

2　保護国支配から「韓国併合」へ

統監府の設置　保護条約の調印により、韓国の外交権は日本外務省の管理下に置かれ、韓国政府は日本政府を経ないではいかなる条約・約束も結ぶことができなくなった。諸外国の公使は撤収し、韓国が派遣していた公使も撤収され、韓国政府の外部《ウエブ》は一九〇六年一月に廃止された。

一九〇五年一二月二一日、日本は「統監府及理事庁官制」を公布し、統監府を設置した。初代の統監には伊藤博文が任命された。統監（レジデント＝ゼネラルの訳語）は天皇に直隷（直属）する親任官で、韓国において日本政府を代表し、必要と認める場合に駐剳《ちゅうさつ》軍司令官に兵力の使用を命令できる権限、日本人顧問官を監督できる権限を与えられ、「保護条約」の規定によって皇帝に内謁見する権利も与えられた。これらの権限によって統監は韓国の内政を支配することとなった。また、従来の日本領事館を引き継いで理事庁が主要な地に置かれ、領事館警察も理事庁警察として引き継がれた。

統監府は一九〇六年二月一日に開庁した（伊藤統監の着任は三月二日）。当初の一年半の間は軍事力による支配には若干の手直しが加えられた。駐剳憲兵隊は縮小され（一九〇六年一〇月には第一四憲兵隊に改編された）、〇六年八月には軍律の処分から死刑が除かれた。代わって強化されたのは顧問警察で、〇六年六月には警視以下五五七人の警察官が新たに傭聘され、配置先が拡大された。二個師団配備の体制も〇七年二月には一個師団配備に縮小され、第一五師団は日本へ帰還した。

伊藤統監の着任後、〇六年三月から、韓国政府の大臣を統監府に招集して重要法案・政策について審議し、事実上決定する会議である「韓国施政改善に関する協議会」を開催した。〇五年一一月末に参政大臣に就任した朴斉純が一年半在任したのをはじめ、大臣の権限は統監府を背景に強大化し、皇帝の権限を制約した。しかし韓国政府は統監府の監督を受ける傀儡《かいらい》機関に化した。統監は、統監府の意向に沿う人物を大臣に据えようとつとめ、〇七年五月には学部大臣李完用《イワニヨン》が参政大臣になった。ついで同年六月には議政府《ウイジョンブ》が廃され、内閣《ネガク》が設置された。内閣総理大臣には行政各部を統一する権限が付与されたが、この職には李完用が任命された。

○六年一〇月には地方制度が改正され、道・府・郡に通訳官を置くとされた。日本の支配が道以下に浸透するのを容易にするための措置であった。同年九月には、勅令「地方区域整理件」が頒布施行され、朝鮮王朝の長い歴史を通じて存在していた斗入地（ある郡の区域が他の郡の中に深く突き出ている区域）や飛地の帰属が変更・整理され、郡の区域が単純化された。伝統に通じた各郡の下級吏員（郷吏《ヒャンニ》の後継的存在）に依頼しなくても、日本の支配を郡より下の面《ミヨン》のレベルに浸透させていくのには都合のよい措置であった。

目賀田《めがた》財政顧問の下で、徴税制度の改革が進められた。一九〇六年一〇月、各道に税務監（観察使が兼任）を置き、その下に税務官、税務主事を置いた。同時に税務官、税務主事が面長《ミヨンジャン》に納税告知書を発給し、面長が面内の多額納税者五人と協議して納税義務者に納入通知を発し、多額納税者中より選定された公銭領収員が徴収に当たるという「租税徴収規程」が定められた。これは、郡守を徴税機構から排除して、各面の多額納税者＝有力者を利用した従来よりは厳密で一律的な徴収方法を採ることによって、郡守の中間利得をなくして租税の増収を期したものであった。〇七年五月には地方委員会規則が頒布され、税務官所在地に財務に関する諮問機関として地方委員会を設置し、管内各府郡の資産家中より五～一〇人の地方委員を選定することによって、大地主などに徴税事務を補佐させる体制を創った。

一九〇六年八月には「普通学校令」「師範学校令」などの教育関係法令が頒布され（九月施行）、

教育制度が改編された。この制度改編には、統監府書記官俵孫一が関与していた。従来の小学校は普通学校と改称され、四年制とされた。その施行細則によって、各教科の授業要旨と教科課程と授業時数が詳しく規定されたが、日本語は国語（朝鮮語）と同一時数とされ、日本人教員の配置が進められたことと相まって、教育内容には日本の影響が強く及ぶようになった。学校教育の普及具合をみると、官公立小学校の設置は一九〇三年度末の時点で三郡に一校程度の設置にとどまっていたが、官公立普通学校の数は保護国時期の末でも小学校時代よりも増えたわけではなかった。

ハーグ密使事件　一九〇七年六月末に、オランダのハーグで開かれていた第二回万国平和会議に皇帝高宗の全権委任状を所持した李相卨《イサンソル》、李儁《イジュン》、李瑋鍾《イウィジョン》の三名が現れ、保護条約の無効を列国に訴えようとした事件（ハーグ密使事件）が起きた。しかし列国は密使の訴えを聞き入れようとはしなかった。日本と対立してきたロシアも、日本との間に満洲における勢力圏を画定するための日露協約の交渉を二月以来おこなってきているところであった。七月三〇日にロシア外相イズヴォリスキーと日本の駐露大使本野一郎が調印した第一回日露協約は、その秘密条款で満洲における「勢力圏」画定、日本が外モンゴルにおけるロシアの「特殊利益」を承認するのと引き換えに、ロシアは日本と韓国との関係のますますの発展を妨害しないことを約束することを規定したのである。朝鮮を対象に含めた帝国主義的な領土・「勢力圏」分割の協定が、日米、日英の間についで、日露間にも成立する直前に、ハーグ密使事件は起きたのである。

七月一六日、日本政府（第一次西園寺公望《きんもち》内閣）はハーグ密使事件を口実に韓国の内政の全権を掌握する方針を決定した。その方針の実行のために、林董《ただす》外相が一八日に漢城《ハンソン》に到着した。伊藤統監と李完用内閣は高宗に強要して退位させ、皇太子に譲位させた。漢城では数万人が参加する強制退位反対の運動が起き、李完用邸は一九〇五年一一月についで、再度焼き打ちされた。韓国軍の一部も運動に加わった。反対運動の高まりに危機感を抱いた伊藤統監は歩兵一個旅団の増派を日本政府に求めるとともに、韓国政府に二四日に「新聞紙法」を、二七日には「保安法」（結社、集会、大衆運動、政治宣伝の取締のための法）を急遽制定させて、弾圧体制を強化した。

反対運動が盛り上がる中で、七月二四日に伊藤統監と李完用首相は、「丁未七条約」（第三次日韓協約）に調印した。韓国政府は「施政改善」に関して統監の指導を受けることが明記され、法令制定及び重要な行政処分は統監の事前の承認、高等官の任免、外国人の傭聘については統監の同意が必要となり、また、統監の推薦する日本人を韓国政府に任命することが規定されて、統監の韓国内政支配は確立した。さらに付属の秘密覚書では、大審院以下の裁判所の新設と日本人判事・検事の採用、韓国軍隊の解散などが規定された。この覚書に従って、八月一日、韓国軍隊の解散が実施され、侍衛歩兵一個大隊のほかはすべて解散された。

次官政治　丁未七条約に基づいて、日本人顧問は廃止されて、韓国政府各部の次官（軍部次官は除く）以下、地方官庁の府・郡に至るまで多くの日本人官吏が採用・配置され、これらの日本人官吏を通じて日本の内政支配が強化された。一九〇九年六月末現在では、韓国政府の職員（親任官、勅任官、奏任官、判任官、判任官待遇、嘱託、雇員）の数は、朝鮮人六八三七人、日本人五三七〇人で、日本人は四四%を占めていた。

義兵運動や愛国啓蒙運動を弾圧するために、日本は駐箚軍、憲兵、警察を強化した。駐箚軍には、一九〇七年八月、伊藤統監の増兵要請に応えて歩兵第一二旅団（司令部は小倉）が急派され、京釜《キョンプ》・京義《キョンウィ》鉄道を利用して平壌《ピョンヤン》以南に分散して配置された。〇八年五月には第六師団歩兵第一三連隊（熊本）・第七師団第二七連隊（旭川）が増派され、駐箚軍の兵力は二個師団相当になった。同年一一月には、三年近く朝鮮に配備されていた第一三師団が日本に帰還し、代わって第六師団（司令部は熊本）が派遣されてきた。歩兵第二三連隊は第六師団に属したので、兵力は一個師団と三個連隊に縮小した。〇九年五月に臨時韓国派遣隊が編成された。日本の各師団（韓国駐箚中の師団と近衛師団を除く）所属の歩兵連隊から輪番で歩兵一個中隊ずつを抽出し、合計二四個中隊を臨時韓国派遣歩兵第一、第二連隊に編成するという方法を採ったのであるが、臨時韓国派遣隊が配備されると、歩兵第一二旅団と歩兵第二七連隊は帰還した。以後、駐箚軍の兵力は一個師団と臨時韓国派遣隊二個連隊、計一個師団半を配置し、駐箚師団と臨時派遣隊はそれぞれ二年で交代することになった。

憲兵は、一九〇七年一〇月に第一四憲兵隊を再び韓国駐箚憲兵隊に改称し、情報戦の専門家である明石元二郎《もとじろう》陸軍少将が隊長に就任した。分遣所は四百六十余カ所に及び、将校以下の人数は二千四百余人に及んだ。一九〇八年七月には、情報収集などのために朝鮮人を憲兵補助員に採用した。その数は同年末現在、四二三四人に及んだ。憲兵補助員を含めると憲兵隊の人数は警察官の数を超えていた。

警察は、従来は顧問警察、韓国政府警察、理事庁警察に分かれていたのを、一九〇七年一一月に韓国政府の警察に統合し、顧問警察・理事庁警察に属していた日本人警察官はすべて韓国政府に任用された。〇九年末現在の警察官数は日本人二〇七七人、朝鮮人三二五九人であった。

以上のような軍事力・警察力の強化を背景に、日本による経済支配が進められた。一九〇八年一月には、全国五カ所に財務監督局を置き、その中枢の局長・事務官は日本人が独占し、財務監督局の下に二三一の財務署を置き、そのうちの一二〇カ所には日本人の財務官・財務主事が配置された。徴税機構から観察使も排除し、日本人官吏が中枢を占める徴税機構を整えて、徴税体制の強化が図られたのである。そして、地税に関しては隠結《ウンギョル》（課税を免れていた耕地）の摘発などによる課税対象地の拡大、地税徴収台帳の作成、個別納税者の把握の強化などを通じて、戸税に関しては警察による戸口調査を通じての課税戸数の増加によって、増収が図られた。その結果、租税収入は一九〇四〜〇六年度には七四〇〇万円前後であったのが、〇七年度には九七三三万円、〇九年度には一一三三三万円と増加した。

皇室財政は内閣の管理下に置かれて縮小した。一九〇八年六月に、皇室の所有地であった宮庄《クンジャン》土《ト》と宮内府《クンネブ》に移管されていた駅屯土《ヨクトウント》は国有地とされた。宮内府所属鉱山は廃止され、紅蔘専売権も度支部に移管された。

金融機関の整備を通じた日本による金融支配も進められた。一九〇六年三月に農工銀行条例、〇七年五月に地方金融組合規則が頒布されて、日本からの借款をもとに各地に農工銀行、金融組合が設置され、農村部にまで日本の金融支配が及ぶようになった。〇八年一〇月には、従来の第一銀行に代わる韓国の中央銀行として、韓国銀行が設立された。韓国銀行券は金貨あるいは日本銀行兌換《だかん》券《けん》と交換でき、正貨準備には日本銀行兌換券が含まれると定められ、重役はみな日本人であるなど、韓国銀行はまったく日本に従属した中央銀行であった。

日本人による土地支配も進んだ。一九〇六年一〇月に頒布された土地家屋証明規則によって、日本人の土地所有は合法化され、日本人の土地所有は急速に拡大し、一〇年には地主数二二五四人、六万九三一一町歩（田畑のみ）に達した。〇八年一二月には拓殖事業、農業経営、拓殖金融などを事業目的とする東洋拓殖株式会社（東拓）が設立された。東拓は韓国政府から国有の田畑一万一四〇〇町歩の現物出資を受けて、朝鮮随一の大地主となった。

義兵運動と愛国啓蒙運動　日本による支配、植民地化が進んでいくなか、これに抵抗する動きが農村・山間部においては反日義兵運動として、都市部においては愛国啓蒙運動として展開された。

反日義兵運動は、日露戦争下の一九〇五年五月頃から起き、京畿《キヨンギ》・江原《カンウオン》・忠清《チユンチヨン》北・慶尚《キヨンサン》北の各道に広がった。〇六年三月には、閔氏一族の有力者の一人であり、閔氏政権後期に吏曹参判に至った閔宗植《ミンジヨンシク》が忠清南道《チユンチヨンナムド》で挙兵し、五月には洪州《ホンジユ》（忠清南道）を占領した。閔宗植の義兵部隊は、日本憲兵・警察や公州《コンジユ》（忠清南道）の鎮衛隊による包囲攻撃を退けたが、日本軍歩兵第六〇連隊の二個中隊の攻撃によって洪州は陥落した。六月には衛正斥邪《ウイジヨンチヨクサパ》派の重鎮であり、議政府賛政まで授けられた崔益鉉《チエイツキヨン》が、七四歳の老齢を押して全羅北道《チヨルラプツト》において挙兵したが、南原《ナムオン》（全羅北道）・光《クアン》州《ジユ》（全羅南道）の鎮衛隊の包囲攻撃の前に敗北した。崔益鉉は日本軍によって対馬に連行され、翌〇七年初めにそこで死去した。その後も慶尚北、忠清北、江原、全羅南北の各道にて義兵の活動が続いた。

一九〇七年八月、韓国軍が解散させられると、漢城の侍衛隊《シウイデ》では兵士の反乱が起き、原州《ウオンジユ》（江原道）や江華《カンファ》（京畿）の鎮衛隊《チヌイデ》にも広がった。これを機に、解散軍人が義兵部隊に加わり、義兵の戦闘力が強化された。日本陸軍の三〇年式歩兵銃（日露戦争時の主力小銃）を含む約一二〇〇の銃が義兵の手に渡ったという。この〇七年八月から〇九年末までの二年余りが義兵運動の最盛期で、日本軍・憲兵と交戦を重ねるとともに、郡庁、郵便施設、警察の出先機関、憲兵分遣所、財務署、電信線などを襲撃・破壊し、郡守、面長、公銭領収員、郵便局員・郵便逓送人、一進会員《イルチヌエ》（一進会は対日協力団体）、電信工夫などを攻撃して、日本の植民地化政策に大きな打撃を与えた。

日本軍は軍隊を中隊、小隊、分隊レベルに細分し、分散配置して、義兵に対する包囲網を形成した。また義兵の活動に協力した村落や寺院を焼き打ちする焦土作戦、自衛団の組織や「免罪文憑《ミヨンジエムンビン》」給付による「投降」勧誘などの分断策を展開した。しだいに個別の義兵部隊の兵力が少なくなってくると、憲兵隊が鎮圧作戦の前面に立つようになった。義兵運動は少しずつ後退させられ、一九〇九年九～一〇月に日本軍が臨時派遣歩兵隊二個連隊などを投入して全羅南北道の義兵部隊を包囲攻撃した「南韓大討伐作戦」を機に衰退した。以後は黄海道や京畿の北部で義兵部隊の活動が続いたが、一五年に終息させられた。義兵は一部に三〇年式銃や村田銃・モーゼル銃などを備えていたものの、主力武器は火縄銃であって、三八式歩兵銃や三〇年式歩兵銃を主力武器とする日本軍とは、武器において圧倒的に劣勢であった。しかしながら、地域の住民の協力を得て、地の利を活かして戦ったことが、長期にわたる抵抗を可能にしたのであった。

一九〇六年以降、漢城を中心とする都市部において愛国啓蒙運動が展開した。これは、独立協会の運動を継承し、教育と実業の振興、言論・出版・集会などによる啓蒙活動を通じて富強と国権の回復をめざした運動であった。その担い手は、学校教員や新聞記者などの新知識人、学生、開化派《ケファパ》系官僚、商工業者、開化思想を受容した在地両班や地主などであった。

一九〇六年四月に大韓自強会《テハンジャガンフェ》が創立され（会長尹致昊《ユンチホ》）、漢城に本部、各地に支会を設けて全国的規模の団体となった。また漢城に居住している特定の道の出身者・関係者を中心に地方別の啓蒙団体を組織することも始まり、〇六年一〇月には西友学会《ソウハックェ》（平安南北《ピョンアン》、黄海道）、関北興学会《クァンブクフンハックェ》（咸鏡《ハムギョン》南北道）が創立された。〇七年七月、大韓自強会は高宗への退位強要に反対して漢城市民の大衆集会、示威運動を組織して、解散させられた。一一月に大韓協会《テハンヒョップェ》がその後継団体として創立され、全国に七七の支会を置く組織に発展した。しかし、協会の一部幹部が親日の李完用内閣の一角に食い込もうとする動きを見せるなどの弱点も有していた。地方別啓蒙団体の動きは広がり、〇八年には西北学会《ソブクハックェ》（西友学会と関北興学会が合同）、畿湖興学会《キホフンハックェ》（京畿、忠清南北道）、湖南学会《ホナムハックェ》（全羅南北道）、嶠南教育会《キョナムギョユックェ》（慶尚南北道）、関東学会《クァンドンハックェ》（江原道）が創立された。また、〇七年には安昌浩《アンチャンホ》らが秘密結社の新民会《シンミヌェ》を結成し、平安南北・黄海道を中心に教育、出版、産業育成などの活動を展開した。

愛国啓蒙団体は、総会や評議会などの組織活動、演説会や機関誌の発行などを通じて立憲政治の思想、教育・実業振興の必要、愛国心培養の必要を訴えた。各団体やその構成員は、私立学校を多数設立し、資金難や教員の人材難に苦しみながらも、民族教育を推進した。『大韓毎日申報《テハンメイルシンボ》』（一九〇四年七月創刊）や『皇城新聞《ファンソンシンムン》』（一八九八年九月創刊）などの新聞も、愛国啓蒙運動の一翼としての言論活動を担った。とくに『大韓毎日申報』は日本の干渉を避けるために、イギリス人ベセルを社長に据えて反日の論陣を張り、〇七年に展開された国債報償運動（国民から募金を募って日本からの借款を返済しようとする運動）の中心となって活動した。また、愛国啓蒙運動のなかで愛国心の培養、自国史教育の必要が強調され、『乙支文徳伝《ウルチムンドクジョン》』などの英雄伝や『美国独立史』などの諸国興亡史が多種刊行された。

愛国啓蒙運動の高まりに対して、日本は韓国政府をして、前述の「新聞紙法」「保安法」制定についで、一九〇八年四月の「新聞紙法」改正（外国発行新聞・外国人発行新聞の取締規定を追加）、同年八月の「私立学校令」「学会令」（いずれも設立認可制を規定）、〇九年二月の出版統制のための「出版法」頒布施行をおこなわせ、運動の抑圧を図った。

甲午改革を機に法令や教科書に漢字・ハングル交じり文が使用されるようになり、『独立新聞』のように純ハングル文の新聞も出現した。ハングル（現在の呼称）は、従来の訓民正音《フンミンジョンウム》・諺文《オンムン》という呼称ではなく、民族の文字の意味である「国文《クンムン》」と称されるようになった。保護国期には、純ハングルの平易な文体で書かれた新小説が登場した。新聞や啓蒙団体の機関誌に用いられた漢字・ハングル交じり文は、綴字法《ていじほう》や文体では、統一されず整っていない面が残されているが、それは民族の文字、言語を表記するための苦闘の過程を示すものであり、さらには民族の独自性、独立を示そうとする奥深い営みであったと言える。

併合条約の強要　一九〇九年七月六日、日本政府（第二次桂太郎内閣）は、適当な時機に韓国を併合する方針を閣議決定した。この閣議決定は、日露戦争の開始以来、韓国に対する日本の権力はしだいに大きくなってきたが十分に充実してはいない、韓国を「帝国版図ノ一部」となすことは、韓国における日本の実力を確立するための最確実の方法である、「半島ヲ名実共ニ我統治ノ下ニ置キ、且韓国ト諸外国ノ条約関係ヲ消滅セシムルハ、帝国百年ノ長計ナリトス」とした。独立を完全に奪うことにしか韓国に対する支配を安定させる道はないと判断し、完全に植民地とすることは「帝国百年ノ長計」としているのは、長期に植民地として支配する意思を表示したものである。かつて独立を保証するとしたことは、まったくの虚言に化してしまったのである。この閣議決定に先立って、六月一四日に伊藤統監は辞職し、後任には副統監曾禰荒助《そねあらすけ》が任命されていた。

この閣議決定に沿って、韓国政府の権限の一部をさらに奪う措置が執られた。七月一二日に「韓国司法及び監獄事務委託に関する覚書」が曾禰統監と李完用首相の間に調印された。日本は韓国政府の財政難を理由に、司法機関を接収した。韓国の裁判所、検事局、監獄は統監府の機関となった。これらの裁判所、検事局、監獄は丁未七条約付属の秘密覚書に基づいて、〇八年一月から設置が開始され、多くの日本人判事・検事・典獄（刑務所長に相当）が採用されていたが、設置が完了しないうちに統監府に移管されることとなったのである。一一月一日に韓国政府の法部《ポップ》は廃止され、統監府司法庁・裁判所・監獄署が事務を開始した。この途中の七月三〇日には韓国政府の軍部《クンブ》が廃止され、宮中にわずかの近衛兵を管掌する親衛府《チヌイブ》が設置された。軍部・法部の廃止によって、韓国政府は内部《ネブ》・度支部《タクチブ》・学部《ハクブ》・農商工部《ノンサンゴンブ》の四部に縮小されてしまった。

次におこなわれたことは、清との間の間島《カンド》問題の処理であった。中国吉林省の東南部（当時の省域による）の間島（北間島。現在の延辺朝鮮族自治州）は、朝鮮人が多く居住する地域であり、日本は間島在住朝鮮人にも支配を及ぼそうとしたが、領有権の主張は断念し、清との妥協を図った。一九〇九年九月に、日本は南満洲における利権の獲得と引き換えに、「間島に関する日清協約」に調印した。清は朝鮮人の間島居住を認める一方、裁判管轄権を行使することを日本に承認させ、日本の領事館・同分館の設置が規定された。ただし、この後も、日本は領事館を通じて居住朝鮮人に対する支配を強めようとしたので、居住朝鮮人や清の地方官との対立は続くことになった。

一九〇九年一〇月、日本の枢密院議長伊藤博文（初代統監）は、満洲問題に関してロシアの大蔵大臣ココフツォフと会談するため、北満洲の哈爾浜《ハルビン》駅に出迎えたところを、朝鮮人の独立運動家の安重根《アンジュングン》に射殺された。これを受けて、一進会は「合邦声明書」を発表した。これは「韓国併合」が朝鮮人の自発的な願いであるかのように見せかけるものであったが、前述したように「併合」の方針はすでに決定していたのである。

一九一〇年に入って、保護国化のときと同様に、日本は「併合」についてロシア・イギリスの承認を取りつけた。四月、満洲における「勢力圏」分割の確認などを図った第二回日露交渉のなかで、ロシア政府は日本の本野一郎大使に日本の「韓国併合」に対する承認を表明した。五月にはイギリスも日本の「韓国併合」に対する承認を表明した。

五月三〇日、第三代統監に、陸軍大臣寺内正毅《まさたけ》が任命され、陸軍大臣と兼任することになった。六月三日、日本政府（第二次桂太郎内閣）は韓国に対する施政方針を閣議決定した。これに基づいて、外務省政務局長倉知鉄吉らで構成される併合準備委員会が設置され、七月七日にその作業を完了した。翌八日、日本政府は条約締結の場合の詔勅案、条約無き場合の詔勅案、条約案、「併合実行細目」などを閣議決定した。保護国化のときと同様に、韓国政府が条約の調印に応じない場合には、詔勅だけで「併合」を実行することも想定していたのである。

寺内陸軍大臣兼統監が、漢城着任前に進めた重要事は、憲兵警察制度の創設である。五月五日に寺内陸軍大臣は、参謀長会議のために東京に来ていた韓国駐箚軍参謀長明石元二郎少将と会い、明石参謀長の事前の提案に基づき、韓国政府に日本政府に警察権の委託をさせた上で、警察を憲兵の指揮下に置く制度をつくる計画を立案実行することを決めた。

寺内統監の命令により、六月二二日、統監府総務長官事務取扱石塚英蔵は韓国政府の内閣総理大臣署理内部大臣朴斉純（李完用首相は前年一二月に刺客に刺され、療養中であった）と警察権委託について交渉を開始した。翌二三日の韓国政府閣議では反対があって、交渉は難航したが、韓国政府側の逆提案に一部修正を加えて、二四日に「韓国警察事務委託に関する覚書」が調印された。署名者は、総理大臣署理朴斉純と統監寺内正毅であったが、寺内はその場にいないため、石塚が代筆したのであった。

この覚書に基づいて、六月二九日、日本の勅令「統監府警察官署官制」が公布され、統監府の警察機関である警務総監部の長（警務総長）は韓国駐箚憲兵隊司令官である陸軍将官が兼任し、各道における警察事務及び警察署の監督を掌る警務部長は憲兵佐官（憲兵隊長）が兼任するなど、憲兵中心の警察制度が規定された。六月一五日に韓国駐箚憲兵隊司令官に就任していた明石少将は、七月一日、統監府警務総長に任命され、ここに憲兵警察制度が発足した。日本の内務省から派遣されていた松井茂内部警務局長ら文官警察官の意向を無視して、明石少将が憲兵警察制度を発足させることができたのは、陸軍大臣を兼任する寺内統監の支持があったからである。

一方、韓国駐箚軍（当時の軍司令官は大久保春野《はるの》陸軍大将）は、六月初めから漢城の龍山《ヨンサン》への兵力集中を開始した。江原、黄海、京畿諸道の義兵鎮圧に従事しつつ、集結することとして、七月上旬には歩兵一二個中隊（一個連隊相当）、騎兵一個中隊が集結し、漢城の警備を強化した。一〇月に朝鮮総督府の体制が整った後、同月下旬から原隊への帰還を開始し、一二月下旬に終了したという大がかりな作戦であった。

七月二三日、寺内統監は漢城に着任した。しばらく韓国政府側の動きを窺った寺内統監は、八月一三日、条約締結の交渉に入ることを決め、一六日から李完用首相らとの交渉に入った。条約案を提示したのは、一八日であった。条約案などは日本の閣議決定を経た案であるとして、細部にしか修正を認めなかった（現皇帝の尊称を「大公」と変える案を「王」とすることに変えた）。八月二二日、皇帝純宗《スンジョン》の臨席下に、内閣の大臣、宮内府《クンネブ》大臣、宮内府侍従院卿、中枢院《チユンチユウオン》議長が招集されて御前会議が開かれ、ここで初めて条約案が交渉に加わっていなかった者に提示された。中枢院議長金《キ》允植《ミユンシク》は、その日記に自分は不可だと述べたと記している。同日、全権委任状を持った李完用は、統監官邸に赴いて「韓国併合に関する条約」に調印した。

条約は調印してから一週間後に公布されるとされ、厳秘に付された。八月二三日、統監府警務総監部は「集会取締に関する件」を発布して、政治集会・屋外大衆集会を禁止した。八月二九日、条約は公布、施行され、朝鮮は完全な植民地となった。

第二部　植民地支配下の朝鮮

第四章　武断政治と三・一独立運動

1　武断政治の時代

朝鮮総督府の設置　一九一〇年八月二九日に公布・施行された「韓国併合に関する条約」では、韓国皇帝が日本天皇に統治権を譲与する形式で韓国を日本に「併合」するとされた。これは「韓国併合」が合意によるものであると装うための虚構であるが、韓国の皇帝・皇族、「勲功アル韓人」への優遇、日本政府が韓国の統治を全面的に担当すること、「誠意忠実ニ新制度ヲ尊重スル韓人ニシテ相当ノ資格アル者」を「韓国ニ於ケル帝国官吏」に登用することが規定された。「併合」した韓国をどう統治するかは日本政府だけが決定できることになっており、旧皇帝・皇室や少数の特権層は優遇し、日本に忠実な者で資格あるものは官吏に登用するとしているが、多数の人民については「同地ニ施行セル法規ヲ遵守スル韓人ノ身体及財産ニ対シ十分ナル保護ヲ与ヘ、且其ノ福利ノ増進ヲ図ルヘシ」（条約第六条）として、日本が一方的に施行する法規を遵守する者だけは保護するという宣言をしていたのである。「韓国併合」と同時に出された寺内統監の「諭告」は、「漫《みだ》リニ妄想ヲ逞《たくまし》クシ敢テ施設ヲ妨碍スル者アラハ断シテ仮借スル所ナカルヘシ」と述べて、支配に従順でないものは断固抑圧する方針を鮮明にしていた。

「韓国併合」とともに、国号は朝鮮に改められた。植民地となった朝鮮を統治する機関として、朝鮮総督府が設置された。朝鮮総督府は統監府と旧韓国政府のうち存続が不適当とされた部門を除いたものとで構成されたが、一〇月一日施行の「朝鮮総督府官制」「朝鮮総督府地方官官制」などによって本格的な機構が整えられた。朝鮮総督は天皇に直隷する親任官で、現役の陸海軍大将が任命され（総督武官制）、朝鮮に配備された陸海軍の統率権を持った。朝鮮の統治に関して政務統轄権、制令の制定権（後述）、朝鮮総督府令の制定権などを持ち、内閣総理大臣を経て天皇に上奏する権限などを有した。初代の総督は寺内正毅《まさたけ》で、一九一一年八月まで陸軍大臣と兼任であり、一六年一〇月に日本の首相に転じた。第二代総督には、韓国駐箚《ちゆうさつ》軍司令官・参謀総長を歴任した元帥陸軍大将長谷川好道《よしみち》が任命された。

総督府には総督の補佐として親任官の政務総監が置かれ、直属部局として総督官房、五部（総務部・内務部・度支部・農商工部・司法部）が、所属官庁として中枢院・警務総監部・臨時土地調査局・鉄道局・通信局・税関・裁判所・監獄、地方官庁として各道、府・郡が置かれた。朝鮮総督府の中枢は日本人がほぼ独占した。一九一四年末現在の総督府職員数（勅任官、同待遇、奏任官、同待遇、判任官、同待遇、嘱託、雇員、傭人の合計）は三万八五四九人で、日本人は二万五二二一人、朝鮮人は一万八〇二七人で、日本人が五三％を占めている。勅任官五〇人の内訳は日本人四三人、朝鮮人七人、奏任官九四〇人の内訳は日本人六六七人、朝鮮人二七三人であり、上位になるほど、日本人の占める比率が高くなった。

「韓国併合」と同時に、勅令「朝鮮ニ施行スヘキ法令ニ関スル件」が公布・施行された。これによって、朝鮮に施行される法令は、特に朝鮮に施行する目的をもって制定した法律、特に朝鮮に施行する目的をもって制定した勅令、勅令をもって朝鮮に施行された法律、法律を要する事項について規定する総督の命令（制令と称する）の四本立てとされた。この勅令は、帝国議会閉会時に制定された緊急勅令であったので、直後の第二七回帝国議会で事後承認の手続きが取られたが、事後承認を得られず、衆議院議員花井卓蔵の提案によって、条文はまったく同一の「朝鮮ニ施行スヘキ法令ニ関スル法律」を可決した。花井の主張は、委任命令権である制令制定権は法律をもって授けるべきであるということであって、制令制定権自体は植民地支配に不可欠であるとして、これを認めていたのである。こうして、朝鮮に施行する法令の制定権については、天皇、帝国議会、朝鮮総督の三者が持つことになった。朝鮮には衆議院議員選挙法が施行されず、朝鮮居住者（その大多数は朝鮮人）はその代表である議員を帝国議会に送ることができなかったので、いかなる形でも立法権に参与できず、統治の客体に過ぎなかった。これは植民地期を通じて変わらないことであった。

「韓国併合」と同時に、旧韓国皇帝（純宗《スンジョン》）は李王《イワン》に、太皇帝（高宗《コジョン》）は李太王《イテワン》に、皇太子（李《イ》垠《ウン》）は李王世子《イワンセジャ》に冊封《さくほう》され、王族とされた。太皇帝・皇帝の兄弟は「公」の尊称を受け、公族に冊封された。王族、公族は日本皇族の礼をもって待遇されることとなった。「併合」とともに公布された日本の皇室令「朝鮮貴族令」によって、旧韓国皇族で「公族」にはされなかった者、老論《ノロン》・少《ソ》論《ロン》・北人《プギン》の名門出身者など七四人に侯爵・伯爵・子爵・男爵の爵位（日本の華族と違って、公爵を欠く）が授けられた。これと同時に貴族、「功労者」、旧韓国官吏三六三八人に計八二五万円弱の一時恩賜金（公債）が、明治天皇から給付された。「韓国併合」に際して、明治天皇は臨時恩賜金三〇〇〇万円を朝鮮に給付したのであるが、その二七・五％が旧特権層へ配分されたのである。伯爵となった李完用《イワニョン》は、一五万円の恩賜公債を与えられるなどの優遇を受け、全羅北道《チヨルラプット》の穀倉地帯で土地を集積した。朝鮮総督府中枢院は朝鮮貴族などによって構成されたが、政務総監を議長とする諮問機関に過ぎなかった。

朝鮮総督府は、一九一〇年代を通じて地方行政機構を整備し、地方支配を強化した。上級の地方行政区画である道《ト》には、長官と参与官、内務部と財務部が置かれた。道長官は日本人と朝鮮人が半々、参与官は朝鮮人であったが、内務部長・財務部長は日本人が独占したのをはじめ、道職員の大半は日本人が占めた。

道の下の行政区分は、都市部の府《プ》、農村部の郡《クン》から構成された。府は京城《けいじょう》（漢城《ハンソン》を改称）・仁《イン》川《チョン》・群山《クンサン》・木浦《モッポ》・釜山《プサン》・馬山《マサン》・大邱《テグ》・元山《ウオンサン》・清津《チヨンジン》・平壌《ピョンヤン》・鎮南浦《チンナムポ》・新義州《シニジュ》の一二府で、京城・大邱・平壌は道庁所在地、新義州は鉄道の要地、その他は開港場である。府尹《プユン》（市長に相当）・事務官（ともに奏任官）は日本人が独占し、職員の多数は日本人であった。郡は三一七あり、郡守《クンス》（奏任官）は当初、みな朝鮮人であった。その後、要地の郡守には日本人が任命されるようになったが、大半は朝鮮人であった。職員も大半は朝鮮人であったが、一郡当たり複数の日本人書記が配置されて、総督府の支配の浸透が図られた。

一九一四年三月には府郡の統廃合が実施され、一二府三一七郡は一二府二二〇郡となった。府の区域は市街地とその周辺に縮小された。同年四月には面《ミョン》の統廃合が実施され、四三二二面が二五二二面に減らされた。同じ時に、居留地が府に編入され、「府制」が施行された。府尹の諮問機関としての「府協議会」が設置された。協議会員は道長官の任命であり、その定員は一二府を通じて日本人六六人、朝鮮人四六人であった。

郡の下の行政単位である面には、面長《ミョンジャン》（判任官待遇）、面書記《ミョンソギ》などの職員が置かれたが、いずれも朝鮮人であった。常設の面事務所が設置されたことは大きな変化であった。総督府、道庁は面の行政事務処理基準を制定し、朝鮮人郡書記《クンソギ》の講習会を開いて面に対する指導の強化を図った。郡は面長協議会、面吏員講習会を開催して、面行政事務処理の標準化を進めた。一九一七年一〇月には、「面制」が施行され、面は従来の徴税事務の他に、土木・産業・衛生に関する事務を取り扱うことになった。また、府に近い状態にある二三の面は、総督の指定を受け（指定面）、面長の諮問機関として相談役を置くことになった。

軍事力を背景にして「韓国併合」を実現した経緯もあって、朝鮮への日本陸海軍の配備は強化された。「韓国併合」とともに韓国駐箚《ちゆうさつ》軍は朝鮮駐箚軍に改称されたが、従来の一個師団・臨時韓国派遣隊の交代派遣に代えて、二個師団を常設することがめざされた。一九一二年一一月、陸軍大臣上原勇作陸軍中将は二個師団増設を閣議に提出したが、財政難のために否決され、一二月に単独辞職して後任を出さなかったため、政府（第二次西園寺公望《きんもち》内閣）が倒れるという事件も起きた。一九一五年から朝鮮常設二個師団（第一九、第二〇師団）の編成が始まり、二〇年四月に完結した。

この途中の一八年五月に朝鮮駐剳軍は朝鮮軍と改められた。第一九師団（司令部は咸鏡北道《ハムギョンブット》羅南《ナナム》）は咸鏡南北道に配備され、ロシア（のちソ連）に備える任務を負い、第二〇師団（司令部は京城）はその他の一一道に配備された。この時点では兵役を課されたのは日本人だけであったので、日本本国の近衛《このえ》師団を除く一八個の師団が、年度ごとに割り当てを受けて第一九、第二〇師団に入営すべき兵も徴兵し、これを集合させた上で朝鮮に輸送するという措置がとられた。配備地の気候との関係で、概ね第三（名古屋）、第九師団（金沢）以東の師団の徴兵した兵が第一九師団に、第一六（京都）、第四師団（大阪）以西の師団の徴兵した兵が第二〇師団に送られた。朝鮮側から見れば、交代で派遣されてくる師団も常設師団も、外来の征服者の部隊であることには変わりがなかった。

海軍は、一九〇六年に鎮海湾《チネマン》の一角にある慶尚南道《キヨンサンナムド》熊川郡《ウンチヨングン》西部の海岸に軍港の建設を計画して土地を買収し、一〇年から工事を開始した。一六年に鎮海《チネ》要港部が設置された。鎮海の地名は元来、昌原府《チャンウオンブ》（馬山府の旧称）の西にあった郡のものであったが、〇八年に熊川郡も鎮海郡も昌原府に合併吸収されて、郡名としての鎮海はなくなったので、鎮海の名は新軍港の所在地に移されて定着したのである。

憲兵警察制度　「韓国併合」の直前に発足した憲兵警察制度は、憲兵が警察機構の中心に座った特異な制度であった。第一に、朝鮮総督府の警察機構である朝鮮総督府警務総監部（統監府警務総監部を改称）は総督府の本庁からは独立した機関とされ、その長である警務総長は朝鮮駐剳憲兵隊（韓国駐剳憲兵隊を改称）司令官（陸軍中将または少将が就任）が兼任した。第二に警務総監部の下に各道に置かれた警務部も道長官の指揮を受けず、その長である警務部長は道憲兵隊長（憲兵佐官が就任）が兼任した。第三に朝鮮全土は警察署（文官警察）の管轄する区域と憲兵隊が警察事務（軍人に対する軍事警察の事務ではなく、一般人民に対する警察の事務）を取扱う区域とに区分されたが、後者の区域の方がはるかに広大であった。前者が都市部、開港場、鉄道要地などを中心にしたのに対し、後者は農村部、山間部、国境地帯などを中心にしていた。第四に、憲兵の各級機関数（憲兵隊司令部、憲兵隊本部、憲兵分隊、憲兵分遣所【のち憲兵駐在所】、憲兵派遣所、憲兵出張所【のち憲兵派出所】の合計）とその職員数は、警察の各級機関数（警務総監部、警務部、警察署、分署、派出所、駐在所の合計）とその職員数を上回っていた。一九一八年末には、憲兵の機関数は一一一〇、職員数は七九七八人（日本人三三七一人、朝鮮人四六〇七人）であったのに対し、警察の機関数は七五一、職員数は五四〇二人（日本人二一三一人、朝鮮人三二七一人）であった。

憲兵警察機構、なかでも憲兵隊は、植民地支配を維持し、浸透させるための中核としての役割を果たした。第一に、駐箚軍が一九一二年に義兵運動鎮圧のための分散配置を漸次撤廃したこともあって、分散配置を続けた憲兵は一五年に義兵運動が終息するまで義兵運動鎮圧の主役となった。第二に、警察行政だけでなく、衛生、民籍（朝鮮人の戸籍）事務、道路改修、農事改良、日本語普及、法令普及、納税義務諭示など一般行政に関する広汎な業務を担った。

一九年三月末現在の府・郡・島（済州島《チェジュド》と鬱陵島《ウルルンド》に設置）の合計数は二三四、職員数は府三〇五人（日本人二〇四人）、郡三八二五人（日本人九九四人）、島四〇人（日本人一八人）で合計して四一七〇人（日本人一二一六人）であったが、右に掲げた一八年末の憲兵・警察の機関数・職員数と比較すると、面のレベルに駐在所・派出所・派遣所を設けた憲兵・警察の方が地方行政機関よりも稠密《ちゅうみつ》に、より多くの人数を配置していることが分かる。とくに農村部・山間部で警察事務を扱う憲兵が、これらの地域で広く地方行政を担い、植民地支配を浸透させる尖兵の役割を担ったのである。第四に、憲兵警察機構は人民の活動・生活を日常的に抑圧する存在となった。

憲兵警察制度の下で、朝鮮人の政治活動は禁止され、言論・出版・集会は厳しく取り締まられた。一九一〇年八月二三日発布の警務総監部令によって政治集会、屋外大衆集会は禁止された。八月二九日に公布された制令第一号「朝鮮ニ於ケル法令ノ効力ニ関スル件」によって、統監府が韓国政府に制定させた新聞紙法・保安法・出版法などの治安法規は引き続き効力を有するとされ、植民地期を通じて弾圧の武器とされた。また、九月には大韓協会《テハンヒョップエ》などの政治結社は、対日協力団体の一進会《イルチヌエ》を含めて解散させられた。ついで『大韓毎日申報《テハンメイルシンボ》』『漢城新聞《ハンソンシンムン》』（『皇城新聞《ファンソンシンムン》』を改題）など朝鮮人発行の朝鮮語新聞や『西北学会雑誌《ソブクハックエジャプチ》』などの雑誌は廃刊させられ、多くの啓蒙的・民族的書籍が発行禁止となった。残ったのは、総督府の御用新聞である『京城日報《けいじょうにっぽう》』（日本語）・『毎日申《メイルシン》報《ボ》』（朝鮮語）・『ソウル・プレス』（英語）、日本人発行の雑誌、宗教雑誌などだけであり、外国や日本から入ってくる新聞・雑誌にも厳しい検閲がおこなわれた。

人民の日常活動・生活を細かく取り締まるための法令も制定された。一九一〇年一二月に公布された制令「犯罪即決例」は、警察署長及び警察事務を取扱う憲兵分隊長に三カ月以下の懲役・禁錮、一〇〇円以下の罰金もしくは科料、笞刑《ちけい》などの刑に処すべき罪を即決できる権限を付与した。一二年三月一八日には制令「朝鮮笞刑令」が公布された（四月一日施行）。これは一六歳以上六〇歳以下の朝鮮人男子に限り、三カ月以下の懲役・拘留の刑に処すべき者、一〇〇円以下の罰金の刑に処すべき者にして一定の住所を有しないか無資産と認められる者は、刑を笞《むち》をもって臀部《でんぶ》（しり）を打つ刑に換えることができる（懲役などの一日、罰金の一円は笞打ち一回に換算された）とするものであった。下層の朝鮮人を蔑視・差別する刑罰執行方法を採用したのである。同月二五日には朝鮮総督府令「警察犯処罰規則」が発布された（四月一日施行）。これは、「故ナク人ノ居住又ハ看守セサル邸宅、建造物及船舶内ニ潜伏シタル者」など八七の項目に該当する者は拘留または科料に処すると定めたものである。八七項目のなかには、「団体加入ヲ強請シタル者」「濫《みだり》ニ多衆聚合《しゆうごう》シテ官公署ニ請願又ハ陳情ヲ為シタル者」「不穏ノ演説ヲ為シ、又ハ不穏ノ文書、図画、詩歌ノ掲示、頒布、朗読若ハ放吟《ほうぎん》ヲ為シタル者」などが含まれており、言論・集会・結社や陳情・請願を厳しく制限することを可能にするものであった。

一九一〇年代の朝鮮総督府の支配は、総督武官制の下で、軍事力の強化と憲兵警察制度に支えられて朝鮮人民の権利を極度に抑圧したので、武断政治と称された。

土地調査事業と経済の対日従属化　一九一〇年代を通じて、朝鮮総督府は朝鮮経済を日本経済の一環に組み入れ、従属させるための諸政策を推進した。その基軸となったのは、一九一〇年三月から一八年一一月まで、二〇〇〇万円余りの巨費をかけて実施された土地調査事業であった。事業は、「韓国併合」直前の一〇年八月に韓国政府が頒布した「土地調査法」、一二年八月に公布された制令「土地調査令」に基づいておこなわれ、全国の耕地・市街地を一筆《いっぴつ》（一区切りの土地）ごとに厳密に測量し、地番を付し、面積を明らかにし、その土地所有者を確定するとともに、地価を定めて地税徴収の基準とした。

日本の地租改正では土地所有者自らが測量し、県の官吏が検査するという手続がとられたが、朝鮮の土地調査事業では臨時土地調査局の職員が近代的測量技術を用いて測量し、土地所有者はこれに立ち会うという手続きがとられた。したがって土地の実面積は厳密に把握され、朝鮮全土の課税耕地面積は当初予想の一・五倍に当たる約四三七万町歩となった。日本の地租は地価の三％（のちに引き下げて二・五％）であったのに対して、朝鮮の地税は地価の一・三％と相対的に低率に設定されたものの、地税は一九一九年には一一年の約二倍の一一四七万円に増大した。土地調査事業の歴史的意義の第一は、耕地の実面積把握の徹底、地税の増加による植民地財政の確立への貢献である。

民有地の調査に当たっては、事前に土地所有者に土地申告書を提出させる申告主義がとられた。臨時土地調査局から事業説明を受けたのは面長・里洞長（集落の長）・地主総代・主要地主であり、地主総代が申告書の取りまとめや一筆地調査への立ち会いをおこなった。すでに形成されていた地主・有力者中心の地域秩序を前提にして事業が進められたことは、地域の秩序を総督府の地方支配の末端に組み込んでいくための重要な経過点となったと言える。これが土地調査事業の歴史的意義の第二である。

歴史的意義の第三は、相対的に広大な国有地の創出である。旧宮庄土《クンジャント》、駅屯土《ヨクトウント》には、上級所有者である旧皇室・官庁、中間地主、耕作農民の権利が重層的に存在し、三者の取り分も多様であったが、最終的に国有地とされ、中間地主、耕作農民の権利は否定された。ここでは農民の土地に対する権利は奪われたのである。国有地は一九一八年末に一二七万町歩（うち耕地は一二万町歩）を超えた。
歴史的意義の第四は、土地所有権が確立され、一九一二年三月公布の制令「朝鮮不動産登記令」に基づいて土地登記制度が整備されたことによって、土地の売買を促進し、農民層分解を促進する役割を果たしたことである。一九一八年に小作地は二一九万町歩と耕地総面積の五〇％を占め、農家総戸数の三・一％に過ぎない地主の手に集中していた。自作農は一九・七％に過ぎず、自小作農は三九・四％、小作農は三七・八％を占めた。日本人の土地所有は拡大し、一八年末には約二四万町歩となった。

土地調査事業と並んで重要なのは、一九〇八年から二四年までの長期間をかけておこなわれた、林野における所有権確定の事業である。これを通じて、農民が林野に対して持っていた権利が否定、制限されて、広大な国有林が創出された。

一九〇八年一月に統監府が韓国政府に頒布させた「森林法」は、その施行日より三年以内に森林山野の所有者は地籍及び略図を添えて農商工部大臣に申告しなければならず、期限内に申告しないものはすべて国有とみなすと規定した。地籍及び略図の添付などの条件を満たすことが困難であったために、期限内に申告された林野は約二二〇万町歩、全林野面積一六〇〇万町歩の一三・八％に過ぎなかった。農民の共同利用林であった「無主公山」を含めて、林野の多くが国有林に編入された。一一年六月、総督府は制令「森林令」を公布し、国有林経営の基本方針を定めた。国有林の造林貸付の制度が導入され、貸し付けられた者が造林事業に成功した場合には、その森林を譲与すると定めた。これによって、国有林の払下げを通じて日本人や一部の朝鮮人が山林地主へ成長する道が開かれた。他方、周辺住民の持っていた入会慣行は、副産物採取や放牧に関してのみ認めるとされた。

一九一七年から二四年にかけて民有林及び縁故のある国有林を対象として、林野調査事業がおこなわれた。事業は一八年五月公布の制令「林野調査令」に基づいて、総督府農商工部山林課、各道内務部勧業課（または山林課）、府・面の測量手によって進められた。土地調査事業と同様に申告主義がとられ、民有林の所有者及び国有林の縁故者（森林法の規定による申告をおこなわなかったために国有林にされた林野の従前の所有者）は所定の期間に申告書を出すことが義務づけられた。地主総代（林野総代）が置かれ、事業の周知、申告書の配布・取りまとめをおこなった。府・面の測量手などからなる外業班が一筆ごとに所有権調査、縁故関係調査、境界測量をおこなったが、これには申告人のほかに里洞長、地主総代も立ち会った。測量結果を基礎に林野原図が作成され、林野の各一筆地には「某洞山〇〇番地」のように地番が付された。こうして林野の所有権は最終的に確定されたが、縁故者には所有権は認められず、縁故権の名義で使用・用益権が認められるにとどまった。事業が完了した二四年末には、国有林は九五六万町歩、民有林は六六一万町歩となった。その後、日本人や一部朝鮮人への国有林払下げが進んだので、三一年末には国有林は七〇一万町歩、民有林は九四七万町歩となった。

国有林の一部は一九一二年以降、東京・京都・九州・北海道の四帝国大学に貸し付けられ、四帝国大学は広大な演習林を設置していた。東京帝国大学は一九一二年一二月に五万三二〇〇町歩の貸付を受け、江原道《カンウォンド》演習林三万九〇町歩（高城郡《コソングン》【一四年の府郡統廃合後は杆城郡《カンソングン》】）、全羅南道《チョルラナムド》演習林二万二三〇〇町歩（求礼郡《クレグン》・光陽郡《クァンヤングン》）を設置した。九州帝国大学は一二年一二月に慶尚南道《キョンサンナムド》山清郡《サンチョングン》・河東郡《ハドングン》内に、二六年一月に咸鏡北道《ハムギョンプクト》茂山郡《ムサングン》内に貸付を受け、両者合わせて二万一六七五町歩の演習林を設置した。京都帝国大学は一二年一二月に全羅北道南原郡《ナムオングン》内、慶尚南道咸陽郡《ハミャングン》・山清郡内に一万六九〇六町歩の貸付を受け、演習林を設置した。北海道帝国大学は農科大学が東北帝国大学に属していた一三年九月に全羅北道茂朱郡《ムジュグン》内に二万一〇〇〇町歩の貸付を受け、演習林を設置した（一八年の北海道帝国大学の分離創設とともに移管）。一九三一年には四帝国大学を合わせて一〇万二八二七町歩の演習林を朝鮮に置いていた。四帝国大学は、朝鮮総督府の国有林経営、森林開発政策と連携していたのである。

一九一〇年代には、朝鮮総督府は米作を中心に、農事改良・増産政策を推進した。米作においては、「優良品種」（改良品種）＝日本品種の普及が強制され、一九年には「優良品種」の生産だけは全体の六三・五％に達した。また、短冊《たんざく》型の苗代《なわしろ》づくり、正条植《せいじょううえ》（縄を張って稲の苗を碁盤目状に植える方法）、害虫駆除、稲扱《いねこ》き、筵《むしろ》・叺《かます》・縄づくりなどの日本式の技術＝改良農法も強制され、輸出米の品質管理のために米穀検査が開始された。土地調査事業においては、改良品種、改良農法の普及が図られている区域については、収穫高を実際よりは低目に査定して、地価を引き下げ、もって地税負担を軽減して、改良農法・改良品種の普及を促進しようとする方針もとられた。これらの施策は、日本人の嗜好に合う米を増産し、日本への「移出」を増やすためのものであった。米の対日移出高は一一年の二五万石から一九年の二八〇万石へと急増した。

米作だけでなく、養蚕においては改良品種の桑苗・蚕種の普及、綿作においてはアメリカ由来の

「大陸棉」の栽培が強制された。このような農事改良政策は、憲兵・警察が担当するか、憲兵・警察の武力で護衛された農業技術官吏が担当した。朝鮮の気候などの地理的条件に適合し、主作物の間にさまざまの作物を間作《かんさく》し、もって自給的な衣食生活を図ろうとする長年の経験に裏打ちされた在来の農業技術を低く評価し、栽培されていた作物を引き抜いてでも、改良品種・改良農法を強制しようとする施策は、農民の強い反発・抵抗にあった。抵抗する農民を笞刑に処することがあったように、強権的な農事改良政策は「武断農政」「サーベル農政」という批判を受けた。

総督府は一九一〇年代には、財政支出の半ばを統治機構整備費と鉄道・道路・港湾工事費に充当し、日本資本が進出するための社会的経済基盤の構築を進めた。とくに鉄道の整備が重視され、一〇年には平南線《ピョンナムソン》(平壌—鎮南浦)、一四年には湖南線《ホナムソン》(大田《テジョン》—木浦)、京元線《キョンウォンソン》(ソウル—元山)が全通し、咸鏡北部線《ハムギョンブプソン》、咸鏡南部線《ハムギョンナムブソン》に着工した。咸鏡北部線は一七年に清津—会寧《フェリョン》間、一九年に輸城《スソン》—羅南間、咸鏡南部線は一九年に元山—咸興《ハムン》間が開通した。鉄道の整備は開港場を通じて朝鮮経済を日本経済に深く結びつけるのに大きな役割を果たした。師団司令部のある羅南に早期に鉄道が通じていることによく示されているように、軍事力の迅速な輸送を支えるものでもあった。また、鉄道による満洲との連絡も重視された。一一年には鴨緑江《アムノッカン》架橋工事が完成して、京義線《キョンウィソン》と南満洲鉄道(満鉄)線とが接続された。一六年一〇月に成立した日本の寺内内閣では満洲と朝鮮との結合を進める政策が推進され、一七年七月には朝鮮の官営鉄道は満鉄に委託経営されることになった(二五年三月まで)。道路に関しては、一一年四月に総督府令「道路規則」が発布され、総督府・道庁が全国的に道路改修工事を進めた。改修工事に当たっては、周辺の農民が無償の賦役で動員され、大きな不満を招いた。

金融機構の整備も進められた。一九一一年に韓国銀行を継承して、朝鮮銀行が設立され、朝鮮銀行券を発行することとなった。一八年一〇月には農工銀行を統合して朝鮮殖産銀行が設立され、農工業への長期金融を担うことになった。地方金融組合は一八年三月末には二六〇組合（組合員数一二万人）に達したが、同年六月に「地方金融組合令」が改正されて、金融組合と改称し、道を単位に金融組合連合会が設立されることとなった（一二月営業開始）。

商工業においては、一九一一年一月に制令「会社令」が施行され、会社設立許可制がとられた。工業化を当面抑制する意図によるものであったが、総督・総督府と関係の深い日本人の会社設立が許可される一方、朝鮮人会社の設立は抑制された。

同化政策の開始　日本は朝鮮支配の基本方針として「同化」を掲げた。例えば、だいぶ後のことにはなるが、一九三五年に朝鮮総督府が刊行した『施政二十五年史』はその「序説」において、「韓国併合」に触れて、次のように述べている（【　】内は引用者の注）。

抑々《そもそも》韓国併合の目的は、多年困憊《こんぱい》の窮境に陥りたる半島【朝鮮を指す】の人民を救治して之が文化を高め、之が実力を養ひ、独り朝鮮民衆の福利を増進するのみならず、依って以て帝国の基礎を鞏固《きょうこ》にし、東洋の平和を永遠に維持するにあることは併合の際の詔書によっても明かなる所である。帝国が韓国を併合したるの所以のものは、或は年々過剰せる人口を半島に移住せしめ、又は放資【投資】によって半島から利益を吸収するというが如き、単なる植民地政策を実行することを以て究極の目的とするのでは無い。新旧同胞を合はせて渾然《こんぜん》たる一家を形成し、共に仁慈《じんじ》なる　天皇陛下綏撫《すいぶ》【安んじいたわること】の下に立ちて健全なる発達を遂げ、強固なる国家を成立せんとするに在る。吾人は一たび併合の詔書を拝読すれば直ちにこの高遠なる宏謨《こうぼ》【立派なはかりごと】を窺ひ知ることが出来る。されば朝鮮統治の要諦《ようてい》【肝心かなめの所】は一には同化であらねばならぬ。二にも同化であらねばならぬ。而して之を生命として諸般の進歩開発、福利の増進を期せねばならぬのである。

引用されている「併合の際の詔書」とは、一九一〇年八月二九日に明治天皇が発した詔書（「日韓併合ノ詔書」と称された）で、そこには「民衆ハ直接朕ガ綏撫ノ下ニ立チ其ノ康福ヲ増進スベク、産業及ビ貿易ハ治平《ちへい》ノ下ニ顕著ナル発達ヲ見ルニ至ルベシ」と述べられていた。この詔書の一文を根拠にして、右の引用文にも見られるように、朝鮮総督府の首脳は、日本の朝鮮統治は欧米諸国のアジア・アフリカにおける領土に対する植民地支配とは違って、朝鮮を日本に同化して渾然一体の国家を形成することをめざすものであると説いたのである。

「同化」とは朝鮮人を元来の日本人と変わりのないようにすることであるが、すでに見てきたように、同等・同権に扱うことではなかった。同等・同権でないことを無視して「同化」を求める論理は、「天皇の臣民」としては変わりがないという論理と、朝鮮人を導いて「文明の域」に進める論理であった。そのような論理の下に、総督府首脳をはじめとする植民地支配者は、朝鮮人におとなしく天皇の忠良な臣民となり、日本政府・朝鮮総督府が施す「善政」に従うことを求めたのであった。このため、天皇の仁慈を示す施策をある程度は展開しつつ、同化政策が進められていくことになる。

天皇の仁慈を示す施策の代表例は、一九一〇年八月に明治天皇が下付した三〇〇〇万円のうち一七四〇万円弱を各府郡に配分して、府郡臨時恩賜基金として配分し、基金の利子額の一〇分の六は授産事業（職業訓練）、一〇分の三は教育事業、一〇分の一は凶歉《きょうけん》救済事業（災害時の救済）に用いた「臨時恩賜資金事業」である。給付の対象者は限られていたとはいえ、総督府官吏が天皇の仁慈を謳うための拠り所となった。

同化政策はいろいろな形態で進められた。朝鮮の社会は日本の社会と異なる歴史的発展をたどってきたのであるから、親族制度などの面において朝鮮在来の慣行を無視して、日本の制度を持ち込むことは困難であった。一九一二年三月公布の制令「朝鮮民事令」が、朝鮮人の親族制度・相続制度は「慣習ニ依ル」としたのは、在来の慣行に手を触れることを避けた事例である。他方、一六年六月発布の朝鮮総督府令「墓地、火葬場、埋葬及火葬取扱規則」において、新設の墓は共同墓地以外認めないとしたのは、家ごとに墓地を設ける慣習を無視するものであり、大きな反発を受けることになった。

同化政策の中心を占めたのは、教育政策であった。一九一一年一一月に施行された勅令「朝鮮教育令」は、朝鮮人の教育について定めたものであるが、教育の目的は教育勅語に基づいて「忠良ナル国民」＝天皇の臣民を育成することが目的であると定めた。普通教育（普通学校、高等普通学校、女子高等普通学校）においては「国民タルノ性格ノ涵養」と「国語ヲ普及スルコト」、すなわち天皇への忠誠と日本語を教えることが重視された。普通教育では、「国語」（日本語）の授業時数は「朝鮮語及漢文」のそれのほぼ二〜三倍であり、「修身」は必修であり、「修身」を中心に「国語」「朝鮮語及漢文」「歴史」「唱歌」などを通じて天皇への忠誠が教えられた。中等教育の高等普通学校、女子高等普通学校では「歴史、地理」が教えられたが、それは日本歴史・地理を中心としたものであった。また、実業教育が重視され、中等教育機関として実業学校（修業年限二〜三年）が設けられたほか、普通学校においては男子に「農業初歩」または「商業初歩」が課された。高等普通学校においては「実業及法制経済」のなかに農業または商業が含まれていた。これは、日本式の農業技術を普及させる政策と結びついたものであった。教科書は、普通学校においては朝鮮総督府の編纂したもの、高等普通学校・女子高等普通学校・実業学校においては朝鮮総督府の編纂したものまたは朝鮮総督の検定を経たものを使用しなければならないとされた。

教育の普及という点では多くの限界があった。第一に学校の修業年限が短かった。普通学校は四年制（地域の事情によっては一年短縮できる）、高等普通学校は四年制、女子高等普通学校は三年制であって、日本人学校である小学校、中学校、高等女学校に比べて修業年限が一〜二年短かった。第二に、日本語以外の外国語の教育は、高等普通学校で、英語が随意科目として三、四学年で二時間ずつ設けられているだけであった。これは朝鮮人生徒が高等学校・専門学校などの上級学校に進学することを難しくさせるものであった。第三に学校の設置数が少なかった。公立普通学校は一九一九年度でも五三五校であって、約五面に一校に過ぎず、生徒数は七万六九一八人であって、就学率は低かった。中等教育機関は極めて少なく、一九年度には全国で高等普通学校一二校（生徒数二一四八人）、女子高等普通学校六校（生徒数四七九人）、実業学校二五校（生徒数一四八一人）に過ぎなかった。高等教育機関としては専門学校の設置だけが認められていたが、一九年度における設置数は官立四校、私立二校であり、六校を通じての朝鮮人生徒数は四四四人（日本人生徒は二校に計一九九人）であった。

総督府は公立学校中心に教育体制の整備を進め、私立学校に対しては統制を強化した。一九一一年一一月施行の朝鮮総督府令「私立学校規則」は、私立学校に対して、朝鮮総督による設立認可、総督府編纂教科書または総督検定教科書の使用の義務、学校設立者・学校長・教員の資格要件、設立者が資格要件に反するときの設立認可取消、学校長・教員が資格要件に反するときの解雇命令、設備・授業などが不適当と認めたときの変更命令、法令違反・安寧秩序紊乱などの場合の学校閉鎖命令などを規定した。ついで一五年四月施行の私立学校規則改正によって、普通学校・高等普通学校・女子高等普通学校・実業学校・専門学校ではない私立学校（学校制度上は「私立各種学校」という扱いを受けた）の教科課程も、普通学校規則・高等普通学校規則・女子高等普通学校規則・実業学校規則・専門学校規則に準じて定めなければならないとした。これによって、宗教系私立学校が正課の授業として宗教教育をおこなうことや、学校として宗教儀式をおこなうことが禁じられた。また、この改正によって私立学校教員は日本語に通じ、当該学校の程度に応ずる学力を有する者でなければならない、初等の普通教育をなす私立学校の教員は各道が実施する私立学校教員試験に合格した者、教員免許状を有する者、総督が指定した学校の卒業者に限ると規定された。こうして私立学校は厳しく統制され、公立の普通学校などを補完する位置に置かれた。私立学校の大半は私立各種学校であったが、私立各種学校数は一九一〇年の二二一五校から、一一年の一四六七校、一五年の一〇八二校、一九年の六九〇校と大きく減少した。

朝鮮王朝時代の後期から漢文教育、儒教教育をおこなってきた小規模な伝統的教育機関である書堂《ソダン》は、公立普通学校就学前に通う位置づけをされるようになったので、一九一〇年に一万六四五〇校であったが、一〇年代後半には二万三〇〇〇～二万五〇〇〇校へと増加し、漢文以外に朝鮮語・日本語・算術なども教える「改良書堂」も出現した。朝鮮総督府は一八年一二月に総督府令「書堂規則」を発布し、書堂開設には府尹《プユン》、郡守《クンス》、島司《トサ》（島の長）への届出が必要なこと、開設者・教師の資格要件、法令違反などの場合には道長官は閉鎖や教師の変更などを命じうること、朝鮮語など漢文以外の科目については総督府編纂教科書を使用しなければならないと定めて、統制を加えるようになった。

2　三・一独立運動

三・一独立運動の開始と展開　憲兵警察制度の下で、朝鮮国内で民族運動を展開することは著しく困難になった。一九一一年後半から一二年初めにかけて、「寺内総督暗殺陰謀」が捏造《ねつぞう》され、新民会《シンミンフェ》会長の尹致昊《ユンチホ》や李昇薫《イスンフン》（私立学校「五山学校《オサンハッキョ》」の設立者）・梁起鐸《ヤンギタク》（元『大韓毎日申報』の創刊者）ら六〇〇人余が検挙され、一二三人が起訴された。一二年九月の京城地方法院の第一審においては一〇五人に懲役一〇～五年の重刑判決が下され、被告は控訴した。第二審において被告は、事件捏造のためにおこなわれた拷問の実態を暴露した結果、一三年三月に下された京城覆審法院の判決では、九九人は無罪となり、尹致昊らに懲役六～五年が言い渡された（百五人事件）。百五人事件によって、新民会は大きな打撃を受け、瓦解した。その後、国内においては小規模の秘密結社の活動が続けられた。

国内の活動が困難なために、独立運動の拠点を国外に求める動きが進んだ。とくに重要な拠点となったのは満洲の間島《カンド》であった。間島は北間島（現在の吉林省延辺朝鮮族自治州）と西間島（現在の遼寧省東部）とを併せ称した当時の地域名であるが、そこに朝鮮から土地を失った農民などが多く移住していた。これを基盤として、新民会会員や旧義兵将などが新たな独立運動の拠点を築いたのであった。

ロシア領沿海州にも多くの朝鮮人が移住しており、これを基盤に旧義兵将や愛国啓蒙運動家が移住して活動をおこなった。日露協商を結んだロシアはこれを厳しく弾圧した。ロシア革命が起きると、一九一七年一一月に全露韓族中央総会が結成され、ロシア革命に鼓舞されて極東ロシア全域において朝鮮独立運動を展開するようになった。一八年八月に日本が寺内内閣の下でシベリア侵略戦争（シベリア出兵）を開始した大きな理由の一つは、極東ロシアの朝鮮独立運動を抑え、それが朝鮮国内に波及することを防止するためであった。同年一〇月には、第一九師団からも歩兵第七四連隊（咸興《ハムン》に駐屯）第三大隊などから編成された「南烏蘇里派遣隊」が派遣され、ヴラジヴォストクに上陸し、南ウスリー地方のポシェト・ノヴォキエフスクなどの守備に就いた（二〇年九月に帰還）。

中国の北京、上海などにも独立運動家が亡命して活動を展開した。呂運亨《ヨウニヨン》・金奎植《キムギユシク》らは一九一七年に上海で新韓青年党を結成した。

一九一八年一一月に第一次世界大戦が終結し、一九年一月からパリで講和会議が開催された。これに先立って、一八年一月にアメリカ大統領ウィルソンは講和の原則として民族自決主義を含む一四カ条を提唱していた。パリ講和会議に向けて、一八年末から在米朝鮮人独立運動家や上海の新韓青年党は、パリ講和会議に朝鮮の独立を訴える工作を開始した。新韓青年党は金奎植らをパリ講和会議に派遣し、独立請願書を提出したが、列強には無視された。在米独立運動家も李承晩《イスンマン》らを代表として講和会議に派遣しようとしたが、アメリカ政府に出国を拒否された。東京在住の朝鮮人留学生も一八年末から活動を開始し、一九年二月八日、神田の朝鮮基督教青年会館に集合して「二・八独立宣言」を発表し、続々と帰国した。

朝鮮国内でも一九一八年一一月から独立運動を起こす計画が秘密裏に進められ、天道教《チヨンドギヨ》（一九〇五年東学《トンハク》を改称）の孫秉熙《ソンビヨンヒ》・権東鎮《クオンドンジン》・崔麟《チエリン》、キリスト教の李昇薫・朴熙道《パッキド》、仏教の韓龍雲《ハンヨンウン》ら三三人の「民族代表」が選ばれ、崔南善《チエナムソン》が起草して民族代表が署名した独立宣言書が二万部印刷された。一九年一月二一日に元皇帝高宗が死去すると、日本による毒殺説が流れ、反日気運が高まった。三月三日に高宗の葬儀がおこなわれることになると、民族代表は、葬儀に参列するために全国から多数の人々が集まる機会を利用して、三月一日にソウル鍾路《チヨンノ》のパゴダ公園（現タプコル公園）で独立宣言を朗読する方針を決定した。

三月一日になると、大衆的な示威運動の先頭に立つことを躊躇《ちゆうちよ》した民族代表は、パゴダ公園近くの料理店に集まって、万歳三唱をしたところに、駆けつけた警察官に逮捕された。彼らはあらかじめ自首をしていたのである。民族代表に出席を拒まれて、学生代表はパゴダ公園に集まった数千の民衆を前に独立宣言を朗読した。民衆は一斉に「独立万歳《トンニプマンセ》」を叫んだのち、公園を出て数隊に分かれて市内を示威行進した。デモの隊列が増大すると、朝鮮軍司令官宇都宮太郎陸軍中将は、龍山《ヨンサン》の兵営から歩兵三個中隊、騎兵一個中隊を出動させて鎮圧を図ったので、各地で衝突が起きた。三月一日のうちに平壌・鎮南浦《チンナムポ》・安州《アンジュ》・義州《ウィジュ》・宣川《ソンチヨン》・元山《ウオンサン》など北部の要地でも示威運動が起きた。

独立示威運動は三月上旬には京畿《キヨンギ》、平安《ピヨンアン》南北、黄海《ファンヘ》、咸鏡《ハムギヨン》南道《ナムド》など中・北部の諸道に広がったが、さらに拡大を続け、四月上旬から中旬には全国的な高揚を示した。四月三日に朝鮮総督府警務総長兼朝鮮駐劄憲兵隊司令官児島惣次郎《そうじろう》陸軍中将は、陸軍次官山梨半造陸軍中将に送った電報で「元来武装若ハ限定セル結社ノ企図ニアラスシテ住民全部ノ反抗ナルヲ以テ乍遺憾《いかんながら》断然タル処置ニ出ル能ハサル状況ニ在リ」と述べ、鎮圧の実力が不足しているとして兵力の増加と自動車の配備を求めた。同月一一日に長谷川好道《よしみち》総督は、陸軍大臣田中義一陸軍大将に送った電報で「今ヤ事実上国民大部ノ政治運動ト見做《みな》スヘキ理由アルヲ以テ表面上一時鎮静ヲ見ルモ威圧ノ弛ムニ従ヒ騒擾ノ再発スルコトナキヲ保セス」と告げた。従来の民族運動と違って、広汎な人々が参加する大規模な示威運動（「住民全部ノ反抗」「国民大部ノ政治運動」）に発展したのである。各地ではキリスト教徒、天道教徒、学校教師、学生などが運動の中心となり、市日（定期市が開かれる日）を利用して集会が開かれ、示威行進がおこなわれることが多かった。一カ所の示威運動参加者は、多いところでは二万人、一万人、六〇〇〇人のところもあり、一〇〇〇人以上のものもかなり多く、一〇〇人～一〇〇〇人規模が半ばを占めた。全国二三二府郡島のうち二一二府郡島において独立示威運動が起き、約二〇〇万人が参加するに至った。また、独立示威運動は間島や沿海州にも広がった。この大規模な独立示威運動が三・一独立運動である。

運動の形態はさまざまであった。独立宣言書や新聞・檄文の配布、街頭演説、山上での篝火《かがりび》を焚くなどの言論・宣伝活動が盛んに展開された。宣伝物の印刷には謄写版（蠟《ろう》引き原紙を鉄製のヤスリ盤の上に置いて蠟を鉄筆で削って字や図を描き、この原紙を木製の枠にはめたスクリーンに貼りゴムローラーでインクを塗布して印刷した）が用いられた。ソウルなどでは労働者のストライキ、ソウル・平壌・仁川《インチョン》・開城《ケソン》・大邱《テグ》・咸興・元山・光州《クアンジュ》などでは商店の閉店ストライキ（撤市《チョルシ》）がおこなわれ、学生生徒は同盟休校をおこなった。農村部を中心に、憲兵・警察機関、府郡庁、面事務所、郵便局・郵便所などに押しかけて、投石したり、庁舎やその器物、土地台帳や書類を破壊・損傷する行動が広がった。平和的な示威行進に対して軍隊も出動して武力弾圧を加えたこともあって、棍棒・鎌・鍬・斧・瓦礫・竹槍などを用いて憲兵・警察・軍隊と対峙することも起きた。

長谷川総督は鎮圧のために初期から軍隊を出動させた。三月一一日、日本の原 敬《たかし》首相は長谷川総督に電報を打ち、表面上は軽微な問題と見なす必要がある、外国人も注目することなので「残酷苛察ノ批評」を招かないように十分注意せよと指示した。宇都宮軍司令官は、三月一二日に軍隊の一部分散配置を実施し、三月末には南部の分散配置を拡大した。三月下旬には、海軍の鎮海要港部司令部も陸戦隊を慶尚南道《キョンサンナムド》昌原郡《チャンウォングン》に出動させた。総督、朝鮮軍からの増援部隊派遣の要求に対して、四月四日、日本政府（原敬政友会内閣）は歩兵六個大隊（二個連隊相当）、補助憲兵に充てる歩兵約三五〇〇人を派遣することを決定した。七日には第二、第五、第八、第九、第一〇、第一三の六個師団から一個大隊ずつを派遣することが決定され、八日に陸軍省は第二・第八師団の部隊は青森から元山へ、第九・第一三師団の部隊は敦賀から釜山へ、第五・第一〇師団の部隊は宇品から釜《プ》山《サン》へ輸送することを発表した。目立たないようにするという意図からであった。増援部隊は四月中旬には配置に就き、武力弾圧の体制は強化された。これとほぼ同時の四月一五日、大正八年制令第七号「政治ニ関スル犯罪処罰ノ件」が公布され、「政治ノ変革ヲ目的トシテ多数共同シ安寧秩序ヲ妨害シ、又ハ妨害セムトシタル者」及びそのための「煽動ヲ為シタル者」は一〇年以下の懲役または禁錮という重刑に処すことを規定した。多数の参加する新しい形態の独立運動・政治運動が出現したことを受けて、それを弾圧するために急遽制定した法令であり、日本の領土外における運動にも適用することも規定された。

苛酷な武力弾圧が各地で加えられた。四月一五日には京畿道水原郡《スウォングン》郷南面《ヒャンナムミョン》堤岩里《チエアムニ》では住民をキリスト教会に監禁して射撃を加えた上で、放火をして三十数人を虐殺した。忠清南道《チュンチョンナムド》天安郡《チョナングン》葛《カル》田面《ジョンミョン》並川里《ピョンチョルリ》の示威運動に活躍した梨花学堂《イファハクタン》の生徒柳《ユ》寛順《グァンスン》は逮捕されて、拷問を受けて翌二〇年に一六歳で獄死した。屈せずに闘った彼女は「朝鮮のジャンヌ・ダルク」と称えられることとなった。このような弾圧によって、独立示威運動は四月下旬以降、衰えていった。朴殷植《パグンシク》の『独立運動之血史』によれば、朝鮮人の犠牲者は三月から五月までの間に死者七五〇九人、負傷者一万五八〇五人、逮捕者四万六三〇六人であった。

三・一独立運動の歴史的意義　三・一独立運動の歴史的意義の第一は、朝鮮人の多数が武断政治に不満を持っており、植民地支配の継続を望んでいないことを明確に示したことである。全国各地に広がり、多数が参加したことは、空前の規模のものであり、日本の植民地支配を大きく揺るがすものであった。示威運動の参加者には、旧来の地方有力者である両班・儒生、郡参事（郡の諮問役）・

郡書記・面長など総督府の支配機構の末端を担う者も含まれていた。また、一九一九年六月に憲兵隊長警務部長会議の席上では、朝鮮人の不満及び要望が報告されたが、朝鮮人に対する蔑視や差別的取り扱い、賦役負担の過重、朝鮮人学校の修業年限の短いこと、言論の自由の欠如、共同墓地制度など多くの不満が挙げられていた。少なくとも武断政治を継続することは不可能となった。

歴史的意義の第二は、各地において示威運動が自発的に組織されて、全国的な規模の運動を実現したことによって、民族運動・独立運動の全国的な展開の可能性を開いたことである。民族代表が独立宣言書を作成し、各地に配布したことは、独立示威運動のきっかけをつくったことになるが、実際に各地で運動を組織したのは各地に生まれた運動家たちであった。各地における三・一独立運動の経験は、各地におけるその後の民族運動・社会運動の登場・展開につながっていった。欠けていたのは全国的で系統的な運動の組織と指導であったが、その課題を解決するためにはまず全国各地における自発的な運動の形成が前提になるから、そのための第一歩は三・一独立運動によって踏み出されたと言える。

歴史的意義の第三は、労働者・農民の行動が大きな役割を果たし、大衆的な基盤の上に民族運動・社会運動が展開される時代の到来を示したことである。一九二〇年代に労農運動は急速に組織化され、発展していくことになった。

第五章　「文化政治」から農村振興運動へ

1　「文化政治」への転換

支配形態の手直し　一九一九年八月一二日、長谷川総督は更迭され、代わって一九〇六年から一四年まで長期にわたって海軍大臣であり、シーメンス事件（海軍の汚職事件）で予備役に編入されていた斎藤実《まこと》海軍大将が現役に復帰して朝鮮総督に任命された。ついで八月二〇日に「朝鮮総督府官制」「朝鮮総督府地方官官制」などが改正され、総督武官制の廃止、憲兵警察制度から普通警察制度への転換がおこなわれた。

この官制改革によって、総督は文官も就任できるようになった。これにともなって総督の陸海軍統率権も削除され、代わって安寧保持のため必要と認めるときに朝鮮における陸海軍司令官に兵力の使用を請求する権利が定められた。警務総監部、また内務部などの部制は廃止され、総督府には総督官房と内務、財務、殖産、法務、学務、警務の六局が置かれた。道長官は道知事に改称され、警察権を付与された。各道《ト》には第一部（のち内務部）、第二部（のち財務部）、第三部（のち警察部）が置かれた。ただし、文官を総督に任命できるようになったといっても、斎藤総督の後も、歴代の総督は陸海軍大将であった。

憲兵警察制度から普通警察制度（文官警察制度）への転換は、総督府・道から独立していた警務総監部・道警務部の廃止、総督府警務局・道第三部の設置、憲兵が警察事務をおこなうことの廃止、すべての地域に警察署とその下部機関を設置することを通じて実施された。新任の政務総監水野錬太郎《れんたろう》は内務省出身で、内務大臣であったことを活用して、日本から県知事や警察首脳など多くの内務官僚を引き抜いて、内務・警務の両局長、道第三部長などに据えて、普通警察制度への転換を推進した。一府郡一警察署、一面一駐在所を標準とする警察網の稠密《ちゆうみつ》な配置が実現した。そして一九一九年八月には憲兵、警察を合わせた職員数は一万四三四一人であったが、二〇年二月の警察職員数は二万八三人と、五七七〇人も増加し、警察力は大幅に強化された。また二〇年一〇月末現在で一万三八九四挺の小銃（三〇年式歩兵銃など）を保有し、軍隊式の集団教練もおこなった。さらに、外勤巡査には三カ月ごとに戸口調査をおこなうことを義務づけ、人民を日常的に把握・監視する体制を整えた。

官制改革に際して、八月一九日に出された大正天皇の詔書（「朝鮮総督府官制改革ノ詔書」と称される）は、朝鮮の「民衆ヲ愛撫スルコト一視同仁、朕カ臣民トシテ秋毫《しゆうごう》ノ差異アルコトナク、各其ノ所ヲ得、其ノ生ニ聊《やすん》シ、均ク休明ノ沢ヲ享《う》ケシムコトヲ期セリ」（「休明ノ沢」は立派で明らかなめぐみの意）と述べた。朝鮮人を臣民としては毛一筋の違いも無く遇すると言いつつも、それはおのおの其の所を得ての上でのことであった。斎藤総督はこの詔書を受けて、総督府官吏への訓示において、新施政の方針は、「文化的制度ノ刷新」によって朝鮮人を誘導し、「文化ノ発達ト民力ノ充実トニ応ジ、政治上社会上ノ待遇ニ於テモ内地人ト同一ノ取扱ヲ為スベキ究極ノ目的ヲ達センコトヲ」願い、「文明的政治ノ基礎」の確立を図るものであると説いた。しかし、それは朝鮮人が総督府の支配に従い、同化の実績を示したならば、究極的には同一に取り扱うであろうと唱えて、同化の方向に駆り立てるものであった。また、斎藤総督は「内鮮融和」（日本人と朝鮮人との融和）を唱えたが、それは朝鮮人が日本人へ同化する道を歩むことによって両者の対立を減らそうとするものであった。

このように、斎藤総督の新施策は「文化」「文明」の言葉で飾られていたことから、「文化政治」と称されることになった。朝鮮総督府は、総督府の機構を改編し、統治理念においては同化の方向を強調しつつ、朝鮮人の活動に対していくつかの譲歩をした。まず、言論・出版・集会・結社の取締が緩和され、朝鮮人による朝鮮語新聞・雑誌の発行、団体の結成が認められた。これによって、二〇年には現在まで韓国の代表的な新聞として続いている『東亜日報《トンアイルボ》』・『朝鮮日報《チョソンイルボ》』が創刊された。新聞は検閲を受けなければならず、しばしば押収や発行停止・禁止の処分を受けた。集会も臨席監視する警察官に中止を命ぜられることや開催自体が許可されないこともしばしばあった。それでも武断政治下の原則禁止から、活動を認めつつ警察によって統制を加えるという手法に転換したことは大きな変化であって、二〇年代における民族運動・社会運動の高まりをもたらした一要素であった。朝鮮人の生活に対する抑圧もいくぶん緩和された。一九年九月に「墓地、火葬場、埋葬及び火葬取締規則」は改正され、私設墓地（在来の墓地）の設置が認められた。二〇年三月には「朝鮮笞刑令」が廃止された。次項以下で述べる地方諮問機関の設置、学校教育制度の改編も朝鮮人上層の不満に対応する面をもっていた。

地方諮問機関の設置　総督府は一九二〇年七月に地方制度を改正し、道《ト》・府《プ》・面《ミョン》に諮問機関を設置した。また朝鮮人学校の経費の一部を支弁するために府《プ》・郡《クン》・島《ト》に学校費を設け、これにも諮問機関を設置した（一〇月施行）。

府・指定面の協議会員は公選制、一般面（指定面以外の面）の協議会員は郡守《クンス》・島司《トサ》による任命制と定められた（任期はみな三年）。府・指定面協議会員の選挙権者、府・面協議会員に選出または任命される者は、二五歳以上の成年男子で当該府・面に一年以上居住して府税または面賦課金年額五円以上を納める者に制限された。学校費に関する諮問機関である学校評議会（任期三年）は、府の場合は公選制、郡・島の場合は郡守・島司による任命制（面協議会員の選挙した候補者のうちから）とした。府学校評議会員の選挙権者、府・郡・島学校評議会員に選出または任命される者の年齢・性別・居住要件は、府・面協議会員の場合と同じであり、学校賦課金五円以上を納める者に制限された。道評議会は、総督府財政から支出される道の予算とは別に、道税その他道独自の収入から構成される道地方費（土木・勧業・教育・衛生・救済などの費用に充てる）に関する諮問機関である。道評議会員（任期三年）は、その三分の二が府・郡・島ごとに府・面協議会員の選挙した候補者（定数の二倍を選出）の中から、三分の一は「学識名望アル者」の中から道知事が任命するとされ、候補者または任命される者は、二五歳以上の男子で道内に一年居住する者とされた。

協議会員になることのできる者は、納税額による制限のため、社会上層の資産家に限られていた。道評議会員については納税額による制限が規定されていないが、協議会員による間接選挙制または「学識名望アル者」からの任命制であるため、やはり上層の者が選出されたとみるのが妥当である。納税額五円以上としたのは、府協議会についてはどの府でも日本人協議会員が多数を占めるよう立案者が図ったためである。面協議会員、郡部の学校評議会員の任命に当たっては、資格者をある程度確保するために、資格要件中の賦課金年額を低下できるとしたのは、五円以上という制限が郡部では制度の成立を困難にするほど高い場合があったことを示している。実際に府・指定面の協議会員、府部選出の道評議会員には日本人の占める比率が高く、一般面の協議会員、郡部選出の道評議会員は朝鮮人が大多数を占めた。道評議会では知事が任命する評議会員には日本人を多く任命することによって、日本人の比率を増やす措置がとられた。

諮問機関の議長は、中枢院の議長が政務総監であるのと同様に、府尹《プユン》（府協議会・府学校評議会）、面長《ミヨンジャン》（面協議会）、郡守・島司（郡・島学校評議会）、道知事（道評議会）であって、諮問機関の自律性は制約を受けていた。しかし、各諮問機関は府・面の財政、学校費・道地方費の歳出入予算などに関して基本的に諮問を受けるべき権限を与えられていた。また、道評議会は、「道ノ公益ニ関スル事件」について意見書を道知事に提出することができた。

一九二六年一一月に第三回の府・指定面協議会がおこなわれたが、一二府を通じての朝鮮人有権者数は八五七六人（朝鮮人人口の一・五％）、四一指定面を通じての朝鮮人有権者数は八二三四人（朝鮮人人口の一・六％）であった。同年における朝鮮人面協議会員は二万三七一一人であるので、四一指定面の朝鮮人協議会員数二五七人、選挙の無かった一指定面の朝鮮人協議会員数は推定で五人として、この両者を引くと一般面協議会の朝鮮人協議会員は二万三四四九人として推定できる。府・指定面協議会員の朝鮮人選挙権者数と一般面の朝鮮人協議会員数を合わせると、四万二五九人になる。これが府・面協議会員の選挙と被任命という形で関与した朝鮮人の総数である。二六年末の朝鮮人人口は約一八六一万人であるので、その〇・二%に過ぎないことになる。一般面についてはは協議会員への被任命者だけを関与者と考えると、このような低い比率にしかならない。このように地方政治に関与できることになった朝鮮人は、ごくわずかの資産家に限られていたのである。総督府は朝鮮人の上層、資産家を自己の側に引き寄せ、地方支配さらには植民地支配全般の安定を図ろうとしたのである。

第二次朝鮮教育令　一九二二年二月に新しい「朝鮮教育令」（第二次朝鮮教育令）が公布された（四月施行）。改正教育令は「内鮮共学」を謳い、日本人教育令も含めた法令として制定された。日本人学校は「国語ヲ常用スル者」の学校、朝鮮人学校は「国語ヲ常用セサル者」の学校として、区分された（ごく少数であるが、朝鮮人が日本人学校に、日本人が朝鮮人学校に在学することが認められた）。普通学校、高等普通学校、女子高等普通学校の入学年齢、修業年限、教育内容は日本人学校（小学校、中学校、高等女学校）のそれとほぼ同一にされた。実業学校、大学、専門学校は日本の「実業学校令」、「大学令」、「専門学校令」に依るとされた。師範学校の設置も規定されたが、第一部（小学校教員養成を目的）、第二部（普通学校教員養成を目的）に区分された。普通学校では日本語の時間が増えて、朝鮮語の時間が減り、日本歴史、地理（日本地理に重点を置く）が加わり、同化教育が強化された。高等普通学校では、外国語の時間が大幅に増え、理科も拡充されて、上級学校への接続が考慮された。女子高等普通学校でも外国語が必修となり、算術を数学に改めて時間数を増やし、理科の時間を増やすなど、外国語と理系教科が拡充された。朝鮮人の教育熱がしだいに高まってきたのに対応して、総督府は公立普通学校の増設を図り、一九一九年度から三面一校計画、二九年度から一面一校計画を進めた。師範学校を設置したのも、普通学校増設計画に対応したものであった。増設計画の結果、公立普通学校の学校数・生徒数は二二年度には九〇〇校、二二万八六七四人（男子一九万七六九一人、女子三万九八三人）二八年度には一四二八校、四三万九八四〇人（男子三七万三五六人、女子六万九四八四人）、三七年には二五〇三校、八五万七三八四人（男子六六万五九二七人、女子一九万一四五七名人）へと増加した。

ところで朝鮮総督府の統計や国勢調査からは朝鮮人学齢人口（六歳から一一歳までの人口）が分からないので、教育史の研究者は部分的に分かるデータをもとに学齢人口を推定し、これを用いて就学率などを算出しているが、推定学齢人口は研究者によって異なる。実態から大きくは異ならないであろう数字が得られればよいので、推定学齢人口を当該年の総人口の一六％として、公立普通学校在学者の対人口比を計算すると、次のようになる。一九二二年度は八・三％（男子一四・〇％、女子二・三％）、二八年度は一四・七％（男子二四・三％、女子四・七％）、三七年度は二四・七％（男子三七・八％、女子一一・二％）である。学校数は、二八年度には二面に一校のレベルを超え、三七年度には一面一校のレベルに達している。しかし在学者（公立普通学校は朝鮮人初等教育学校全体の九五％を占める）は、男子は三人に一人、女子は一〇人に一人のレベルである。男子についても上層または中の上の層、女子についてはごく限られた層しか初等教育を受けることができなかったことを示している。女子が極めて低率であり、男子も半数に遠く及ばないことは、総督府の謳った「文明化」や教育普及の実態をよく示すものである。

高等普通学校は二二年度に一九校、六六一五人であったが、二九年度には二四校、一万二一三二人、三七年度には二七校、一万五九一九人となった（生徒数には中学校に在学する者を含む）。女子高等普通学校は二二年度に七校、一一〇九人であったが、二九年度には一五校、四七一一人、三七年度には二一校、七七三四人となった（生徒数には高等女学校に在学する者も含む）。実業学校は日本人との共学であり、その学校数と朝鮮人生徒数は、二二年度に三八校、三七〇七人であったが、二九年度には五〇校、八〇七七人、三七年度には七七校、一万四四三八人となった。中等教育を受けることのできるのはごく限られた層であった。

教育令改正によって大学を設置できるようになったが、総督府は日本本国に設置されていた官立総合大学である帝国大学の設置を推進した。一九二四年五月に勅令「京城帝国大学官制」が公布され、まず予科（二年制。三四年度から三年制）が設置され、二六年に法文・医の両学部が設置された。長らく二学部のままで、戦時期の四一年に理工学部が増設された。法文・医両学部の教授・助教授は日本人が独占し、朝鮮人学生の割合は法文で四割台、医で二〜三割台、予科で三割台（三〇年代）であった（三七年度の学生数は法文一七四人、医三四二人、予科四六一人）。朝鮮唯一の大学において、朝鮮人教員は助手だけで、朝鮮人青年の学ぶ機会はごく一部の者にしか与えられなかったことは、まさに植民地の大学であることを端的に示すものであった。

専門学校は、一九二〇年代を通じて私立専門学校が増設され、三三年に道地方費による公立医学専門学校二校の新設があって、その学校数と学生数は、二二年度には九校、一三六一人（うち朝鮮人八九四人）であったが、二九年度に一一校、二二七〇人（うち朝鮮人一二八九人）、三七年度には一五校、四二五二人（うち朝鮮人二五二一人）となった。私立の普成《ポソン》専門学校（高麗《コリヨ》大学校の前身）、延禧《ヨニ》専門学校、セブランス連合医学専門学校（以上の両校は延世《ヨンセ》大学校の前身）、梨花《イフア》女子専門学校（梨花女子大学校の前身）は、朝鮮人の高等教育機関として重要な位置を占めた。

2　産米増殖計画と「工業化」政策

産米増殖計画　朝鮮総督府は一九二一年九月に産業調査委員会（委員長は水野政務総監）を開催し、農業、工業、鉱業、燃料及び動力、鉄道、港湾、道路、河川など産業全般にわたる開発政策を総督府としては初めて策定したが、その中心は農業政策、なかでも産米増殖計画であった。

産米増殖計画は一九二〇年一二月に、その第一期計画が開始された。第一期計画は土地改良事業（灌漑《かんがい》改善、地目変換、開墾・干拓）を実施できる地区の調査をおこなうとともに、一五カ年で四二万七五〇〇町歩の土地改良事業、施肥の増加、耕種法の改良を通じて米九〇〇万石を増産し、そのうち四五八万石を輸移出増加に充てるというものであった。総督府は土地改良事業を代行する特殊会社の設立を企画したが、帝国議会の承認を得られず、また政府斡旋基金は企業者調達基金よりも少なくなった。これは日本政府（原敬《たかし》内閣）が日本の食糧問題解決の方法を日本本国内における開墾計画に求めて、朝鮮産米増殖計画に副次的な位置づけしか与えていなかったためであった。また、一九二〇年の戦後恐慌（第一次世界大戦による好景気が崩壊して起きた）、二二年の銀行恐慌、二三年の震災恐慌（関東大震災によって起きた）と相次いだ経済恐慌によって、土地改良事業の主な担い手であった日本人地主、日本人農事会社は土地改良・農事改良に消極的になった。加えて物価騰貴によって工事費が増大した。以上のような要因によって、二五年までに着手された土地改良事業面積は九万七五〇〇町歩にとどまるなど、計画は所期の成果を達成できなかった。

そこで、総督府は一九二五年末に更新計画を立てた。更新計画は二六年から三九年までの一四カ年計画であり、三五万町歩の土地改良と農事改良とによって、八二二万石を増産し、そのうち五〇〇万石を輸移出に充てようとするものであった。第一期計画に比べると、土地改良事業実施面積を八万町歩近く、増産見込高を一〇〇万石縮小しながら、輸移出見込みを四二万石拡大しているのは、同計画が立案当初から日本本国の食糧問題の解決へ寄与することを最重点のねらいとしていたことをよく示すものであった。土地改良事業のうち二〇〇町歩以上のものが二四万町歩を占め、総督府が設計・施工して水利組合に下付するものと、土地改良代行機関（二六年に設立された東洋拓殖株式会社土地改良部と朝鮮土地改良株式会社）が工事を代行するものとで構成された。二〇〇町歩未満のものは六万町歩であり、これは地方庁（道庁）が工事を代行するとされた。土地改良事業資金は三億三二五万円とされ、うち国庫補助金が六五〇七万円、政府斡旋資金一億九八七〇万円、企業者調達基金三九四八万円であった。農事改良事業資金四〇〇〇万円は政府斡旋資金が供されるとされた。政府斡旋資金は年利率五・九％または八・九％の低利、二五年間の元利均等半年賦（五年以内の据置期間を含む）で貸し出されることとなったが、その原資は大蔵省預金部資金（郵便貯金などの政府運用資金）と公債であった。

土地改良事業の政府斡旋資金は、朝鮮殖産銀行から朝鮮土地改良株式会社へのルート、東拓から東拓土地改良部へのルートを通じて、水利組合・農事会社へ融資された。農事改良事業の政府斡旋資金は東拓、朝鮮殖産銀行、金融組合を通じて地主・自作農やその団体に融資されたが、一口の貸出最小限度は三〇〇円と定められ、融資を利用できたのは地主が主であった。また、総督府は二六年に殖産局に土地改良課、水利課、開墾課など土地改良事業担当の三課を設置し、二七年には土地改良部を新設して上記三課を統轄させて、事業推進体制を構築した。

更新計画が樹立された背景には、一九二四年に成立した日本の加藤高明内閣が日本の食糧・米価問題、国際収支問題解決のために、朝鮮米の大量移入を不可欠とし、朝鮮の土地改良事業の強力な推進を図ったことがあった。朝鮮は強力な推進体制をとって更新計画を推進したのであるが、三〇年秋以降、世界恐慌の波及によって日本の米価が暴落しつづけると、日本の地主・米穀商は朝鮮米移入の抑制を求めて日本政府に圧力をかけたので、三四年五月に総督府は産米増殖計画による土地改良事業の打ち切りの声明を余儀なくされた。

土地改良事業の着手面積は、二九年までに一一万四〇〇〇町歩、三三年までに一五万四一〇〇町歩であり、三〇年以降は着手面積が低下し、計画目標の半ばで挫折した形になる。産米増殖計画期全期を通じて灌漑《かんがい》設備の整備が重視され、灌漑設備を有する畓《タブ》（水田）の面積は、三四万一二一〇町歩（総面積の二二・一％）から三一年には推計で五四万五〇〇〇町歩（総面積の三分の一強）へ増加した。そのうち、水利組合による灌漑設備を有する畓の面積は、二〇年の四万町歩から三一年には二二万町歩へと一八万町歩の増加をみた。三一年には在来の堤堰・洑《ポ》によるものは二三万九〇〇〇町歩弱、補助金を受けて修築した堤堰・洑によるものは五万二〇〇〇町歩弱で、水利組合によるものが急増したとはいえ、在来の灌漑設備によるものが半ばを少し上回っていることは、見落としてはならないことである。水利組合が日本人地主・農事会社主導であったのに対し、在来の灌漑設備は朝鮮人地主・農民によって維持されてきたものである。

他方、農事改良資金は三〇年以降も計画を上回って貸し付けられた（三三年までの累計は七九三二万円、三七年までの累計は一億六八八四万円）。農事改良の結果として顕著なものの第一は、水稲における日本の「優良品種」の急速な普及である。一九二〇年には「早神力《わせしんりき》」「穀良都《こくりょうみやこ》」などの「優良品種」の作付面積は約八八万町歩（水稲作付総面積の五七・五％）であったのが、三〇年には「穀良都」「多摩錦」など「優良品種」の作付面積は約一二〇万町歩（七三・六％）、三七年には「銀坊主」「穀良都」「陸羽《りくう》一三二号」など「優良品種」の作付面積一三五万町歩（八四・四％）となった。日本品種が、その中での優位品種の交替を伴いつつ、急速に普及した。第二は、肥料、とくに販売肥料の使用の増加である。販売肥料は二〇年代後半には大豆粕《だいずかす》が中心であったが、三〇年代には硫安《りゅうあん》（硫酸アンモニウム）が中心に座った。硫安の消費高は、二八年に六・五万トンであったのが、三〇年に一一・一万トン、三五年に二四・四万トン、三七年に三二・八万トンと増加した。

日本における朝鮮米への依存は、更新計画期に著しくなり、米生産高の増加をはるかに上回って日本への移出高が増大した。一九一七〜二一年の五カ年平均の生産高は一四一七万石、移出高は二二〇万石（生産高の一五・五％）であったが、二七〜三一年平均の生産高は一五九一万石、移出高は六六一万石（生産高の四一・五％）、三二〜三六年平均生産高は一七七一万石、移出高は八六六万石（生産高の四八・八％）となった。日本の米穀市場において朝鮮米の占める比率は、一八〜二一年平均では六・四％であったが、三〇〜三三年平均では一五・二％へと増加した。朝鮮米は量・質（品質、食味）の両面において日本本国の食糧問題の解決に寄与し、植民地以外の外国からの日本への輸入に代替することによって、国際収支の改善にも貢献したのであった。

米の移出増加によって、朝鮮国内の米消費高は減少した。朝鮮内人口一人当たりの米の年間消費高は、一九二一年の〇・六七石から、三〇年の〇・四五石、三五年の〇・三八石へと大幅に減少し、産米増殖計画の打ち切り声明から三年経過した三七年から増加に転じ（三七年は〇・五七石）、三九年には〇・七八石となった。朝鮮内の穀物消費は麦・雑穀（粟《あわ》・稗《ひえ》など）が米よりも多かったが、米消費高の減少を補うために満洲から二三〜三六年には毎年一〇〇万石以上輸入された。それでも朝鮮内人口一人当たりの穀物の年消費高は二一年の二・〇七石から、三〇年の一・七五石、三五年の一・五二石へと大幅に減少した。春の端境期《はざかいき》に食糧が欠乏し、野山に入って新芽、草根、木皮などで生命をつなぐ春窮《チュングン》農家が、三〇年には総農家戸数の四八％、一二五万戸も存在し、小作農家の場合にはその六八％にも及んだ。

産米増殖計画の下で、日本人地主・農事会社は、土地改良・農事改良、米の移出増加によって利益を得たが、朝鮮人地主のなかにも低利資金の融資を受けて土地改良、農事改良を積極的におこない、また籾摺《もみすり》・精米工場を兼営して、対日移出の増加によって利益を得る者も生まれた。しかし、朝鮮人自作農・自小作農の多くは低利資金の融資からは排除されて農業経営上不利な立場に置かれ、水利組合による灌漑がおこなわれる地域では水利組合費の重い負担に圧迫されることもあって、土地を手放す者が増大した。農家の構成は、一九一八年には地主三・一％、自作農一九・七％、自小作農三九・四％、小作農三七・八％であったが、三〇年には地主三・六％、自作農一七・七％、自小作農三一・〇％、小作農四六・五％、火田民《ファジョンミン》（焼畑農）一・三％となり、自作農・自小作農が減少し、小作農が増加したのである。米の商品化を推進する地主は小作農の営農への監督を強め、小作料は高率化し、小作権の移動は激化した。この結果、小作問題は深刻化し、土地を失ったり、生活が窮迫した農民が日本や満洲へ移住し、小作権さえ失った農民が山林に入って焼畑農業をおこなう火田民となったり、都市に流入して土幕民《トマンミン》（掘立《ほったて》小屋に住む都市下層民）、雑業労働者となる動きが進んだ。

「工業化」政策　朝鮮総督府は、「文化政治」への転換とともに「工業化」を進める政策をとった。一九二〇年四月に「会社令」は廃止され、八月には関税制度を改正し、「韓国併合」時に欧米列強の利害を考慮して据え置かれた朝鮮の関税率を日本の関税率と同一にした。

「工業化」の基盤づくりにおいて重要だったのは、鉄道網の拡張であった。朝鮮の産業・経済開発重視の方針に沿って、一九二五年四月に官営鉄道の満鉄への委託経営は解除され、総督府鉄道局が再設置された。二七年からは「朝鮮鉄道一二箇年計画」が開始された。二八年には咸鏡線《ハムギョンソン》（元《ウォン》山《サン》—会寧《フェリョン》）が全通し、二六年には平元線《ピョンウオンソン》（平壌《ピョンヤン》—元山。四一年全通）、二七年に図們線《トウムンソン》（雄基《ウンギ》—潼《トン》関鎮《グァンジン》。三三年全通）、二八年には東海北部線《トンヘプップソン》（三七年に安辺《アンビョン》—襄陽《ヤンヤン》が開通）、二九年に慶全北部線《キョンジョンプップソン》（全州《チョンジュ》—順天《スンチョン》。三六年全通）、三〇年に東海南部線《トンヘナムブソン》（釜山鎮《プサンジン》—蔚山《ウルサン》。三五年全通）が相次いで着工された。また、総督府は私設鉄道には補助金を交付した。南朝鮮鉄道株式会社（二六年設立）は二七年、光州《クァンジュ》—麗水《ヨス》間の鉄道敷設と麗水港の改修工事に着工し、三〇年末に完成し、三一年から関麗《クアルリヨ》連絡船（麗水—下関）を就航させるに至った。この例のように、私設鉄道は官営鉄道を補完する役割を果たし、三〇年代を通じて鉄道は主要な地域に敷設されることとなった。

工業分野への日本資本の本格的な進出は、一九一七年に三菱製鉄兼二浦《キヨミポ》製鉄所（黄海道《ファンヘド》黄州郡《ファンジュグン》）の設置から始まるが、二一年には小野田セメント勝湖里《スンホリ》工場（平安南道《ピョンアンナムド》大同郡《テドングン》、平壌の東南郊外）、王子製紙鮮内《ソンネ》工場（平安北道《ピョンアンプット》新義州府《シニジュブ》）、二二年には朝鮮紡織釜山工場と三井・三菱財閥系の資本の進出が続いた。日本資本の進出で最大の規模になったものは、二五年に始まる日本窒素肥料株式会社（日窒。チッソの前身）の進出であった。野口遵《したがう》の率いる日窒は当時の下岡忠治《ちゅうじ》政務総監の支持を得て、咸鏡南道《ハムギョンナムド》西部を北流して長津江《チャンジンガン》に合流してから鴨緑江《アムノッカン》に注ぐ赴戦江《プジョンガン》の水利権を獲得し、二七年に赴戦江に大規模なダムを造る工事を開始した。ダムで堰《せ》き止めた水を咸鏡《ハムギョン》山脈の下に掘ったトンネルを通して南側の咸興《ハムン》平野に落とすこと（流域変更方式）によって、安価で大量の電力を得て、それを使って化学肥料（主に硫安）を生産するという大がかりな事業計画であった。二七年に朝鮮窒素肥料株式会社（朝窒）を設立し、咸興の東南にある咸興郡《ハムングン》雲田面《ウンジョンミョン》に工場を起工した。雲田面には興南《フンナム》という新しい地名が付された。二九年に赴戦江第一発電所が完成し、三〇年に興南工場は操業を開始した。その硫安の年間生産能力は四〇万トンという巨大なものであり、「産米増殖計画」の項で触れた三〇年代の朝鮮における硫安消費高の増加は、朝窒興南工場の操業と密接に関連したことであった。工場用地の買収、測量などは、郡守や警察署長（ともに日本人）の指揮下に警察力を背景に進められ、買収価格は極めて低廉であった。日窒は三三年に長津江の水利権を獲得し、安価な電力供給源を拡大し、三〇年代には興南に一大コンビナートを築いていった。化学肥料の生産を拡充する一方、軽金属・火薬・油脂工場を展開していったのである。

一九二八年の朝鮮における五人以上使用工場の民族別構成をみると、朝鮮人経営のものが占める比率は、生産額では二三・〇%、従業員数では二九・二%、工場数では五一・五%であった。これは日本人経営のものの方が一工場当たりの規模、従業員数・生産額が大きく、朝鮮人経営のものは中小規模、零細なものが多かったことを示しているが、軽工業では朝鮮人企業のある程度の発展がみられた。朝鮮人経営工場のなかで生産額がもっとも大きかったのは精米工場であり、産米増殖計画の展開と関連したものであった。全羅北道《チョルラプット》高敞郡《コチャングン》の大地主金性洙《キムソンス》が一九年に創立した京城紡織の始興《シフン》工場は、有数の綿紡績・織布兼営工場として発展した。

在日朝鮮人の形成　朝鮮人の労働者としての日本への渡航は、一八九〇年代後半に九州北部の炭坑に雇用されたのに始まる。日露戦争後には肥薩線、山陰線などの鉄道工事に朝鮮人労働者が雇入れられている。日本在住の朝鮮人は、「韓国併合」後の一九一〇年代にしだいに増加し、一九二〇年代には急速に増加した。内務省警保局の調査によれば、二〇年には四万七七五人であったが、三〇年には四一万九〇〇〇人となった。日本在住朝鮮人の多くは土木工事、炭坑、鉱山や紡績工場などの労働者となった。当時の日本では資本主義の発展、都市化の進展にともなって、鉄道、道路、水力発電所などの大規模土木工事が増大しており、多くの朝鮮人が非熟練で低賃金の土木労働者として吸引されたのである。日本政府は朝鮮人の渡航を規制する政策をとり、二五年には所持金一〇円以下の者の渡航は許可しないなどの条件を付し、二八年には渡日希望者は所轄警察署による戸籍謄本への裏書証明を必要とする「渡航証明書」制度を導入し、二九年に日本在住の労働者が一時帰郷する際には就業地所轄警察署による証明を必要とする「一時帰鮮証明書」制度を導入した。しかし、渡日希望者は渡航条件を満たすのに努めたため、渡航者は増加の一途をたどり、「一時帰鮮証明書」の制度は日本在住者の滞留、定住化を促進する契機となった。関釜連絡船に加えて、二三年に済州島《チェジュド》―大阪の航路、三一年に前述の関麗航路が開設されたことも、渡航者が増加する要因となった。済州島―大阪航路の開設は、大阪在住朝鮮人のうちの済州島出身者の比率を高めることになった。

在日朝鮮人労働者は苛酷な労働条件と民族的差別のもとに置かれたので、自らの団結をはかった。二二年には東京、大阪で朝鮮人労働組合が結成され、二五年には在日朝鮮人労働総同盟が結成された。

一九二三年九月一日、日本の関東地方南部で大地震が起こり、東京・横浜など広い地域で火災を誘発し、甚大な災害を招いた（関東大震災）。日本政府（第二次山本権兵衛《ごんべえ》内閣）は二日、東京市とその周辺の五郡に戒厳令を発令し、四日までに発令地域は東京・神奈川・埼玉・千葉の一府三県に拡大した。震災の混乱の中で、朝鮮人が暴動を起こした、井戸に毒薬を投げ込んだなどのデマが流され、軍隊、警察や在郷軍人・自警団などによって「朝鮮人狩り」がおこなわれ、約六〇〇〇人の朝鮮人が虐殺された。日本の民衆は、自警団を組織して朝鮮人の殺害に加わったものがあるにもかかわらず、朝鮮人虐殺事件を「鮮人騒ぎ」と描き、民族的偏見を強めた。

3　民族運動・社会運動の展開

実力養成運動　「文化政治」への転換にともなう言論・出版・集会・結社の取締りの緩和によって、一九二〇年代には労働者・農民・青年団体などが作られ、多様な民族運動・社会運動が登場し、急速に勢いを伸ばした。

そのなかで最初に登場し、根強く存続したのは実力養成運動であった。実力養成運動は、民族独立の基盤となる実力を養成することを目標とした運動であり、民族主義者が主導し、地主・中小企業家など地方の有力者・資産家を担い手とした。その最も一般的なものは青年会の運動であった。郡・面単位に青年会を組織し、地域有力者がその幹部となり、教育・実業の奨励、人格の修養、禁酒禁煙などの生活改善の活動をおこなった。その活動は寄付金を募って青年会館を建設し、そこを拠点に講演会、討論会、読書会などを開催する形態をとった。このような活動形態は保護国期の愛国啓蒙運動を継承したものであった。ときには面民大会を開催して郡守《クンス》・面長《ミョンジャン》の不正を追及し、地方行政刷新を求める運動を展開することもあった。一九二〇年一二月には、民族主義者の呉祥《オサン》根《グン》・張徳秀《チャンドクス》らが中心となって朝鮮青年会連合会が結成された。

具体的な課題を担って展開された実力養成運動としては、物産奨励運動と民立大学設立運動がある。物産奨励運動は国産品（朝鮮産品）愛用運動である。一九二〇年八月に平壌において曺晩植《チョマンシク》らが物産奨励会を創立したのがその端緒である。二三年一月にはソウルで朝鮮物産奨励会が設立されたが、旧正月のときにソウル市街行進をおこなおうとして総督府に禁止された。運動は停滞に陥ったが、二五年以降にソウルのゴム、鉄工、出版会社の幹部も加わって再興し、三七年二月に解散するまで粘り強く運動を継続した。民立大学設立運動は、朝鮮人から寄付金を募って私立の総合大学を設立しようとした運動であった。二三年四月に李商在《イサンジェ》、李昇薫《イスンフン》、曺晩植らが呼びかけて朝鮮民立大学期成会（委員長李商在）が設立された。各地に支部が設立されたが、二三～二五年に続いた大水害、旱魃《かんばつ》のために募金が集まらず、運動は挫折した。

労農運動　労働運動・農民運動も急速に組織された。一九二一年九月の釜山埠頭《ふとう》労働者のストライキなど、労働争議が増加するなか、労働組合の結成が進んだ。二〇年四月には呉祥根・張徳秀らが中心となって全国的な労働団体として朝鮮労働共済会が創立された。共済会は労働社会の知識啓発、品性向上、患難救済、職業紹介を綱領に掲げ、労資協調主義的実力養成論に立ったが、各地の労働組合が結集して、二二年には会員は一万人を超した。

農民運動はまず南部のうち日本人地主が少ない地域で進展し、順天《スンチョン》（全羅南道）や晋州《チンジュ》（慶尚南道）などがその中心地となった。小作組合を組織・指導したのは、『東亜日報』などの新聞の支局長をはじめとする知識人であり、地主出身者もいた。小作組合は土産奨励（国産奨励）、農事改良の実現など協調主義的な実力養成路線をとり、小作料引き下げ、小作期間延長を前提にして農事改良をおこなって生産を増やして地主との「共存共栄」を図るという構想のもとで運動を展開した。

一九二三年には、衡平社が創立され、被差別民「白丁《ペクチョン》」に対する社会的差別の撤廃をめざす衡平運動を開始した。

一九二〇年代半ばには、労農運動は高まりを見せた。二三年のソウルのゴム工場女子労働者のストライキ、二四年の群山《クンサン》精米工場労働者のストライキ、二五年の平壌靴下工場労働者のストライキなど、労働争議は高揚した。小作争議も二三年には一七六件、参加人員九〇六三人を数えた。二四年には全羅《チョルラ》南道《ナムド》務安郡《ムアングン》岩泰島《アムテド》小作争議、黄海道《ファンヘド》載寧郡《チェリョングン》東拓農場争議などの大規模な争議が起き、それ以後も日本人・朝鮮人地主とそれを擁護する総督府権力との対決色を濃くした農民運動が高揚した。このような労農運動の高まりのなかで社会主義者の影響力が急速に強まった。二二年一〇月に朝鮮労働共済会は解散し、代わって朝鮮労働連盟会が結成された。連盟会は綱領に新社会建設、階級的意識による一致団結を掲げ、社会主義思想の影響を示していた。ついで二四年四月には労働連盟会を含む労農団体の合同によって、朝鮮労農総同盟が結成された。労農総同盟は綱領に労農階級の解放、完全な新社会の建設などを謳うとともに、八時間労働制、最低賃金制、小作料引き下げ(収穫の三割以内に)などの要求を掲げ、階級的な性格を鮮明にした。労農運動のいっそうの発展にしたがって、労農総同盟は二七年九月に朝鮮労働総同盟と朝鮮農民総同盟に分離した。

朝鮮青年会連合会のなかでも社会主義者の勢力がしだいに強まり、すでに一九二二年にソウル青年会は連合会を脱退していたが、二四年四月にはソウル青年会の主導下に朝鮮青年総同盟が結成され、綱領に「大衆本位の新社会を建設する」などを掲げて、労農運動にも積極的に関与するようになった。

女性運動も一九二〇年代に登場した。二三年八月に結成された朝鮮女子基督教青年会連合会(YWCA)」は実力養成論に立って、啓蒙物産奨励、農村啓蒙、禁煙禁酒、公娼廃止運動を展開した。これに対して、二四年五月に許《ホ》貞淑《ジョンスク》らによって結成された朝鮮女性同友会は、綱領に「新社会の建設と女性解放運動に立つ働き手の養成と訓練を期す」などを掲げて、社会主義的な立場を明らかにした。また、画家の羅《ナ》蕙《ヘ》錫《ソク》など、中等以上の学校教育を受けた知識層の女性を担い手として、女性の地位向上と経済的自立、自由な恋愛と結婚などを求めた「新女性」の活動も展開された。

社会主義運動　朝鮮の社会主義運動の起源は、ロシア革命の直接的な影響下で、一九一八年にハバロフスクで李東輝《イドンフィ》らが結成した韓人社会党（のち上海に拠点を移して上海派高麗共産党となる）、一九年にイルクーツクで金哲勲《キムチョルン》らが結成したボリシェヴィキ党イルクーツク支部高麗局（のちイルクーツク派高麗共産党と称される）と二〇年に東京留学生のなかで結成された社会主義思想団体「北星会《ブッソンフェ》」であった。上海派、イルクーツク派の国内工作と東京留学生の帰国によって、二二〜二四年に朝鮮国内に社会主義思想を研究・宣伝する思想団体が形成された。二二年には金思国《キムサグク》らがソウル青年会の主導権を握ったが、この系統はソウル派と称され、上海派の系列であった。二三年には朴憲《パッコ》永《ニョン》・金在鳳《キムジェボン》らが新思想研究会を結成した。同会は二四年に火曜会《ファヨフェ》と改称されたので、その系統は火曜派と称され、イルクーツク派の系列であった。二四年に、東京で北星会に加わっていた金若《キミャク》水《ス》らが帰国して北風会《ブップンフェ》を結成した。この系統は北風派あるいはML派と称された。こうして社会主義者のグループが分立した状態で、社会主義運動は展開していくことになった。

一九二五年四月、火曜派の金在鳳らが中心となってコミンテルン（共産主義インターナショナル）朝鮮支部としての朝鮮共産党が結成された（第一次共産党）。「文化政治」の下でも共産主義者の活動は容認されなかったので、非合法政党であった。朝鮮共産党の結成と時を同じくして、日本では治安維持法が公布され、五月に勅令で朝鮮にも施行された。治安維持法は、「国体ヲ変革シ又ハ私有財産制度ヲ否認スルコトヲ目的トシテ結社ヲ組織シ、又ハ情ヲ知リテ之ニ加入シタル者」を一〇年以下の懲役または禁錮の重刑に処するという弾圧法規であった（二八年六月に緊急勅令で死刑・無期刑を追加した）。「国体ノ変革」には、植民地の独立を図ることが含まれていた。

朝鮮総督府の警察は一九二五年一一月、創立間もない朝鮮共産党に第一次検挙を加えた。すぐに党組織は再建され（第二次共産党）、二六年六月一〇日、元韓国皇帝純宗《スンジョン》の葬儀の日を期して、大規模な独立示威運動をおこなう計画を立て、準備を進めた。しかし、警察はこれを事前に察知し、弾圧を加えた（第二次検挙）。示威運動の計画は学生たちに引き継がれ、日本の軍隊・警察が厳戒するなかで、ソウルの各所で独立示威行進がおこなわれた（六・一〇万歳示威運動）。火曜派とソウルの一部が協同して、同年九月に党組織は再建され（第三次共産党）、一二月には第二回大会を開いて、ＭＬ派の安光泉《アングァンチョン》を責任秘書に選出し、統一戦線戦術を推進した。第三次共産党にも絶えず検挙が加えられた。二八年二月に第三回大会が開かれ、党組織は再建されたが（第四次共産党）、七〜一〇月の検挙で壊滅的な打撃を受け、一二月、コミンテルンに朝鮮支部としての承認を取り消された。朝鮮総督府は朝鮮の独立を正面に掲げて闘った朝鮮共産党に対して執拗な弾圧を加えたのであり、そこに「文化政治」が朝鮮の独立を絶対に認めないものであったことがよく示されていた。

満洲・上海における朝鮮独立運動　一九二〇年代には満洲への朝鮮人の移住も増加し、満洲在住の朝鮮人は三〇年には六〇万人に達した。とくに北間島の四県では朝鮮人が人口の多数を占めた。朝鮮人の多くは農業に従事し、米・大豆などを栽培した。土地を所有できた者は少数で、多くの朝鮮人農民は中国人や朝鮮人の地主の土地を借りて耕作した。

三・一独立運動を契機に、間島の各地に朝鮮人の武装独立団体が多数結成された。これらの団体は独立軍と総称され、朝鮮の北部に進入し、日本軍・警察との交戦をくり返した。独立軍の勢力拡大を恐れた日本は、一九二〇年九〜一〇月に中国人馬賊を利用して琿春《こんしゅん》県城を襲撃させ（琿春事件）、これを朝鮮人が日本居留民を襲撃したと偽り、一〇月、第一九師団及びシベリア出兵軍（「浦潮派遣軍」）から二個師団相当の兵力を間島に侵攻させた。日本軍は約三〇〇〇〇人の朝鮮人を虐殺し、独立軍の北間島における活動は困難になった（間島出兵）。

このの ち、独立軍の活動の中心地は、南満洲（西間島）や北満洲に移った。一九二〇年代半ばには独立軍の統合が進み、参議府、正義府、新民府が成立した。独立軍の部隊が鴨緑江《アムノッカン》を越えて平安北道へ進入することはしばしば起き、二四年五月には鴨緑江を視察中の斎藤総督が狙撃される事件も起きた。朝鮮総督府は、満洲を支配していた奉天派軍閥の張作霖《ちょうさくりん》政権に対して朝鮮独立運動団体の取締りを強く求めたので、二五年六月には奉天省警務処長于珍《うちん》と朝鮮総督府警務局長三矢《みつや》宮松との間に「朝鮮人独立運動取締方に関する朝鮮総督府・奉天省協定」（三矢協定）が」成立した。張作霖政権の弾圧によって独立軍の活動は困難に陥った。困難回復のために、参議・正義・新民府は統合を図り、二九年に国民府を結成した。

三・一独立運動開始後、多くの独立運動家が集結した上海も、国外における独立運動の拠点となった。一九一九年四月、上海のフランス租界で大韓民国臨時政府が樹立された。臨時政府は九月に李承晩《イスンマン》を大統領に、李東輝を国務総理に選び、国内との連絡組織をつくり、機関紙『独立新聞《トンニプシンムン》』を発行するなど、活発に活動を展開した。しかし、内部には、外交活動によって列強の保障を得て独立を実現しようとする李承晩・安昌浩《アンチャンホ》らの勢力と、武装闘争によって独立を達成しようとする李東輝らの勢力との対立があり、二一年には李東輝は国務総理を辞職した。二三年に内紛の収拾に失敗すると、臨時政府の勢力は減少し、実質的には独立運動団体の一つに過ぎなくなった。

新幹会　一九二〇年代後半、労農運動・民族運動が高揚するなかで、社会主義者と民族主義者が協同して民族運動を進める議論（民族協同戦線論）と動きが強まり、二七年に新幹会《シンガンフェ》が結成されることとなった。

民族協同戦線論が登場する背景には、民族主義者の妥協派と非妥協派への分裂があった。一九二四年一月、『東亜日報《トンアイルボ》』紙上に李光洙《イグアンス》が論説「民族的経綸」を発表し、日本が許す範囲内での政治的結社、産業的結社、教育的結社の組織を提唱した。これに呼応して崔麟《チエリン》、金性洙《キムソンス》、宋鎮禹《ソンジヌ》らは、植民地支配の枠内における自治の実現をめざす自治運動を起こそうと図った。これを機に、民族主義者は自治運動に傾斜する妥協派とそれに反対する非妥協派とに分裂した。『朝鮮日報《チョソンイルボ》』に拠った安在鴻《アンジェホン》らの非妥協派民族主義者は、社会主義者との共同戦線を説くようになった。社会主義者のなかでも、コミンテルンが当時掲げていた反帝国主義民族統一戦線戦術や中国における国共合作を背景にして、非妥協派民族主義者との統一戦線を実現しようとする動きが活発になった。二六年一二月に再建された朝鮮共産党（第三次共産党）の指導部の安光泉らは、合法面では北風会系の四団体を糾合した思想団体である正友会《チョンウフェ》に参加し、二六年一一月の正友会宣言によって非妥協派民族主義者との共同戦線を提唱した。

以上のような動きの結果、一九二七年二月、民族共同戦線組織である新幹会が結成された。新幹会の綱領は、「一　我々は政治的経済的覚醒を促進する。一　我々は団結を鞏固にする。一　我々は機会主義を否認する」であり、結社認可を得るために抽象的な表現を採っていたが、非妥協的な民族解放運動を進める決意を示すものであった。初代会長には二〇年近く前に独立協会の副会長であった民族主義者の長老の李商在が就任、中央幹部の多数は民族主義者が占めた。新幹会は府《プ》・郡《クン》を単位に支会を組織し、その数は解散時までに国外（東京・京都・大阪・名古屋・延辺・龍井《りゅうせい》）を含めると一七三に及び、会員数は四万人を数えた。支会の多くでは社会主義者が主導権を握り、啓蒙活動や、労働組合・農民組合・青年同盟などと連携して植民地政策に反対して民衆の生活を擁護する運動を展開した。二七年五月には女性運動の共同組織として槿友会《クムフェ》が結成された。朝鮮総督府は新幹会の運動の発展を警戒して、創立大会の後は、大会の開催を禁止した。これは、「文化政治」への転換によって集会・結社の取締りを緩和したといっても、植民地支配を脅かすような運動は徹底して抑えようとしたものであり、総督府支配の下で朝鮮人は政治活動の完全な自由を獲得できなかったということを端的に示すものであった。

一九二九年には民族運動、社会運動は大きく高揚した。同年一月、植民地期最大のストライキである元山ゼネストが起きた。イギリス系の石油企業ライジング・サン社の文坪《ムンピョン》油槽所で、日本人監督が朝鮮人労働者を殴打したのに抗議して、労働者がストライキに入ったのに端を発して、労働総同盟傘下の元山労働同盟は加盟団体にゼネストを指示し、一万人が行動に参加した。ゼネストが長期化すると、元山市民や新幹会、労農団体、中国、ソ連、フランス、日本などからの支援が広がった。ストライキ指導部の検挙、資本家側の分裂工作の結果、四月にゼネストは敗北に終わったが、長期の地域ゼネストは労働者の力の成長を示すものであった。

二九年六月に、新幹会は複数の支会が合同して代表を選出する方式である複代表大会の開催を許された。この複代表大会（複代表は二七人）では中央執行委員会制が採用され、中央執行委員長には弁護士の許憲《ホホン》が選出された。許憲執行部は、咸鏡南道《ハムキョンナムド》甲山郡《カプサングン》の火田民《ファジョンミン》の追放に抗議する（甲山火田民事件）など、大衆運動との連携を強めた。

二九年一〇月三〇日、全羅南道の光州《クアンジュ》―羅州《ナジュ》間の列車通学を舞台にして起きた、日本人中学校生徒が朝鮮人女子高等普通学校生徒を侮辱した事件を端緒にして、一一月三日、光州市街で朝鮮人高等普通学校生徒と日本人中学校生徒との衝突が起きた（光州学生事件）。警察は朝鮮人生徒のみを検挙したので、朝鮮人生徒は憤激し、被検挙者の釈放と植民地教育政策反対を掲げて示威運動に立ち上がった。運動は一二月にはソウルの京城帝国大学予科を含む諸学校、さらには全国の学校に波及し、三〇年三月まで続き、一九四校、四万人の学生・生徒が参加する大規模なものに発展した（光州学生運動）。しかも「総督暴圧政治絶対反対」「被圧迫民族解放万歳」「植民地奴隷教育の撤廃」「治安維持法撤廃」などのスローガンが登場し、しだいに植民地支配全体に対抗する色彩が濃くなった。

新幹会や槿友会の支会は光州学生運動の支援に積極的に関与した。新幹会本部も一二月に光州学生事件真相報告民衆大会の開催を計画したが、総督府警察は新幹会本部を襲撃して許憲らを検挙し、槿友会の許貞淑らも検挙した。この弾圧を機に、穏健派の財政部長金炳魯《キムビョンノ》が本部の主導権を握り、一一月には大会代行中央執行委員会なるものを開催して中央執行委員長に選出された。こうした金炳魯らの動きに社会主義者、支会は反発し、コミンテルンが民族統一戦線戦術を放棄したことも作用して、新幹会解消論が台頭した。三一年五月、第二回大会が開催され、会の解消が可決され、新幹会は五年弱でその歴史を閉じた。総督府は解消の方向が明らかになった大会の開催は許可したのであった。

4　農村振興運動

世界恐慌の波及　一九二九年一〇月のニューヨーク株式市場の暴落に端を発した大恐慌は、急速に世界各地に波及した。日本にもすぐに波及し（昭和恐慌）、日本経済に深刻な打撃を与えた。三〇年に米、繭《まゆ》を中心とする農産物価格の下落から始まった日本の農業恐慌は、三四～三五年まで長く続いた。日本の米価下落によって、朝鮮からの米移出量は増加したにもかかわらず、移出額は大きく減少した。朝鮮人農民は、農産物価格の下落によって収入が激減し、税金や水利組合費の支払いや借金返済に苦しみ、自作地や小作権を失う者が増加した。小作権移動に反対する防御的な小作争議が増大し、総督府農林局の調査によれば、小作争議の参加者は三〇年には一万三〇一二人となり、二〇年代後半の二～四倍に達し、三一年も一万二八二人であり、三二年には四六八七人と減少したが、三三年には一万三三七人となり、以後も増加の一途をたどり、三七年には七万七五一五人となった。

農村の疲弊を救済するために、総督府は窮民救済土木事業を実施し、一九三一～三五年に延べ八九二万円の事業費を投下した。道路・治水・港湾・水道工事などを中心とするものであり、工事を請け負った日本人土木会社を潤したが、就労労働者は低賃金と長時間労働、天引き貯金に苦しめられた。疲弊を救済する対策としては不充分なものであった。

地方制度の改編　斎藤総督は一九二七年一二月に辞任し、後任の総督には陸軍大臣、関東戒厳司令官（関東大震災時の戒厳司令官の二人目）を歴任した山梨半造陸軍大将が任命された。二九年六月、日本人米穀商が米穀取引所を開設するために総督の側近を通じて五万円を贈賄した事件（朝鮮総督府疑獄事件）が暴露されて、同年八月に山梨総督は辞職した（一二月に起訴されたが、一審・二審とも無罪となった）。後任には斎藤実が任命され、再任の総督となった。

　朝鮮において民族運動・社会運動が高まりをみせていた一九二七年から三〇年にかけて、朝鮮総督府の中では、朝鮮在住者から帝国議会（貴族院及び衆議院）議員を出すこと及び「朝鮮議会」の設立を認める構想が検討された。第二次斎藤総督期の初期、二九年末にまとめられた案「朝鮮ニ於ケル参政ニ関スル制度ノ方策」は、朝鮮より貴族院に勅選議員五人以内を出すとともに、一〇年後に「朝鮮地方議会」を設置する旨の詔書を発布する、というものであった。この「朝鮮地方議会」は、朝鮮を区域とする地方議会として位置づけられ、朝鮮地方費（土木、衛生及び病院、教育、勧業、救済などに関する経費を支弁）を設け、朝鮮地方議会が朝鮮地方費の歳出入予算、地方税などの賦課徴収に関する事項、地方債の起債等を議決するというものであった。朝鮮地方議会はこの他に、総督に意見を提出し、総督の諮問に対する意見の答申をするとされた。議会は年一回開催し、会期は三〇日以内、臨時会も開催するとされた。朝鮮地方費で支弁されることになる予算は、帝国議会で審議される朝鮮総督府予算に比べて七％と推計される規模に過ぎなかったので、朝鮮地方議会の権限は限定されたものであった。

　議員（任期四年）の三分の一は総督の任命する議員、三分の二の一〇〇人は選挙による議員で、人口二〇万人に一人（府《ブ》については一〇万人に一人）の割合で選出するとされた。選挙権者は帝国臣民男子二五歳以上で一年以上その選挙区に居住し、直接国税及び地方税合わせて五円以上を納入する者、被選挙権者は帝国臣民男子三〇歳以上で一年以上その選挙区に居住し、直接国税及び地方税合わせて一〇円以上納入する者とされた。選挙権者については、納税額による資格制限を直接国税・地方税を合わせて五円以上としたので、既設の地方諮問機関の場合よりは少し広がることになるが、被選挙権者は一〇円以上としたことで、狭められることになる。また、議員の三分の一を総督の任命にしたことは、道評議会の場合と同様に日本人議員の比率を高めるねらいからであったことは、容易に判断がつくことである。いずれにせよ、日本本国ではすでに男子普通選挙が実施されている時点で、納税額による資格制限を設けているのは、朝鮮人の上層にのみ政治参加の機会を広げ、彼らがいっそう朝鮮総督府の支配に協力する、あるいは独立を志向する動きとは距離を置くようになることを狙ったものであったと言える。

しかし、右のような朝鮮総督府の統治体制改編案は、本国政府から「時期尚早」として一蹴され、実現をみなかったという。これに代わって、道以下の地方制度の改編案が検討され、一九三〇年一二月に制令で「道制」「邑面制」が公布され、「府制」「朝鮮学校費令」が改正された。一九三一年四月に邑面制と改正された府制・朝鮮学校費令が施行された。府及び邑《ウプ》（指定面が昇格）には議決機関としての府会・邑会が置かれた。面協議会は諮問機関のままであったが、府会議員・邑会議員・面協議会員はすべて公選制になった。選挙権者・被選挙権者の納税額による資格制限（府税・邑税・面税年額五円以上）は従来どおりであった。府の区域にあった学校組合（日本人学校の経費を支弁）、学校費は府に合併されて、府の特別経済とされ、これに関する事項は第一教育部会（府尹《プユン》と日本人議員で構成）、第二教育部会（府尹と朝鮮人議員で構成）で議決された。郡・島の区域にある学校費は存続し、学校評議会員は邑面ごとに邑会議員、面協議会員が選挙することになった。府邑会議員、面協議会員、学校評議会員の任期はみな四年となった。

一九三一年五月二一日に第一回の府邑会議員、面協議会員総選挙がおこなわれた。この時点で府は一四（第四章1の「朝鮮総督府の設置」の項に示した一二府に開城《ケソン》・咸興《ハムン》が加わる）であったが、一四府を通じての選挙権者数は朝鮮人二万一六七三人、日本人三万六八二六人であり、議員当選者数は朝鮮人一五七人、日本人二五七人であった。朝鮮人議員が多数を占めたのは開城府だけであった。邑の数は四一であったが、四一邑を通じての選挙権者数は朝鮮人九二一六人、日本人七六一四人であり、議員当選者数は朝鮮人二五九人、日本人二四七人であった。日本人議員が多数を占める邑会と朝鮮人議員が多数を占める邑が入り混じる形となった。面の数は二四二三であったが、二四二三面を通じての選挙権者数は朝鮮人二八万一三〇〇人、日本人一万一一六二人であり、協議会員当選者数は朝鮮人二万三五六一人、日本人一六五三人であった。全府邑面の選挙権者数は朝鮮人三一万二八九一人、日本人五万五六〇二人である。一九三一年の朝鮮人総人口は一九七一万一六八人、日本人総人口は五一万四六六六人であるので、選挙権者数の対人口比を計算すると朝鮮人は一・六%、日本人は一〇・八%となる。朝鮮人の選挙権者がきわめて限られていたことが分かる。反面、面協議会員も公選制になったことで、朝鮮人の場合は二八万人以上が選挙に参加できるようになった。地方の朝鮮人有力者、上層の政治参加の機会は拡大したのである。府邑会議員、面協議会員の総選挙は、以後、三五年、三九年、四三年と重ねられ、毎回、五月二一日におこなわれた。

道制は一九三三年四月に施行された。議決機関として道会が設置され、議員の三分の二は選挙区ごとに府会・邑会議員・面協議会員が選挙した（間接選挙制）。選挙区は府と指定された邑、郡（独立選挙区に指定されなかった邑を含む）を単位に設定された。三分の一は知事の任命であり、議員の任期は四年であった。第一回道会議員選挙は三三年五月一〇日におこなわれた。一三道を通じての議員当選者は、朝鮮人二四一人、日本人四二人であった。知事の任命による議員（官選議員）は、一三道を通じて朝鮮人五六人、日本人八三人であった。官選議員に日本人を多く任命することによって、日本人議員の比率を上げたのである。道会議員選挙は以後、三七年、四一年と毎回、五月一〇日におこなわれたが、当選者の傾向は第一回とほとんど同じであった。道会が議決機関となり、権限を拡大したことは、議員となることのできる朝鮮人有力者、上層の地位をやや高めた。しかし、朝鮮人男性の大多数と女性は、道のレベルでも府邑面のレベルでも政治参加の機会から排除されていたのである。

農村振興運動の展開　一九三一年六月、斎藤総督は辞任し、後任には前陸軍大臣の宇垣一成《かずしげ》陸軍大将が任命された。宇垣総督は、恐慌によって農村が疲弊しているのを前にして、農家経済の立て直しを図る官製の運動、農村振興運動を重点施策とした。三二年七月に総督府に農林局を設置し、七月には総督府に農村振興委員会を設置した（委員長は今井田清徳《きよのり》政務総監）。道・郡島・邑面にも農村振興委員会が設置され、官庁の関係部署、警察署長や駐在所長、金融組合理事、公立初等学校長・実業学校長・水利組合長などがその構成員とされた。総督府・各道が農村振興講習会を実施したのち、三三年三月に政務総監通牒《つうちょう》によって、「農家更生計画樹立方針」「農家更生計画実行要綱」が発表されて、農村振興運動が本格的に開始された。このときに発表された「第一次農家更生五カ年計画」では、一邑面につき一村落（マウル）を選んで、その村落の農家を対象にして、食糧の充実、現金収支の均衡、負債償還の更生三目標を達成するための指導をおこなうこととされた。個々の農家に対しては、増産と節約、副業の拡大、家計支出の管理を求める営農指導がおこなわれた。村落には農村振興会など振興運動を末端で担う組織が作られるとともに、公立普通学校卒業生には「中堅人物」として更生計画の模範となるように特別の指導がおこなわれた。三四年一一月に総督府は「儀礼準則」を制定し、節約のために婚礼・喪礼（喪の期間中の礼）・祭礼（祭祀《チエサ》。先祖をまつる礼）の簡素化を求めた。

一九三五年一月には宇垣総督は「更生指導部落拡充計画」を発表し、四七年度までに全村落を更生指導の対象とするとし、運動の強化を図った。この拡充計画は、「心田開発運動」という精神運動と結合された。宇垣総督は三二年一一月、二三年一一月に発布された「国民精神作興ノ詔書」の九周年を記念して同詔書の奉読式をおこない、勤倹力行して困難窮乏に耐えることを求める国民精神作興運動を起こすなど、精神主義的な傾向が強かった。三五年一～三月に総督府は仏教、神道、キリスト教、朝鮮の固有信仰の団体と「心田開発」について意見交換をし、「健全な信仰心」の培養によって、民衆の心を潤わせ、生業に励むようにさせようとする心田開発運動を開始した。三六年一月に総督府は政務総監通牒「心田開発ノ件」を発し、心田開発の目標として国体明徴《めいちょう》、敬神崇祖の思想、信仰心の涵養、報恩感謝・自立の精神の養成を明示した。人々の内面を支配し、神の子孫である天皇の統治する比類無い国家への忠誠を求める方向に向かって進むことになったのである。宇垣総督の元来の志向に加えて、三五年に「天皇機関説」問題をめぐって日本政府（岡田啓介内閣）が二度にわたって国体明徴声明を発したことが、精神支配の強化に拍車をかけたといえる。

農村振興運動と結びついて、学校制度の部分的な改編がおこなわれた。一九三四年一月に出された政務総監通牒に基づいて、簡易な初等教育機関として簡易学校が設置されることとなった（道知事が認可）。簡易学校は修業年限は二年であり、一〇歳を入学年齢の標準とした。基本的には一校の教員は一名（大半が男性）であり、二学年の生徒を一学級で教えた。教科目は修身、「国語」（日本語）、朝鮮語、算術及び職業科（農業）であり、農業実習用の施設が付属していた。教員は放課後に生徒の家庭に立ち入って営農指導をおこなうとされた。公立普通学校の附設とされたが、公立普通学校からは遠く離れた所に設置することとされ、なるべく農村振興運動における「更生指導部落」に設置することとされた。また、これは一面一普通学校の計画とは別の施策であると説明された。普通学校の普及が遅れている状況の下で採られた便宜的な措置であったが、農業教育と同化教育を重視していた。簡易学校の設置数は、一九三四年には三八四校、一万七六六九人であったが、三七年には九二九校、六万七七人、四〇年には一四八八校、九万九一〇八人となった。生徒の大半は男子であり、その比率は三四年には九二・八％、三七年には八二・四％、四〇年には七一・三％であった。

農村疲弊の根源には、地主制の支配、高率小作料と不安定な小作権にあえぐ小作農民の窮状があった。朝鮮総督府は小作争議の増加に対処するため、一九三二年一二月には制令「小作調停令」を公布し（三三年八月施行）、裁判所が小作争議の調停を取扱い、府郡島の小作委員会などに妥協の道を講じさせるか、裁判所自身が調停を成立させる制度を作った。しかし小作権が安定しないために小作争議は増加した。総督府は三四年四月には制令「朝鮮農地令」を公布し（一〇月施行）、舎音《マルム》など小作地管理人の取り締まり、小作期間は三年を下回ることはできないことなどを定めた。総督府の農政官僚はこれを「善政」と自讃したが、一年間で小作権を移動するような地主の極端な横暴を抑えようとするものに過ぎなかった。小作料率を引き下げ、小作権を安定させて、小作農民の経営と生活を改善させるための措置は実施されなかった。問題の根源を解決せずに、「勤勉」すなわち労働強化と「節約」して窮乏に耐えようというのが農村振興運動であった。

5 「満洲事変」と朝鮮

「満洲事変」の開始と朝鮮　一九二〇年代半ば以降、中国では国民政府による中国統一の動きが進展していたが、日本は陸軍を先頭にして中国統一の動きを妨害・阻止する動きをくり返した。二五年一一月に奉天派軍閥張作霖の部下であった郭松齢《かくしょうれい》（河北省灤州《らんしゅう》に駐屯）が反乱を起こし、東北国民軍を称して、張作霖は危機に陥った。一二月、関東軍（南満洲駐屯の日本軍。軍司令官白川義則陸軍大将）は、満鉄付属地から一二キロ以内における張・郭両軍の戦闘禁止を警告した。このため不利な形勢に陥った郭松齢軍は敗退した（郭松齢事件）。この干渉事件は関東軍の独走ではなく、日本政府（第二次加藤高明内閣。外務大臣は幣原喜重郎《しではらきじゅうろう》、陸軍大臣は宇垣一成）の決定によるものであった。このとき、奉天への増派部隊として朝鮮軍から歩兵二個大隊、野砲兵二個中隊が派遣された。

一九二七年から、中国国民革命軍の「北伐」に日本軍が二次にわたって干渉した山東出兵が起きた。一九二八年四月に始まった第二次山東出兵では、第六師団が山東省済南《さいなん》に入ったが、関東軍に配備中の第一四師団（司令部は宇都宮）から混成第二八旅団が山東に増派されたので、その後詰めの形で第二〇師団から混成第四〇旅団が満洲に派遣され、平壌《ピョンヤン》駐屯の飛行第六連隊から臨時派遣飛行隊（偵察機六機）が山東省青島《チンタオ》に派遣された。このように中国に干渉するため、朝鮮から満洲へ派兵する動きは、「満洲事変」以前にすでにくり返されていたのである。

一九三一年七月、吉林省長春県万宝山《まんぽうざん》で用水路の開鑿《かいさく》をめぐって朝鮮人入植者と中国人農民が衝突し、中国警察、日本の領事館警察が出動した（万宝山事件）。朝鮮内では事件は、中国の警察・農民が一方的に朝鮮人農民を圧迫したと歪曲して伝えられたため、ソウル・仁川《インチョン》・平壌などでは中国人への襲撃事件が起き、中国人に多くの死傷者が出た（朝鮮内中国人迫害事件）。万宝山事件は日本の満洲侵略の口実の一つとされ、続く中国人迫害事件とともに朝鮮人と中国人との対立が煽られることとなった。

一九三一年九月一八日、柳条湖《りゅうじょうこ》事件が起こされ、関東軍は満洲侵略戦争を開始した（「満洲事変」）。関東軍の兵力は第二師団と独立守備隊六個大隊であったので、朝鮮軍は増援部隊を出動させる態勢をとった。日本政府（第二次若槻《わかつき》礼次郎内閣）と陸軍中央は待機を指示したが、朝鮮軍（軍司令官は林銑十郎陸軍中将）は一九日に飛行第六連隊から偵察機・戦闘機各一個中隊を奉天に出動させ、二一日には中央の許可を得ないまま、混成第三九旅団（第二〇師団所属）に鴨緑江《アムノッカン》を越えさせた。翌二二日に政府と中央は朝鮮軍の出兵を追認した。関東軍は本国からも増援部隊を得て、戦線を拡大し、一一月には北満洲にも侵攻した。

一二月には関東軍は遼寧省西部の錦州への侵攻を開始したが、この作戦に当たって朝鮮軍から第二〇師団司令部、混成第三八旅団（第一九師団に所属）が増派された。朝鮮軍の兵力の半ば以上が満洲に出動した形になったのである。翌三二年二月、関東軍は哈爾浜《ハルビン》を占領し、三月に傀儡《かいらい》国家「満洲国」の建国を宣言した。四月、朝鮮軍は第一九師団所属部隊をもって「間島臨時派遣隊」を編成して、間島に侵攻させた。「満洲事変」に際して、朝鮮軍は大きな役割を果したが、それは間島への出兵に典型的に示されるように満洲の朝鮮人独立運動を抑えること、あわせて武威を示すことによって朝鮮国内の労農運動を威嚇する狙いがあった。第二〇師団司令部と混成第三九旅団は三二年六月に、混成第三八旅団は一〇月に朝鮮に帰還した。

朝鮮と満洲との結合　「満洲事変」の勃発、「満洲国」の成立によって、朝鮮は日本の満洲侵略のための基地、日本と満洲をつなぐ中継点としての重要性を増した。とくに、「満洲国」と国境を接する咸鏡南北道、平安北道の役割が注目されるようになった。一九三三年九月に、「満洲国」の首都とされた新京《しんきょう》（長春）と豆満江岸の図們を結ぶ鉄道（京図線）が全通し、咸鏡北道《ハムギョンプット》北部の朝鮮側鉄道とも繋がった。これにともなって、同年一〇月に清津《チョンジン》以北の官営鉄道は満鉄の委託経営に移され、満洲の鉄道と一体に運営されることとなった。同月には清津―新京間の直通列車の運行も開始され、日満連絡の「最捷路《さいしょうろ》」（最短の路）と謳われた。同年中に満鉄の手によって羅津《ナジン》（咸鏡北道慶興郡《キョンフングン》）の築港工事と羅津―雄基《ウンギ》（慶興郡）間の鉄道工事が開始され、三五年一一月に完成した。清津・雄基・羅津は「北鮮三港」と称され、日本海を横断する航路によって新潟・敦賀などの日本側諸港と連絡し、「日満新航路」「北鮮ルート」と宣伝された。

三四年一一月に京釜・京義線経由のルートでは、釜山―新京間直通列車の運行が開始された。これに加えて咸鏡線の吉州《キルジュ》（咸鏡北道吉州郡）と咸鏡南道北部で鴨緑江岸の恵山鎮《ヘサンジン》（咸鏡南道《ハムギョンナムド》甲山郡《カプサングン》）とを結ぶ恵山線《ヘサンソン》（三七年開通）、平元線の順川《スンチョン》（平安南道《ピョンアンナムド》順川郡）と平安北道《ピョンアンプット》東北部で鴨緑江岸の満浦鎮《マンポジン》（平安北道江界郡《カンゲグン》）とを結ぶ満浦線《マンポソン》（三九年開通）も敷設された。三〇年代末には朝鮮と満洲を結ぶ鉄道は四本に増加したのである。

朝鮮総督府はまた、一九三二年から平安北、咸鏡南北道のそれぞれ北部の高原地帯の開拓をはかる「北鮮開拓事業」を進めた。恵山線の白岩《ペガム》（咸鏡北道吉州郡）と茂山《ムサン》（咸鏡北道茂山郡）とを結ぶ狭軌鉄道（白茂線《ペンムソン》）の敷設、道路の修築、森林内の農耕適地の開発、火田民に対する統制、緬羊《めんよう》飼育と亜麻栽培の奨励などの事業がおこなわれた。四六年度までを予定したが、終了前に日本の敗戦を迎えた。

6　一九三〇年代の民族運動・社会運動

一九三〇年代の労農運動と啓蒙運動　一九三〇年代には社会主義者の指導下に赤色労働組合・赤色農民組合の運動が展開された。これは、知識人ではなく労農大衆に基盤を置いて朝鮮共産党の再建を図れというコミンテルンの指示に沿ったものである。赤色労働組合は、一九三〇年代前半、ソウル・仁川《インチョン》・釜山《プサン》・元山《ウオンサン》・興南《フンナム》・咸興《ハムン》・清津《チョンジン》・新義州《シニジュ》・平壌・兼二浦《キヨミポ》などの工業都市において組織され、八時間労働、団体協約権、最低賃金制、被検挙者釈放などを要求する激しい活動を展開した。三一〜三四年に朝窒の興南工場で活動した太平洋労働組合では、朝鮮人と日本人との共闘もなされた。

赤色農民組合は咸鏡《ハムギョン》南北、江原《カンウォン》、慶尚《キョンサン》南北、全羅《チョルラ》南北の各道を中心に、郡《クン》単位に組織され、その数は五〇を超えた。なかでも咸鏡南北道の赤色農民組合は強力であり、面《ミョン》単位の支部、集落単位の班、青年部、婦人部などの組織を整え、農民夜学や消費組合を設けて多くの農民を結集し、小作料減免、小作争議権獲得などの要求を掲げるとともに、総督府の農業政策に反対する闘争を展開した。この闘争の過程で警察機関や郡庁、面事務所を襲撃するなどの実力行動もおこなった。しかし警察は厳しい弾圧を重ねたので、三七年を最後に運動は終息した。

一方、二〇年代半ばから三〇年代まで、さまざまな団体により農村啓蒙運動、農民啓蒙運動というべき活動が展開された。二五年に天道教《チョンドギョ》新派（崔麟《チェソン》ら）が設立した朝鮮農民社は、当初は月刊雑誌『朝鮮農民』の発行を中心としていたが、二八年から営農指導、協同組合設立、共同工作、農民夜学などの活動を展開した。総督府警察の弾圧により、三四年に解散した。

また、民族主義者は、朝鮮日報社《チョソンイルボサ》のハングル普及運動（一九二九〜三一、三四年）、東亜日報社《トンアイルボサ》のヴ・ナロード運動（三一〜三四年）を通じて、識字運動・農民啓蒙運動を展開した。これは中等学校以上の学生・生徒を夏休み中に農村に送り、ハングルを教えるとともに生活改善を勧める運動であったが、もっとも盛んであった年の例を示すと、三二年のヴ・ナロード運動には四二校、二七二四人が参加し、三四年の文字普及運動には一二五校、五〇七八人が参加した。この運動も三五年には総督府によって禁止されるにいたった。その理由は、農村振興運動のなかで、普通学校教師、警察官を動員した官製のハングル普及事業が展開されるようになったことと関連していると考えられる。

一九三〇年代の在日朝鮮人と労働運動・民族運動　一九二〇年代後半の日本では、在日朝鮮人労働総同盟、朝鮮共産党日本総局、新幹会《シンガヌエ》支会を主な担い手として、在日朝鮮人の労働運動・民族運動が高まった。三〇年にコミンテルンの「一国一党」の原則によって、朝鮮人共産主義者は日本共産党に所属することになり、在日朝鮮労働総同盟は解消されて、その組合員は日本の左派組合、日本労働組合全国協議会（全協）に加入することとなった。この改編によって在日朝鮮人労働者の組織率は低下したが、大阪などを中心に朝鮮人は日本の左翼運動を支える役割を果たした。

日本政府は朝鮮人の日本渡航を規制する政策を続けた。一九三四年一〇月には日本政府（岡田啓介内閣）は「朝鮮人移住対策ノ件」「朝鮮人移住対策要目」を閣議決定し、朝鮮農民の離村防止、北部朝鮮と満洲への移住奨励、従来の渡日規制の堅持と日本在住朝鮮人に対する同化政策の強化などの方針を定めた。厳しい渡航規制によって、三五〜三七年には新規渡航者数は一一万人台に留められたが、定住者の増加によって三七年には日本在住朝鮮人は七三万六〇〇〇人となり、三〇年に比べて四四万人も増加した。

満洲の抗日運動と朝鮮人　「満洲事変」の勃発後、満洲においては、日本の侵略と傀儡国家「満洲国」に反対する反満抗日の武装闘争が、中国人・朝鮮人共同の闘いとして展開されるようになった。抗日勢力は、張学良の指揮下にあった東北軍、紅槍会・大刀会など中国人の秘密結社、社会主義者指導下の赤色遊撃隊、朝鮮人民族主義者の率いる独立軍など、多様であった。

満洲在住朝鮮人の社会主義者は、一九二〇年代末にはコミンテルンの「一国一党」の原則に従って中国共産党に入党し、三〇年の間島《カンド》五・三〇蜂起など、地主の打倒をめざす急進的な闘争をおこなっていたが、三一年末以後、東満洲（北間島）、南満洲で赤色遊撃隊が結成されると、これに積極的に参加した。三三年、中国共産党満洲省委員会の指示により南満洲の遊撃隊をもとに東北人民革命軍の第一軍が成立し、三四年には東満洲の遊撃隊はその第二軍に改編することが決定され、三五年五月に正式に発足した。東北人民革命軍は、反満抗日闘争の主力部隊となった。

一九三二年に北間島で朝鮮総督府や日本の間島総領事館が支持して、間島「自治」を唱える親日団体「民生団」が組織された（同年中に解散）。中国共産党満洲省委員会は、民生団はスパイ組織であるとの認識のもと、朝鮮人党員に民生団員であったとしてスパイの嫌疑をかけて粗雑な調査をしただけで粛清した（「反民生団闘争」）。この民生団をめぐる混乱は、中国人と朝鮮人の対立を引き起こし、それを克服して東北人民革命軍の組織を進めるのには時間を要した。

東北人民革命軍第二軍は朝鮮人が多数を占め、金日成《キムイルソン》も政治委員として幹部の一員になった。東北人民革命軍はその後も拡大され、第一一軍まで編成された。

一九三五年七月に開催されたコミンテルン第七回大会は、欧米における反ファッショ人民戦線戦術、植民地・半植民地における民族統一戦線戦術を決定した。この方針は中国では抗日民族統一戦術として具体化され、三六年二月に東北人民革命軍は、より広範な勢力を結集させた東北抗日連軍に改編された。三六年六月には、朝鮮人独自の大衆団体として在満韓人祖国光復会が結成された。その十大綱領には、民族統一戦線戦術に基づく人民政府の樹立、中国内朝鮮人の自治の実行、日本による租税の廃止、言論・出版・思想・結社の自由、身分秩序の廃止と男女・民族などの平等の実現、奴隷同化教育の廃止に代わる無料の民族教育の実施、労働者の待遇改善などが掲げられた。

当時、東北抗日連軍第一路軍第二軍第六師の師長であった金日成は、朝鮮との国境近くにある長白県で活動し、対岸の咸鏡南道甲山郡にも工作を展開した。三七年六月、金日成の率いるパルチザン部隊約九〇人は、甲山郡《カプサングン》普田面《ポジョンミョン》保田里《ポジョルリ》（普天堡《ポチョンボ》）の警察官駐在所や面事務所、営林署などを奇襲し、宣伝ビラなどを撒いて撤退した。翌年にかけての総督府警察の捜索・弾圧によって、朝鮮内の祖国光復会組織は壊滅させられたが、普天堡進攻に成功した金日成の名は朝鮮全国に広まった。

満洲における日本軍警（関東軍と領事館警察）、「満洲国」軍警（「満洲国」軍と「満洲国」警察）は「日満軍警」と総称されたが、抗日武装勢力の活動に対して、当初から朝鮮人を「集団部落」「安全農村」に強制的に移住させて囲い込み、一般の朝鮮人と抗日勢力を遮断する戦術をとった。東北抗日連軍に対しても大規模な「討伐」作戦を展開し、住民との遮断作戦を強めるとともに、連軍に対しては帰順工作と武力殲滅《せんめつ》を併用した。抗日連軍は幹部の相次ぐ戦死と投降により、活動はしだいに困難になった。金日成の部隊は三八年一月から三九年三月にかけて国境の山岳地帯において転進を続けざるを得なくなり、のちに「苦難の行軍」と呼ばれる苦境に陥った。三九年一〇月から四〇年夏まで日満軍警がおこなった「東南部治安粛正工作」では東北抗日連軍を指導してきた楊靖宇・魏拯民《ぎじょうみん》らが戦死した。四〇年夏以降は、中央からの指導を欠いたまま小部隊に分散して活動をせざるを得なくなった。ついに力量温存のために、ソ連領への脱出もやむなしとされ、金日成の部隊も四〇年一〇月頃までにソ連領沿海州に脱出した。

第六章　皇国臣民化政策下の朝鮮

1　皇国臣民化政策の展開

南総督の着任と日章旗抹消事件　一九三六年八月五日、宇垣総督は辞任し、代わって「満洲事変」勃発時の陸軍大臣で、三四年末から三六年三月まで関東軍司令官であった南次郎陸軍大将が朝鮮総督に任命された。南総督は八月二六日に着任したが、翌二七日には『東亜日報《トンアイルボ》』『朝鮮中央日報《チョソンジュンアンイルボ》』に停刊を命じた。この月、ベルリンでオリンピック大会が開催され、男子マラソン競技に日本選手として出場した孫基禎《ソンギジョン》が優勝した。朝鮮人経営の朝鮮語新聞であった両紙は、孫基禎が金メダルを授けられている写真を掲載するに当たって、ユニフォームの胸に付けられていた日章旗を抹消した（日章旗抹消事件）。総督府当局はこれを咎《とが》め、厳しい処分を下した。『東亜日報』は三七年六月初めまで停刊され、全面的に謝罪して復刊したが、財政難に陥っていた『朝鮮中央日報』はそのまま廃刊に追い込まれた。

南総督は同年一〇月に関東軍司令官植田謙吉陸軍大将と図們で会談して抗日運動対策などについて協議した。日本による満洲支配の進展と結合して朝鮮支配の強化を図ろうとする方向が鮮明になった。三七年四月に南総督は道知事会議で、「国体明徴・鮮満一如《せんまんいちにょ》（朝鮮と満洲との一体化の意）・教学振作・農工併進・庶政刷新」の五大政綱を発表した。「国体明徴」「教学振作」には宇垣総督の精神主義的な施策を受け継いで、天皇への忠誠をつくすことを強く求める方向が強調されていた。

皇国臣民化政策の開始　一九三七年七月、盧溝橋事件に端を発して、日本は中国との全面戦争を開始した。第二〇師団はすぐに動員され、河北省ついで山西省で作戦を展開し、三九年一一月に帰還した。南総督の下で朝鮮総督府は中国への侵略戦争を支え、朝鮮人も戦争への「協力」に動員する体制の構築を推し進めた。この動員体制づくりは、思想的には天皇への絶対の「随順《ずいじゅん》」、忠誠を誓わせる「皇国臣民化」、あるいは「皇民化」のイデオロギーに支えられていた。

三七年一〇月に、総督府は「皇国臣民の誓詞」を制定した。これには、児童用と大人用の二つがあったが、文章の理解が相対的に容易な児童用を示すと、「一　私共ハ大日本帝国ノ臣民デアリマス。二　私共ハ心ヲ合セテ、天皇陛下ニ忠義ヲ尽クシマス。三　私共ハ忍苦鍛錬シテ、立派ナ強イ国民トナリマス」というものであった。この「誓詞」を学校・官庁・職場・地域などいたる所で斉唱することを義務づけ、「国民儀礼」であると称した。忠誠心を持っているかどうかを、斉唱をきちんとできているかどうかを通じて確認しようというものであるが、日本語を理解できない者は、ハングルで付されたフリガナを覚えるか、意味もよく分からず暗唱するしかなかった。三九年秋には、朝鮮教育会がソウルの南山《ナムサン》に「皇国臣民誓詞之柱」を建立した。

次に、神社参拝の強要が進められた。朝鮮における神社は、日朝修好条規による開国後、日本人居留民が建てたのが端緒であるが、植民地化後、一九二五年に朝鮮神宮（祭神《さいじん》は天照大神《あまてらすおおみかみ》と明治天皇）がソウルの南山に竣工したのをはじめ、各地に神社、神祠《しんし》（小規模な神社）が増設されていた。宇垣総督の末期の三六年八月に神社制度の改編がおこなわれ、一道に一国幣社（国庫から供物《くもつ》が贈られる神社)、一面一神祠の方針が立てられ、道府邑面から指定された神社へ神饌幣帛料《しんせんへいはくりょう》(神饌は神に供える酒食、幣帛料は供物)を供進する制度が整えられた。国幣社は三六年に二社であったが、四五年でも八社であり、一道一国幣社の方針は達成されなかった。その他の神社も三六年の五一社から、四五年の六九社と微増であった。神祠だけは、三六年の二九三社から四五年の一〇六二社へと三・六倍になったが、すべての邑面にあるということにはならなかった。ともかくも主要都市には神社が鎮座したので、都市部を中心に神社への参拝が強制されることになった。神社・神祠が身近にない人の方が多かったから、総督府は各家庭に神棚を設置させて、伊勢神宮の大麻(お札)を頒布して、毎朝礼拝することを強要した。

三八年二月には、勅令「陸軍特別志願兵令」が公布された(四月施行)。この志願兵制度は一七歳以上の朝鮮人男子で陸軍の兵役を志願する者を、道知事による銓衡《せんこう》試験と志願者訓練所長による検査によって選考し、その合格者は「朝鮮総督府陸軍兵志願者訓練所」に入所し、六カ月の訓練を受けたのち、一部は入営し、一部は郷里に戻って皇民化運動の担い手とするものであった。志願者には六年制の小学校の卒業者で、身長一六〇センチ以上の体格の優れた者という条件が付されていた。志願者は願書を所轄警察署長に出し、署長は身上調査書を添えて道知事に申達するとされたが、身上調査書の項目は本人関係では経歴、資産、妻帯の有無、性質、素行、交友関係、思想傾向特に社会運動関係の有無及びその状況などであり、家族関係でも家族の思想運動関係の有無及びその状況を記すことになっていた。これは、社会運動に関係した者または影響を受けた者が志願兵の中に入らないように警戒していたことを示す。訓練所における訓練項目は訓育、普通学科及び術科であった。訓育は教育勅語ならびに軍人勅諭の趣旨に基づき、皇国精神の涵養を目的とし、国体観念を明徴《めいちょう》（明らか）にし、皇国臣民としての責務を全うさせるに必要な事項に留意するとされた。普通科は「国語」（日本語）、「国史」（日本歴史）、地理、数学、理科などで、高等小学校の程度を基準とするとした。術科は体操、教練、武道などで、皇国精神の陶冶《とうや》につとむべきであるとされた。要するに皇国精神の教育を重視するものであったが、高等小学校程度の普通科教育を施すのは、小学校卒業程度では志願兵となるレベルには達していないと、陸軍が見なしていたことを示す。小学校（旧普通学校）の就学率が低い状況では、軍部からみて必要な質の兵力を大量に確保することの困難さをこの時点ですでに示すものであったと言える。

三八年三月には朝鮮教育令の改正（第三次朝鮮教育令）が公布され、四月に施行された。普通教育は小学校令、中学校令、高等女学校令に依るとされ、普通学校は小学校、高等普通学校は中学校、女子高等普通学校は高等女学校と改称された。名称の点では統一されたが、実際には朝鮮人学校、日本人学校の区別は残った。学校は「皇国臣民」育成の場（高等女学校については「忠良至醇《しじゅん》ノ皇国女性」【至醇は「少しも混じりけの無い」の意】育成の場）と位置づけられた。法令上は朝鮮人学校、日本人学校の区別は無くなったので、教科目の列挙から朝鮮語ははずされ、前項の教科目以外に朝鮮語を加えることができる、「朝鮮語ハ之ヲ随意科目ト為スコトヲ得」という規定が加わった。朝鮮人中心の学校であっても、学校長の判断で朝鮮語を教えないことも可能となったのである。

第三次朝鮮教育令の公布に際して、南総督は諭告を発し、志願兵制度の実現によって皇国臣民の名実はいよいよ備わり、「新ニ点睛ヲ加ヘタル学制ト形影相伴ヒ、彼此交倚《ひしこうい》シテ（双方がたがいに頼りとして）統治ノ新時期ヲ画スヘキヲ信ジテ疑ハサルナリ」と述べた。志願兵制度の実施と教育令の改正とは一体となって、皇国臣民化を推進する政策の柱であることを示したのである。その後、四一年三月には勅令「国民学校令」「朝鮮教育令中改正ノ件」が公布され（四月施行）、小学校は国民学校に改められた。朝鮮における国民学校については、三月に朝鮮総督府令「国民学校規程」が発布された（四月施行）。国民学校の教科は国民科、理数科、体錬科、芸能科、職業科とされ、この他に朝鮮語を設けることができるとされたが、朝鮮語の教授方針の規定は「規程」には欠落していた。

日中全面戦争の開始を前後して、「国語常用」運動が推進された。「国語」（日本語）を使用することによって、「国民的情操」が養われ、「皇民」たるの自覚が強まるのであるから、意識的に使用しなければならないというのが、その推進の論理であった。一九四一年の冬休みには、ソウル所在の朝鮮人中等学校生徒四〇〇人が毎日新報社（三七年に『毎日申報』が『毎日新報《メイルシンボ》』と改題）の後援で、帰省して日本語を教える運動を起こしていた。徴兵制の実施が決定されたのち、四二年五月に総督府は「国語普及運動要綱」を発表し、「国語は戦力だ」の標語の下、日本語普及運動を強化し、国民総力連盟（後述）とその下部組織が「国語常用」運動を展開した。総督府学務局視学官近藤英男は総力連盟の機関誌『国民総力』の上で、「国語」を習得しようとしない者、知っていても常用しようとしない者は、「国民の結束」を乱さんとする者であり、敵に通謀する者であると極論した。

一九三八年七月七日、日中戦争開始一周年の日に、皇国臣民化政策を推進する「国民運動」組織として、国民精神総動員朝鮮連盟が結成された。日本本国の国民精神総動員運動に呼応したものであった。総裁には朝鮮軍司令官、陸軍大臣を歴任した川島義之陸軍大将、理事長に皇国臣民化政策の旗振り手であった総督府学務局長塩原時三郎が就任した。連盟は総督府の補助機関であり、行政機構と一体であった。道、府郡、邑面、町里洞の各レベルに地方連盟が組織され、官庁・学校・職場にも各種職域連盟が組織された。町里洞連盟の下に末端組織として愛国班が組織された。愛国班は世帯主で構成され、三九年二月には三一万九〇〇〇班、構成人員四二六万人を数えた。下部・末端の組織を通じて、さまざまな行事が展開された。

その主なものは、宮城遙拝《きゅうじょうようはい》（東京の皇居の方向に向かっての拝礼＝天皇崇拝の儀式）、勤労貯蓄、神社参拝、「国旗」（日の丸）掲揚、皇国臣民の誓詞斉唱、「国語」生活励行、勤労奉仕、愛国日（毎月一日。三九年八月からは「興亜奉公日」。宮城遙拝、神社参拝などをする）、国民精神総動員強調週間などの週間行事であった。四〇年に米の配給が開始されると、都市部では愛国班の組織が配給に利用された。四〇年一〇月に日本本国では大政翼賛会が結成されたが、これに呼応して国民精神総動員朝鮮連盟は国民総力朝鮮連盟に改組され、総裁には南総督が就任した。

一九三九年一一月一〇日、制令「朝鮮民事令改正ノ件」「朝鮮人ノ氏名ニ関スル件」を公布し、四〇年二月一一日に施行し、「創氏改名《そうしかいめい》」を推進した。朝鮮人は、男系血縁集団を示す呼称としての「姓」を称していたので、家族のなかでも夫と妻、母と子は異なった「姓」を称していた。朝鮮総督府は「朝鮮民事令改正ノ件」によって、朝鮮人に日本人と同様に「氏」の制度を導入し、家族はみな戸主と同じ「氏」を名乗らせるようにしたのである。戸主は六カ月後の八月一〇日までの間に「氏」を定めて（設定創氏）、府、邑面に設定した「氏」を届け出る必要があるとした。この期間に届けなかったときは、施行日における戸主の「姓」を以て「氏」とするとした（法定創氏）。届出期間に、総督府の地方行政機関がさまざまな圧力をかけて誘導したので、朝鮮人戸数の八割が届け出て日本風の「氏」を名乗らされた。名を改める「改名」の方は、戸主の任意であり、本籍地または住所地を管轄する裁判所の許可を得て、手数料を支払うこととされたので、少数にとどまった。日本式の家族制度と日本風の「氏」の名乗りの導入を強制したのは、皇民化、日本人化を推進するためであった。

皇国臣民化政策の展開　一九四一年一二月のアジア太平洋戦争開始後、日本政府は朝鮮人を兵役にいっそう動員する体制の構築を急いだ。四二年五月、日本政府（東条英機《ひでき》内閣）は朝鮮への徴兵制適用を閣議決定した。朝鮮総督府は、徴兵制度の導入決定は、志願兵制度の実施など皇国臣民化、「内鮮一体」の進展によるものであるとするとともに、朝鮮人に対して徴兵制実施に向けていっそうの皇国臣民化を求めた。

四二年一〇月には制令「朝鮮青年特別錬成《れんせい》令」を公布した（一一月施行）。これは、府邑面に青年特別錬成所を設置し、一七歳以上二一歳未満の未就学朝鮮人男子に六カ月ないし一年間入所して、「軍務ニ服スヘキ場合ニ必要ナル資質」「勤労ニ適応スル資質」の錬成をおこなうことを義務づけるものであった。錬成は六〇〇時間以上とし、訓育及び学科に四〇〇時間、教練及び勤労作業に二〇〇時間を充てるとされた。訓育は教育勅語の趣旨に基づき、国体の本義を明徴にし、皇国臣民としての自覚に徹せしめることを要旨とし、学科は皇国臣民として必要な日常の「国語」（日本語）及び知識を習得せしめることを要旨とした。皇国臣民化の精神教育、日本語の習得、軍事訓練・労働訓練に重点を置いていた。初等教育の就学率が低く、日本語の普及に限界があったなかで、日本語と天皇への忠誠だけは教えようとした応急措置であった。

四三年七月には、勅令「海軍特別志願兵令」が公布され（八月施行）、これは陸軍特別志願兵の制度に倣ったもので、一六歳以上二一歳未満の朝鮮人男子で身体・志操などの面での要件を満たして海軍兵を志願する者のうちから、銓衡の上で特別志願兵に採用するというものである。志願者は本籍地所轄の警察署長に願書を提出し、警察署長は願書に身上調査書を添えて道知事に送り、道知事は審査を経て、鎮海《チネ》警備府司令長官（鎮海要港部は四一年一一月に警備府に昇格）に書類を送り、司令長官は採否を決定する手続をとった。採用された者は鎮海に設置された朝鮮総督府海軍兵志願者訓練所で六カ月の訓練を受けた。

四三年一〇月、日本人学生の「学徒出陣」（文科系大学・高校・専門学校在籍者の徴集延期措置停止による入営）に連動して、朝鮮人学生にも陸軍特別志願兵に応募させる措置がとられた。これは陸軍省令「昭和十八年度陸軍特別志願兵臨時採用規則」によるもので、二一歳以上の朝鮮人学生で文科系の大学等に在学する者は、一一月二〇日までに学校所在地の軍司令官に出願し、一二月一一日から二〇日までの間に軍司令官が実施する検査に合格した者は、四四年一月二〇日に入営することを定めたものであった。徴兵制実施の前なので、志願兵に応募させようとするものであり、学校当局や李光洙《イグアンス》（香山光郎と創氏改名）などの文化人を動員して応募への誘導がなされた。

アジア太平洋戦争と朝鮮駐屯日本軍　アジア太平洋戦争が始まると、朝鮮軍所属の部隊も太平洋戦線に投入された。第二〇師団は一九四三年一月、ニューギニア東部に上陸し（第一八軍に所属）、以後ニューギニア戦線で苦戦し、降伏時には一七一一人に激減させられていた。第一九師団は四四年一二月にルソン島に上陸し（第一四方面軍に所属）、苦戦を続け、帰還者は四〇九五人であった。
朝鮮軍には一九四三、四四年に第三〇、第四九の二個師団が増設された。四五年二月に朝鮮軍は第一七方面軍に改組され、八月までの間に所属の師団が新設され、満洲からも転用されて、兵力は増大した。済州島《チエジユド》の防備が重視され、第五八軍が新設・配備された。咸鏡南道咸興《ハムギヨンナムドハムン》付近にも中国戦線から転用された第三四軍が配備された。海軍は済州島、麗水《ヨス》、巨文島《コムンド》、鎮海付近に回天（改造魚雷に人間が乗り操縦する特攻兵器）や蛟竜《こうりゆう》（小型潜水艇）などの特攻兵器の基地を設定した。朝鮮は「皇土《こうど》」（天皇の領土）であるとして、あくまで維持する態勢をとったのである。

「参政権付与」　徴兵制適用の閣議決定が公表されて間もなくの一九四二年五月二九日、南総督は辞任し、後任には朝鮮軍司令官、拓務大臣を歴任した小磯国昭陸軍大将が任命された。六月に着任した小磯総督は、「国体の本義の透徹」「道義朝鮮の確立」を唱え、朝鮮人が皇国臣民としての自覚を徹底させるならば、大東亜の中で「光輝ある将来を開拓」できると述べた。そして「皇国臣民化政策の展開」の項に述べたように、南総督を受け継いで朝鮮人を戦争への「協力」に動員する政策をさらに推進した。

一九四四年四月、小磯総督の下で朝鮮総督府情報課が編纂・発行した『新しき朝鮮』は、「身も心も日本人に」という項において、朝鮮人を皇国臣民化にいっそう駆り立てるために、次のように述べた。「二千八百万朝鮮同胞が揃って今直《すぐ》に、生れながらに忠良なるやまと民族と同様の資格を附されるには、未だ民度にも精神にも相当の開きがあり、今後一層の朝鮮同胞自らの自己修錬と努力とを必要」とする、いつ同一になり得るかというと、「すべてを君国に捧げ尽し、戦争を戦ひ抜き、勝利の日を迎えたその時こそ名実共に栄誉ある大東亜の中核的指導者の地位を与へられるであらう」。

それから間もなく、一九四四年六月、日本陸海軍はマリアナの戦いに大敗北を喫し、七月に東条内閣は総辞職した。七月二二日に小磯総督が後任の首相となり、二四日に首相、翼賛政治会総裁を歴任した阿部信行陸軍大将が後任の朝鮮総督に任命された。小磯首相は、九月に開かれた第八五回臨時帝国議会で、朝鮮及び台湾在住民の政治処遇の改善に取り組むと表明した。一二月に「朝鮮及台湾在住民政治処遇調査会」が設置され、朝鮮・台湾在住者への参政権付与を審議した。翌四五年三月四日に調査会の答申がなされ、開会中の第八六回帝国議会で貴族院令改正、衆議院議員選挙法改正が可決された。四月一日に改正された貴族院令（勅令）、改正衆議院議員選挙法が公布された。

衆議院議員については、朝鮮にはわずか二三人の定数が割り当てられた。選挙区は道単位であり、一～三人であった。しかもその有権者は二五歳以上の男子で直接国税一五円以上納入者に制限された。日本本国の選挙区については男子普通選挙制によっていたから、これと明らかに差別された扱いであった。政治処遇調査会に提出された資料のなかに直接国税一五円以上納税者数調、同一〇円以上納税者数調があるが、これによると一五円以上納税者は朝鮮人四四万七五七三人、日本人一三万五八九九人であった。総人口については一九四〇年の数字になるが、朝鮮人二二九五万四五六三人、日本人六八万九七九〇人である。有権者の対人口比を算出すると、朝鮮人は一・九％、日本人は一九・七％であった。朝鮮人は道会など地方議会の場合と同様に、ごく限られた者にしか選挙権が認められていないのである。納税額一五円以上とされたのは、納税額一〇円以上とするのよりは、日本人有権者の占める比率が高まり、定数三の選挙区（京畿道《キヨンギド》）では日本人議員を一人は選出できるという判断がはたらいたのではないかと思われる。いずれにしても、朝鮮人は日本人と「同一の資格」を付与されたのではなかった。

参政権付与に当たって、四月一日に昭和天皇は詔書を下した。「朝鮮及台湾ハ我カ統治ノ下既ニ年アリ。教化日ニ洽《あまね》ク習俗同化ノ実ヲ挙ケ、今次征戦ノ遂行ニ寄与スル所亦尠《すくな》シトセス。朕深ク之ヲ欣《よろこ》フ」とした上で、朝鮮及び台湾の住民に参政権を与えるので、「諧和《かいわ》一致（仲良くし）、全力ヲ挙ケテ皇猷《こうゆう》（君主の道）ヲ翼賛スヘシ」と命ずるものであった。すでに同化の実が挙がり、朝鮮人・台湾人が今次の戦争の遂行に寄与しているので、参政権を与えるとしているわけであるが、これが当時の日本政府の認識であったことは間違いない。

実際には日本の敗戦によって衆議院議員選挙は朝鮮・台湾で執行されることはなく、勅選の貴族院議員が選ばれただけであった。朝鮮からは尹致昊《ユンチホ》（伊東致昊）ら七人が貴族院議員に選ばれた。参政権の付与といっても、ごく限られた上層に恩恵的に付与されるものであって、在住日本人の優位が揺るがないような歯止めが施されていた。このように欺瞞的な「参政権付与」に対置されるべきは、全面的な権利としての政治参加、それを保障する民族の独立であった。

2　戦時動員体制の構築と強化

兵力動員　朝鮮人を兵士として動員するのは、一九三八年の陸軍特別志願兵制度の導入に始まる。

三八年度には志願者数二九四六人、陸軍兵訓練所への入所者数四〇六人、三九年度には志願者数一万二五七八人、入所者数六一三人であったが、四〇年度には入所者数が増やされて、志願者数八万四四三人、入所者数三〇六〇人と増加した。その後も大きく増加し、四三年度には志願者数三〇万三二九四人、入所者数六三〇〇人となった。志願者数の入所者数に対する比は、最小であった三八年度の七倍強から、三九年度以降は二〇倍から六二倍の間に位置した。異様に多い志願者数は、地方行政官庁が競って志願を「勧誘」したからである。

朝鮮への徴兵制の適用が決定されてから、実施するまでに二年の期間を要したのは、準備が必要であったからである。まず第一に徴兵対象者の把握である。一九四二年九月に「朝鮮寄留《きりゅう》令」(一〇月施行)が公布され、寄留者(本籍地以外に居住する者)に居住地の府邑面に寄留届を届け出ることを義務づけ、怠った者は一〇円以下の科料に処すと定めた。人の移動を正確に把握するための措置であった。第二に青年特別錬成所の設置など、「国語」(日本語)や皇国臣民意識を身につけさせるための応急の教育を施すことであった。

一九四三年三月に「兵役法中改正法律」が公布され、朝鮮人も徴兵の対象となった。翌四四年四月から八月までの間に朝鮮最初の徴兵検査が実施された。二〇万人余りが検査を受け、現役兵とされた者は四万五〇〇〇人であった。この他に補充兵、野戦勤務隊とされる者があった。野戦勤務隊は軍需物資の運搬、陣地構築のための労働力として動員される者であって、銃を所持しなかった。日本の酒田港や新潟港などに配備され、港湾荷役《にやく》に従事する者もあった。体格を基準に合格を決めたから、日本語を使用できる者は現役兵に、そうでない者は野戦勤務隊などにという振り分けがおこなわれたのである。

大陸兵站基地化政策　一九三〇年代、宇垣総督の就任後には、重要産業統制法（一九三一年四月公布、八月施行）や工場法を朝鮮には適用しないなど、日本の大資本の進出を誘導する政策がとられ、日本の大資本の朝鮮進出が進んだ。第五章2の「産米増殖計画と『工業化』政策」の項で述べた日窒の他に、東洋・鐘淵《かねがふち》・大日本の三大紡績、小野田・浅野・宇部の三大セメントなどが、相次いで朝鮮に工場を設置した。鉱業においては、日本の国際収支改善の手段として、三二年に産金増産五カ年計画が開始され、奨励金を交付して増産を図る産金奨励政策が進められ、日本産業（日産）系の日本鉱業、日窒系の朝鮮鉱業開発などの大資本が潤った。

一九三六年に、日本政府はロンドン軍縮会議からの脱退（一月）、帝国国防方針の改訂（六月）、ワシントン海軍軍縮条約の失効（一二月末）を通じて、陸海軍ともに大拡張する方針を確定した。これにともなって軍需工業が拡大することになったが、日中全面戦争の開始はその動きを促進し、朝鮮でも軍需工業が急速に育成されることとなった。

一九三六年一一月、朝鮮総督府は朝鮮産業経済調査会を開催し、工業統制の実施と軍需工業奨励の方針を決定した。これに基づいて、三七年三月には重要産業統制法、九月には輸出入品等臨時措置法、一〇月に臨時資金調整法がそれぞれ朝鮮に適用された。三八年五月には、戦争や事変に際して国家が人的・物的資源を動員することを可能にする授権立法である国家総動員法が施行されたが、すぐに朝鮮にも施行された。三八年七月から八月にかけて、ソ連と「満洲国」の国境近くの張鼓峰《ちょうこほう》で、第一九師団が「威力偵察」と称してソ連軍を攻撃して敗北する事件（張鼓峰事件）が起きると、軍需工業拡充の必要性が強調されるようになった。三八年九月、南総督は各道産業部長会議で訓示し、大陸作戦軍に対して日本本国よりの海上輸送が遮断されたとしても、朝鮮の能力のみで補充できるように朝鮮の産業の多角化、軍需工業の育成に力点を置く必要があると力説した。「大陸兵站基地」としての朝鮮の使命を説いた訓示と評されるものである。同じ九月に、総督府は朝鮮時局対策調査会を開催し、大陸兵站基地としての使命を果たすため、内鮮一体、皇国臣民化政策を強化するとともに、軽金属・石油・人造石油など特定の軍需工業部門を重点的に保護育成する方針を樹立した。

官営軍需工場としては、一九三九年に仁川《インチョン》陸軍工廠《こうしょう》（四〇年から陸軍造兵廠）が着工された。支所の平壌兵器製作所も含めて、小銃・小銃弾、小口径砲用弾丸、軽車両などを製造した。民間軍需工業の中心は日窒系企業（軽金属・人造石油・火薬・航空機燃料・人造ゴム）であったが、これらの軍需工業や化学肥料工業を支えたのは、安価な電力の確保であった。三七年に鴨緑江に水豊《スプン》ダムを築いて大規模な水力発電をおこなう事業が開始されたが（四四年竣工）、朝鮮側と満洲側が半分ずつ出資した。朝鮮側の朝鮮鴨緑江水力発電株式会社の出資金の六割は日窒系からであった。四三年三月に制令「朝鮮電力管理令」が公布されたが、これは日窒系の赴戦江《プジョンガン》発電事業を除いた発電・送電部門を国家管理に移し、電力供給の軍需工業部門への集中を図るものであった。これに基づいて八月に朝鮮電業株式会社が設立されたが、日窒系はその支配権を獲得した。

戦時における「工業化」の進展を通じて、朝鮮経済における工業の比重は高まった。総生産額における工産額の比重は一九四〇年には四一・三％となり、農産額にほぼ並ぶようになった。ただし五人以上を使用する工場の労働者数は四〇年度でも二三万人であり、朝鮮はなお農業国であった。朝鮮の工業は日本資本主義の従属的な一環であり、各部門間の有機的な連関は極めて弱かった。機械器具工業の自給率は低く、特に工作機械、鉄道機関車・車両は自給できなかった。技術者の多くは日本人であり、朝鮮人は少なかった。産業の地理的な配置も、重化学工業と大規模水力発電所は北部に、軽工業はソウル・仁川地区を中心とする南部に偏在していた。

戦時期に金や軍需用鉱物の増産が図られた。金に関しては、三七年に第二次産金増産五カ年計画が樹立され、同年九月には制令「朝鮮産金奨励令」が施行された。三八年六月には朝鮮産金振興株式会社が設立され、大鉱山への重点的保護がおこなわれることとなった。この時期、朝鮮の産金量は年一五~二六トンであり、日本全体の産金量(二三~二七トン)の大半を占めた。三八年六月には制令「朝鮮重要鉱物増産令」が施行され、鉄鉱石・石炭や、朝鮮で大量に産出していた黒鉛・雲母《うんも》・マグネサイト・タングステン・モリブデン・明礬石《みようばんせき》・蛍石《ほたるいし》・重晶石《じゆうしようせき》など特殊鋼合金材料、軽金属材料となる鉱物や非金属鉱物の採掘が強化された。

戦時期に鉄道網は拡大したが、満洲と朝鮮とを結ぶ鉄道のなかで輸送量が最大であったのでは、京釜線《キョンブソン》・京義線《キョンウィソン》であった。戦時の輸送量増大に対応するため、京釜線の複線化工事が一九三六年から開始され、四五年三月に完成した。京義線の複線化工事も三八年に開始され、四五年八月にほぼ完成していた。アジア太平洋戦争期には、従来は船舶輸送によっていたものが鉄道によって転輸送されるようになった。戦争末期に米潜水艦の活動によって海上輸送が困難な状況に陥ると、転嫁輸送の比重はいっそう増大した。京釜・京義線は、日本の侵略戦争継続を支えるために、その輸送能力を最大限に動員されたのであった。

戦時下の朝鮮農業　一九三九年、朝鮮は大規模な旱害《かんがい》に見舞われ、米の生産高は一四三五万石に過ぎず、前年に比して一〇〇〇万石も減少する大凶作となって、対日移出高もわずかに六〇万石へと激減した。これに対応して、朝鮮総督府は再び米の増産策をとる一方、流通統制を実施するに至った。一九四〇年度から「朝鮮増米六カ年計画」が開始されたが、これは四五年度までに耕種法改善、土地改良によって五八〇万石増産するというものであった。また、四〇年から米の配給を開始するとともに、四〇年一〇月に発表された「昭和十六年米穀年度食糧対策」によって、米の供出制が確立した（同年一一月に始まる四一米穀年度から実施）。

総督府は対日移出米、軍用米の確保を前提にして供出量を決定し、道に割り当て、道は郡に、郡は邑面に、邑面は部落連盟に、部落連盟は愛国班にと、供出量を順次割り当て、愛国班の班長が生産者から供出させるという形で、供出制は運用された。生産者は自家消費米を除いて供出することとされたが、実際には末端単位への供出割り当て量を確保するために、家宅捜索までおこなって自家消費米にまで食い込んだ供出の強要がおこなわれることがしばしばであった。買い上げの価格は低廉で、そのかなりの部分が天引き貯金に回されたことも相まって、農民の大きな不満を招き、生産意欲の減退をもたらした。

一九四二年から四四年にかけて、旱害・水害による凶作が続き、それに加えて労働力の不足、肥料の不足、強制供出による生産意欲の減退などの要因が左右して、米の生産高は一五〇〇万石台～一八〇〇万石台にとどまり、増産計画は挫折した。

労働力動員　日中全面戦争の開始後、出征兵士の増加によって日本本国の労働力は不足し、朝鮮内部でも軍需工業部門における労働力需要が増大したため、三〇年代末以降、朝鮮人を労働力として強制的に動員する体制が整備・強化されることとなった。

労働力動員のうちで最重点とされたのは、日本への労働力動員であった。一九三九年七月、日本政府（平沼騏一郎《きいちろう》内閣）は「昭和十四年度労務動員実施計画綱領」を閣議決定し、朝鮮人労働者の重要産業への移入の方針を定めた。これに基づいて、同月に内務次官・厚生次官通達「朝鮮人労務者ノ内地移住（入）ニ関スル件」が発せられ、京畿《キヨンギ》、忠清《チヨンチヨン》南北、全羅《チヨルラ》南北、慶尚《キヨンサン》南北の七道において日本人事業者に「集団募集」をおこなうことを認めた。これは「募集」と称していたが、そもそも政府の定める労務動員計画の一環であり、現場においては総督府の地方行政・警察当局や面《ミヨン》の有力者の強力な勧誘がなされており、その内実は強制連行であった。日本へ連行された労働者は、土木工事・炭坑・鉱山などに配置され、苛酷な労働を強いられた。日本政府は、これらの労働者を含めた日本在住朝鮮人を統制するために、官製団体「協和会」（三九年六月設立）に加入させ、協和会手帳（冒頭に君が代と皇国臣民の誓詞が掲げられていた）を所持させて、皇民化運動を推進した。

日本政府はアジア太平洋戦争を開始したのち、労働力不足の深刻化に対処するため、朝鮮人労働者の動員計画を強化した。日本政府（東条英機《ひでき》内閣）は一九四二年二月、「朝鮮人労務者活用ニ関スル件」を閣議決定し、三四年六月の閣議決定「朝鮮人移住対策ノ件」「朝鮮人移住対策要目」（朝鮮人の渡日規制を堅持）を廃止した。この閣議決定に基づいて、同月、朝鮮総督府は「労務動員実施計画ニヨル朝鮮人労務者ノ内地移入斡旋《あっせん》要綱」を決定した。この両決定により、同年六月から「官斡旋」方式による朝鮮人労働者の動員が開始された。動員の対象地域は江原《カンウォン》・黄海《ファンへ》両道を含む九道に拡大し、対象業種も金属・航空機・化学・運輸部門を含むようになった。総督府内に置かれた朝鮮労務協会（四二年六月設立）、総督府の職業紹介所、府郡島や邑面などが、募集許可を受けた日本人事業者のために、指定した地域から労働者を徴募し、訓練を施した上で隊組織に編成して引き渡した。

一九四四年九月には、「国民徴用令」が朝鮮にも適用された。朝鮮総督府は、日本人事業主の申請に応じて、徴用令状を発して朝鮮人を「応徴士」とし、炭鉱・鉱山・軍需工場などに送り込んだ。徴用を拒んだ場合は一年以下の懲役または一〇〇〇円以下の罰金に処せられるとされていた。朝鮮総督府の機関が動員の業務を全部おこない、釜山《プサン》や麗水《ヨス》などの港まで連れて行き、そこで労働者を企業に引き渡した。

集団募集、官斡旋、徴用と三つの形態があったが、いずれも労働者の居住地からの動員には朝鮮総督府の地方行政・警察機関が関与しており、権力による強制をともなったことは否定できない。就業先でも、労働者は集団管理され、劣悪な居住条件、低賃金と長時間労働、危険な労働に従事させられ、賃金の大半は企業側が貯金に回して自由に使用できない、食事の量は少なく日本式であるなど、苛酷な労働と人権無視の処遇に苦しめられた。日本の敗戦に際して、大半が貯金や未払い賃金の支給を受けないままに帰国させられた。一九三九～四五年に日本へ動員された労働者の合計数は、少なくとも六七万人以上であったと推計されている。

朝鮮国内における労働力動員も大規模におこなわれた。募集、官斡旋、徴用の三形態のほかに、勤労報国隊（一九四一年二月より編成）などがあった。咸鏡南《ハムギョンナム》道《ド》では「勤労報国隊」は、産業報国隊（略称は産報隊）の名で編成されており、企業から道を通じて総督府に出動を申請し、総督府は道に、道は郡に、郡は面に割り当て、面は出動可能者の名簿から出動する隊員を選ぶというシステムで動員され、期間は二カ月間で、出動する順番が決められていた。産報隊が面から出動するときには、企業から労務担当の係員が迎えに行き、出発前に面事務所あるいは小学校で産報隊の結成式をおこない、面の役人や駐在所の巡査が演説し、式が終わると「産業報国隊高原郡《コウオングン》第二隊」というような旗を立て、出発したという（日窒興南《フンナム》工場の例）。産報隊員は壮年、老年の者が多く、日窒興南工場の場合ではトロッコに挟まれて死ぬなど、不慮の死者が多く出たという。産報隊は根こそぎに近い動員であったことが窺われる。国内における動員の範囲は、工場・鉱山、土木工事、農林業など広範囲に及び、三九〜四五年に合計四八五万人が動員されたという。

以上のほかに、さまざまな形態の動員があった。第一は、軍属としての動員である。軍属は陸海軍に雇用された労働者であるが、朝鮮内部のほか、中国、東南アジア、南洋諸島などへ、合計一五万五〇〇〇人が動員されたという。第二は、学徒勤労動員であり、朝鮮では一九四四年四月から実施されている。第三は女性の勤労動員である。四四年八月に勅令「女子挺身勤労令」が朝鮮にも適用されたが、実際にはそれ以前から動員がおこなわれており、数十万人の一二歳から四〇歳までの女性が日本本国を含めて軍需工場などに動員された。

「軍隊慰安婦」も動員の一形態である。日中戦争開始以降、未成年者を含む数万人の朝鮮女性が、日本や中国・東南アジア・南洋諸島に設けられた「軍隊慰安所」に連行され、「軍隊慰安婦」とされた。連行の手段は就業詐欺、「勉強することもできる」などの甘言、人身売買、暴力などであった。「軍隊慰安所」は日本軍が直営するか、その関与によって設けられたものであり、「慰安婦」は軍の厳重な管理・統制下に、将兵への性的「奉仕」を強制されたのである。

戦時期の朝鮮人労働力の移動としては、朝鮮農民の満洲移住も重要である。朝鮮総督府は農村過剰人口対策の一つとして、一九三六年九月に鮮満拓殖株式会社を設立し、これを事業主体として、「満洲国」側と協力した朝鮮農民の満洲移住を推進した。三七年から四三年までの間に一七万人以上の朝鮮人が開拓農民として満洲に移住した。鉄道建設工事、軍需工場への朝鮮人労働者の動員もあって、満洲在住の朝鮮人は三六年の九一万五九三〇人から四三年の一五四万五八三人へと増加した。

3　戦時下の抵抗と対日協力

戦時下の抵抗　一九三〇年代半ば以降、南総督の下で朝鮮総督府は民族運動・社会運動に対する弾圧体制を強化した。三六年一二月に制令「朝鮮思想犯保護観察令」が公布・施行され、治安維持法違反者で執行猶予・起訴猶予となった者、出獄した者を、「保護観察」処分に付して、その思想転向の促進を図った。三八年七月には、保護観察所の強い指導により、転向者から構成される「時局対応全鮮思想報国連盟」が創立され、転向者は皇国臣民化運動に駆り立てられることとなった（四一年一月に大和《やまと》塾に改編）。四一年二月には制令「朝鮮思想犯予防拘禁令」が公布され（三月施行）、非転向者は予防拘禁所（施行時に「朝鮮総督府保護教導所」と称することが定められた）に収容し、「皇国臣民」となることを強制された。三七年六月に安昌浩《アンチャンホ》、李光洙《イグアンス》、朱曜翰《チュヨハン》ら修養同友会の会員が治安維持法違反で検挙される事件が起きた。妥協的民族主義者であっても厳しく弾圧されるようになったのである。

一九四二年一〇月以降、総督府当局は朝鮮語学会《チョソノハックエ》の李克魯《イグンノ》、崔鉉培《チェヒョンベ》、李熙昇《イヒスン》ら三三人を検挙した。罪名は学術団体を仮装して治安維持法違反の独立運動を図ったというものであり、起訴された一六人はすべて咸興《ハムン》刑務所に投獄され、李允宰《イユンジェ》、韓澄《ハンジン》は獄死した（朝鮮語学会事件）。朝鮮語学会（二一年に結成された朝鮮語研究会が三〇年に改称）は、ハングル普及運動に参加するとともに、三一年に「ハングル綴字《ていじ》法統一案」を制定し、さらに標準語の査定、朝鮮語辞典の編纂を進めていた。総督府は、朝鮮語の統一を図る研究活動を、独立運動につながるものとして危険視したのである。

厳しい弾圧の下でも、抵抗は続いた。一九二〇年代から活動していた社会主義者の朴憲永《パッコニョン》は、四〇年三月に京城コム・グループを結成し、朝鮮共産党再建の工作をおこなった。同年一二月に官憲の弾圧によって組織が壊滅したのちも、朴憲永は四五年の解放まで地下に潜行し、全羅南道《チョルラナムド》光州《クアンジュ》の煉瓦工場労働者を偽装して活動を続けたという。

キリスト教徒は神社参拝に頑強に抵抗した。一九三八年三月に神社参拝を拒否した平壌の基督教系私立学校、崇実《スンシル》学校・崇義《スンウィ》女学校が廃校に追い込まれるなど、厳しい弾圧に直面して、キリスト教各教派は神社参拝を容認した。しかし、その後も平壌の山亭峴《サンジョンヒョン》教会の朱基徹《チュギチョル》牧師のように、神社参拝を頑強に拒否した例があった。彼は三八年以来、四回も検挙され、四四年に獄死し、山亭峴教会も四〇年に閉鎖された。朝鮮全体では、神社参拝の拒否を理由として投獄された者二〇〇〇人、そのうち獄死した者五〇人、教会閉鎖二〇〇カ所に及んだという。

日中戦争が長期化すると、日本の敗戦を願望する「流言蜚語《ひご》」が飛び交い、アジア太平洋戦争期には米・食糧の供出の忌避、労働力動員の忌避、労働者の出勤率の低下など、個別的分散的抵抗が各地で増加し、戦争遂行の体制を揺るがした。このようななかで、民族主義者の呂運亨《ヨウニョン》らは一九四四年八月に秘密結社の建国同盟を結成し、解放後の新国家建設のための準備を開始した。

中国華北の延安では一九四一年一月に金科奉《キムドウボン》、崔昌益《チェチャンイク》、武亭《ムジョン》らが華北朝鮮青年連合会を結成した。その傘下に創設された軍事組織の朝鮮義勇隊（のち朝鮮義勇軍）は中国共産党の八路軍と共同して、日本軍と戦った。同連合会は、四二年七月に華北朝鮮独立同盟に改編された（主席は金科奉）。上海の大韓民国臨時政府は、三〇年代には金九《キムグ》を中心に維持されて、中国国民党との関係を深めていた。日本軍の攻撃を受けて、国民党政権が内陸部に政府を移転すると、臨時政府もこれにしたがって各地を転々とし、四〇年に四川省重慶に定着した。同年七月、その軍事組織として韓国光復軍が創設されたが、光復軍の一部はビルマ戦線に出動して日本軍と戦った。

対日協力　皇国臣民化政策が推進されるなか、朝鮮人のうち中等学校以上の教育を受けた社会的指導層と言うべき人々の間から皇国臣民化政策や侵略戦争の遂行に積極的に協力する者が現われた。かつては民族運動・社会運動の指導者であった著名人、尹致昊《ユンチホ》、李光洙、崔麟《チェリン》、朴英熙《パギョンヒ》などが、思想弾圧に屈して転向し、日本の戦争政策への協力を絶叫するようになった。なかには、民族主義を捨て、朝鮮語を廃止し、完全に日本人となることを提唱する玄永燮《ヒョニョソプ》のように、朝鮮人の地位の向上のためにはその民族性を否定しなければならないという倒錯した議論をなす者さえ登場した。

他方、朝鮮総督府の中枢は引き続き、日本人が圧倒的な優位を占めていたが、道、警察署、学校では朝鮮人職員の割合が増え、郡・邑・面などでは朝鮮人職員の方が多かった。また道会議員・府邑会議員・面協議会員などの公職者（当時の呼称）では朝鮮人が多数を占めた。彼ら朝鮮人職員、公職者は職務として皇国臣民化政策、戦争への動員政策を遂行し、弱い立場の同胞を苦しめたのである。これは対日協力の別の形態であり、社会の末端まで浸透する力を持っていた。

いずれにせよ、朝鮮人は引き裂かれ、多くの人の心に傷を残すことになり、解放後の社会における政治的対立をもたらす大きな要因となったのである。

第七章　植民地からの解放と植民地支配清算の課題

1　解放後の朝鮮半島と日本との関係

植民地からの解放と南北分断　アジア太平洋戦争における日本の敗色が濃くなると、連合国は戦後処理について構想しはじめた。一九四三年一二月に米英中三国はカイロ宣言を発表して、「朝鮮の人民の奴隷状態に留意してやがて（in due course）朝鮮を自由かつ独立たらしむるの決意を有す」と述べ、朝鮮の独立を初めて言明した。独立の時期については、「やがて」という曖昧な表現にとどまった。四五年二月にソ連のクリミア半島で開かれた米英ソ首脳のヤルタ会談において、戦後体制の大枠について協定され、アジアに関しては、ドイツ降伏後におけるソ連の対日参戦とその「代償」としてのソ連の南樺太・千島「領有」、満洲における利権獲得などとともに、朝鮮における信託統治の実施と民主主義臨時政府の樹立が定められた。朝鮮は即時完全独立するのではなく、国際連合が特定国に一定の期間、施政権を委任する「信託統治」を実施することが当然視されていた。信託統治の期間についてはアメリカは二〇〜三〇年間、ソ連はできるだけ短期間がよいとしたが、信託統治の実施では一致したのである。七月二六日に米英中三国が発表した、日本の早期無条件降伏を勧告したポツダム宣言では、「「カイロ」宣言の条項は履行せらるべく又日本国の主権は本州、北海道、九州及四国並に吾等の決定せる諸小島に極限せらるべし」と述べ、日本の降伏によって朝鮮は日本の統治から離脱することが明記された。

一九四五年八月九日、ヤルタ協定に基づいて、ソ連は日本に宣戦を布告し、満洲、朝鮮北部、南樺太に一斉に侵攻した。八月一〇日、日本政府（鈴木貫太郎内閣）はポツダム宣言受諾を決め、中立国のスイス・スウェーデンを通じて連合国に申し入れた。この報に接したアメリカは国務・陸軍・海軍三省調整委員会（ＳＷＮＣＣ）を開催し、日本軍の降伏にかかわる一般命令第一号を作成した。そこでは、朝鮮半島全体がソ連の支配下に入るのを防ぎ、朝鮮の首都ソウルを自己の占領地域に含み、かつ占領可能な範囲として、北緯三八度線を境界として、以北をソ連軍が、以南を米軍が分割占領する案が急遽決定された。一三日に分割占領案がソ連に通知されると、アメリカの予想に反してソ連は受諾した。

こうして朝鮮の分割占領が実施に移され、さらに南北朝鮮において性格を大きく異にする占領行政と政権樹立がおこなわれたことが、ついに南北の分断をもたらしたのであった。

北朝鮮では、八月末までにソ連軍がその全域を占領した。九月末までに各道で人民委員会が結成され、ソ連軍民政部と協力して、小作料三・七制（小作料を収穫の三割に引き下げる）、「敵産」（日本人・日本企業の財産）接収などの措置を実施した。九月二〇日にソ連のスターリンが発した北朝鮮占領に関する指令は、反日的民主政党のブロックを基礎とした権力の樹立、反日的民主団体・政党結成の援助などを柱とするものであり、北朝鮮地域における親ソ的政府の樹立を優先していた。これに沿うような形で、一〇月初めに北朝鮮五道（咸鏡《ハムギョン》南北道、平安《ピョンアン》南北道、黄海道《ファンヘド》）人民委員会連合会が開催され、五道行政局が設置された。一一月に五道行政局は傘下に一〇局を設置し、行政体制が整えられていった。社会主義者のなかでは、ソウルの朝鮮共産党中央との連携を重視する路線を退けて、北朝鮮独自の革命を遂行するために北朝鮮独自の党中央建設を主張する分離路線の金《キム》日成《イルソン》ら（九月にソ連から帰国）が、ソ連軍の支援を受けて主導権を握り、一〇月半ばに朝鮮共産党北部朝鮮分局が設立された。

南朝鮮では、八月一五日の日本の降伏とともに、朝鮮人の自主的な建国活動が始まった。同日、朝鮮総督府の政務総監遠藤柳作が呂運亨《ヨウニョン》と会見して、日本人の生命と財産の保護などの治安対策を委嘱《いしょく》した。呂運亨はこれを受諾し、秘密結社であった建国同盟が朝鮮建国準備委員会に改編され、呂運亨が委員長、安在鴻《アンジエホン》が副委員長に就任した。その後、各地に建国準備委員会の支部が組織され、実質的に地方の行政を担当した。九月六日に、建国準備委員会は全国人民代表者大会を開催して、朝鮮人民共和国の樹立を宣言した。人民共和国は九月四日に、日帝（日本帝国）の法律・制度の即時廃止、日帝と民族反逆者の土地没収と農民への無償分配、日帝と民族反逆者の鉱山・工場などいっさいの施設の没収と国有化など二七カ条の施政方針を発表した。各地の建国準備委員会支部は、一〇月末までに人民委員会に改編された。

九月八日に、沖縄に駐屯していたジョン・ホッジ陸軍准将の率いる米第一〇軍は仁川に上陸した。これに先立って、米第一〇軍は八月末から日本の第一七方面軍（軍司令官上月《こうづき》良夫陸軍中将）と無電で連絡をとって情報を蒐集《しゅうしゅう》していたが、第一七方面軍は朝鮮人の自主的建国活動が共産主義者に煽動されたものであると伝えていた。九月中旬から米軍政が開始されたが、一〇月一〇日、アーノルド軍政長官は、米軍政が唯一の政府であると声明し、人民共和国と臨時政府を否認し、各地の人民委員会や自主的治安維持組織に解散を命じた。一方で、軍政庁の官吏としては地主層出身の保守的人士、植民地期の官吏、警察官、軍人が重用された。

こうして、南北朝鮮で相反する動きが進む中、一九四五年一二月一六日、モスクワで米英ソ三国外相会談が開催され、そのなかで米英中ソ四カ国による朝鮮信託統治の実施案作成に至るまでの手続きを定めた協定が成立した。三国外相会談の報が伝わると、南朝鮮では、右派勢力は信託統治反対（反託）を主張し、朝鮮共産党（四五年九月再建）の朴憲永《パッコニヨン》が秘密に平壌を訪問してソ連・北朝鮮党との意見調整を経た末に、四六年一月に信託統治賛成（賛託）に転じた左派勢力を激しく攻撃するようになった。右派勢力は金性洙《キムソンス》らの韓国民主党（四五年九月結成）、重慶から帰国した金九《キムグ》らの韓国独立党（四五年一一月結成）、四五年一〇月にアメリカから帰国した李承晩《イスンマン》らであった。

こういう状況の下で、同年三月に信託統治の実施案の作成を任務とされた米ソ共同委員会がソウルで開催された。共同委員会と協議をおこなう政党・社会団体の範囲をめぐって、ソ連は反託派の排除を主張したのに対し、アメリカはすべての政党・社会団体の包含を主張した。対立は解消せず、交渉は五月には決裂した。

米ソ共同委員会が開かれている期間の前後に、北朝鮮では独自の政権づくりと急進的な改革が進められた。一九四六年二月、北朝鮮臨時人民委員会が成立し、委員長に金日成が選出された。三月、日本人及び民族反逆者の土地の全面没収、五町歩以上所有の朝鮮人地主などの所有地及び小作地の没収を柱とする無償没収、無償分配の土地改革が実施された。全耕地の五三％に当たる一〇〇万町歩が没収され、七二万戸の農民に労働力に応じて無償分配された。八月には重要産業の国有化が実施された。

一方、南朝鮮では、左派は一九四六年二月に民主主義民族戦線を結成して、巻き返しを図ったが、五月に米軍政庁は共産党が偽造紙幣を作製したと発表し、共産党の否認にもかかわらず、厳しい弾圧を加え、共産党は実質上非合法化された。六月に李承晩は全羅北道《チョルラプット》井邑《チョンウプ》で南朝鮮だけでの単独政府樹立の可能性を示唆する発言をした（井邑発言）。これに対して南北分断を危惧した中道勢力の呂運亨、金奎植《キムギュシク》らは軍政庁の支持を得て、左右合作運動を展開した。九月には左派系の鉄道労働者のストライキに端を発した交通・通信部門の労働者のゼネスト、一〇月には警察の横暴、米の供出強要に抗議する大邱《テグ》の人民抗争に端を発した全国的な人民抗争（一〇月人民抗争）が展開され、軍政当局に武力で鎮圧された。一一月に朝鮮共産党など左派三党は合同して南朝鮮労働党を結成したが、一〇月には朴憲永は南朝鮮における活動を断念して北朝鮮へ移っていた。

一九四七年五月にソウルで第二回米ソ共同委員会が開催されたが、協議対象の政党・社会団体の範囲をめぐって米ソが鋭く対立し、一〇月に決裂が宣言された。アメリカは朝鮮問題を国連に付託することに転換し、一一月に国連総会は人口比例に基づく朝鮮総選挙の実施を採択し（総会決議一一二―Ⅱ）、四八年三月に選挙を実施することとなった。朝鮮の代表の参加がないままの決定であった。アメリカの指名した九カ国で選挙監視のための国連朝鮮臨時委員会（ＵＮＴＣＯＫ）が組織され（ウクライナは不参加）、四八年一月にＵＮＴＣＯＫは事前調査のために南朝鮮に到着した。ソ連が北朝鮮への立ち入りを拒否すると、二月に国連小総会（中間委員会）は可能な地域のみでの選挙実施を決定した。三月にＵＮＴＣＯＫは小総会の決議を承認し、南朝鮮のみでの選挙実施が確定した。

一九四八年五月一〇日に制憲国会議員選挙が南朝鮮で実施された。南朝鮮では初の男女普通選挙であった。軍政庁は単独選挙反対の声を無視し、国防警備隊（四六年一月に創設された軍事組織）、警察、右翼青年団体、公務員を通じて住民へ選挙参加を強要した。五月三一日に制憲国会は開会され、李承晩が議長となった。七月一二日に大韓民国憲法が成立し（一七日公布。第一共和国）、同月二〇日に国会議員による大統領選挙が実施され、李承晩が初代大統領に選出された。八月一五日、旧朝鮮総督府庁舎で大韓民国樹立宣布式がおこなわれた。

南朝鮮労働党を中心に、単独選挙単独政府反対闘争が展開されたが、もっとも激しい闘争が展開されたのは済州島《チエジユド》であった。一九四八年四月三日、済州島の民衆は単独政府反対を唱えて一斉に警察支署や西北青年会（北朝鮮からの越南者による右翼青年団体）を攻撃した。南朝鮮労働党員の指導下に人民遊撃隊が組織され、解放区がつくられた（済州島四・三抗争）。米軍政庁は国防警備隊・警察・右翼青年団を投入して苛酷な弾圧をおこなった。武装ゲリラによる抵抗は四九年一〇月ころまで継続した。四八年一〇月、済州島への鎮圧出動を命ぜられた国軍第一四連隊は、全羅南道麗水《チヨルラナムドヨス》で蜂起し、隣接する順天《スンチヨン》も占拠し、この地域の行政機構を握った（麗順《ヨスン》事件）。反乱は国軍、米軍によって鎮圧されたが、残存部隊の一部は智異山《チリサン》一帯に入り、パルチザン活動を展開した。韓国政府は一一月に国防保安法を公布し、左派や反政府勢力に対する弾圧を強力に進めた。

南朝鮮における単独政府樹立の動きと並行して、北朝鮮での政権樹立の動きが進んだ。一九四六年四月に朝鮮共産党北部分局は北朝鮮共産党中央委員会と改称し、ソウルの党中央からの独立性をいっそう高めた。八月には北朝鮮共産党は朝鮮新民党（金科奉《キムドゥボン》ら）と合同し、北朝鮮労働党となった。一一月には道・市・郡人民委員選挙が実施された。選挙は、選挙区ごとに北朝鮮民主主義民族統一戦線（七月に結成）が決定した単一候補が立候補する形でおこなわれ、投票率、賛成率ともに九九％を超えた。四七年二月に道・市・郡人民委員会大会が開催され、大会の決定に基づき、立法機関としての北朝鮮人民会議が発足した（議長は金科奉）。同月に行政機関としては北朝鮮人民委員会が発足し、委員長には金日成が選出された。

一九四七年一一月に開催された第三次北朝鮮人民会議は朝鮮臨時憲法制定委員会を組織し、四八年四月に開催された北朝鮮人民会議特別会議が朝鮮民主主義人民共和国憲法を採択した。ついで六月二九日に南北朝鮮諸政党及社会団体指導者協議会において、朝鮮中央政府の樹立が決議された。これは、全朝鮮を代表する国家の建設であることを示すためであった。八月二五日に北朝鮮地域において最高人民会議代議員選挙が実施され、二一二人の代議員が選出された。選挙の方式は、北朝鮮民主主義民族統一戦線の推薦した候補者に対する賛否投票であり、投票率は九九・九七％、賛成率は九八・四九％であった。南朝鮮地域には人口比例で三六〇人の代議員が割り当てられ、南朝鮮で秘密裡に「選出」された代表者一〇八〇人のうち一〇〇四人が海州《ヘジュ》で開かれた南朝鮮人民代表大会に参加して、代議員を「選出」したという形をとった。九月二日に最高人民会議第一期第一次会議が開かれ（議長に許憲《ホホン》を選出）、八日に憲法を正式に制定し、最高人民会議常任委員長（元首とされる）に金科奉を選出した。九日に朝鮮民主主義人民共和国が樹立され、金日成を首相とする内閣が組織された。

こうして南北分断体制が成立したのであるが、そもそも分断につながった三八度線の設定自体が、朝鮮の人々の頭越しになされたことであった。もしも日本政府がポツダム宣言を早く受諾していたならば、ソ連の対日参戦はなかったであろうし、朝鮮が日本から独立し、統一した政府を樹立する道が開かれたであろう。そのように考えるならば、日本は朝鮮の分断が引き起こされたことについて、責任の一端を負わざるを得ないのである。

朝鮮戦争と日本　韓国政府は、大韓民国は朝鮮半島を代表する唯一の政府だと主張し、朝鮮民主主義人民共和国政府も同様に自らが朝鮮全体を代表する正当な政府だと主張した。三八度線をはさんで、小規模な武力衝突がくり返された。四九年二月には、李承晩は「北伐統一」の意思をアメリカに伝え、支持を求めたが、アメリカはこれを拒否した。アメリカは、同年六月に軍事顧問団五〇〇人を残して、米軍を撤退させ、その代わりに五〇年一月に韓米相互防衛援助協定が締結された。

北朝鮮では、四八年一二月にソ連軍が撤退した。四九年三月に金日成首相と朴憲永外相はモスクワを訪問し、「国土完整」(武力統一)の希望を伝えたが、ソ連はアメリカとの全面戦争になることを危惧して、これを拒否した。その後、北朝鮮は中国共産党に人民解放軍内の朝鮮人部隊の引き渡しを要請した。中国共産党はこれを承諾して、同年七月に五万人余りが朝鮮人民軍に編入された。同年一〇月に中華人民共和国が成立したのち、北朝鮮政府は南進計画を進めた。五〇年四月に、金日成と朴憲永がモスクワでスターリンと会談し、スターリンは中国の同意を条件として北朝鮮の南進計画に同意した。翌五月、金日成と朴憲永は北京を訪問して毛沢東と会談し、毛沢東から南進計画への同意を得た。スターリンの同意を得たのち、朝鮮人民軍はソ連軍事顧問団とともに作戦計画を作成し、戦闘準備を完了させた。

一九五〇年六月二五日未明、三八度線の全線で朝鮮人民軍の総攻撃が始まり、南北間の全面戦争へ突入した。韓国軍は敗走を続け、二八日にソウルが、七月二〇日は忠清南道《チュンチョンナムド》大田《テジョン》が占領された。八月下旬には、韓国軍と米軍は、西は馬山《マサン》から洛東江《ナットンガン》の線、北は大邱—浦項《ポハン》の線を結ぶ地域（釜山《プサン》橋頭堡）に追い込まれた。

北朝鮮侵攻の報に接したアメリカのトルーマン政権は、即時に軍事介入を決定した。六月二五日当日、国連安全保障理事会（安保理）が開催され、北朝鮮を「侵略者」と非難し、「敵対行為」の即時中止を求める決議を採択し、二七日には韓国援助の決議がされた。さらに七月七日の安保理決議によって、米軍を中心にした国連軍が創設された。

一連の国連安保理決議が採択されたのは、常任理事国のソ連が安保理を欠席して、拒否権を行使しなかったためである。ソ連は一九五〇年一月以降、中国代表権問題をめぐって安保理ボイコットを続けていたのである。朝鮮戦争勃発の時点でもなぜボイコットを続けたのかと、同年八月にチェコスロヴァキア大統領ゴットヴァルトがスターリンに質問したのに対して、スターリンは、主要な理由として、アメリカに朝鮮出兵をおこなわせ、アメリカの軍事戦略の中心を極東にそらし、ヨーロッパにおいて社会主義を強化するために必要な時間を確保するためであることを挙げている。そうであるとすれば、スターリンにとっては、東欧社会主義圏の「強化」が第一であり、朝鮮の人びとが戦禍を被ることは第二義的なこととみなしていたことになる。

米海空軍は六月二七日に出動し、七月上旬には陸軍も投入された。七月一四日には、国連軍総司令官マッカーサーが韓国軍の作戦指揮権を獲得した。九月一五日、マッカーサーは七万五〇〇〇人の兵力をもって仁川《インチョン》上陸作戦をおこなった。背後を突かれた朝鮮人民軍は総崩れとなって三八度線以北に後退し、戦局は逆転した。

国連軍・韓国軍は一〇月二〇日には平壌《ピョンヤン》を占領し、同月末には一部で朝中国境に迫った。これに対して、中国は北朝鮮支援のために彭徳懐《ほうとくかい》を総司令官とする中国人民志願軍を設立した。人民志願軍は一〇月一九日、鴨緑江《アムノッカン》を越えて参戦した。中国軍は進撃を続け、一二月六日に平壌を奪回し、五一年一月四日にはソウルを占領した。この過程で一二月に中朝連合司令部が創設され、彭徳懐が戦争の作戦指導権を獲得した。

国連軍・韓国軍は反撃に転じ、三月一四日にソウルを再び奪回し、以後は三八度線をはさんで攻防戦が展開されることになった。七月から休戦会談が開始されたが（休戦に反対した韓国は除外された）、他方で双方が支配領域の拡大をめざした熾烈な戦闘が継続した。紆余曲折の末に一九五三年七月二七日に、国連軍と朝鮮人民軍、中国人民志願軍との間に休戦協定が締結された。当日の最前線が軍事境界線とされ、その南北両側二キロに非武装地帯（DMZ）が設けられた。翌五四年四月からのジュネーブ会議で朝鮮戦争の最終的処理が議題とされたが、合意にいたらず、六月に決裂した。その結果、現在に至るまで、朝鮮戦争は休戦が継続している状態である。

朝鮮戦争に際して、日本は米軍の出撃基地、補給基地となった。日本に駐屯していた米陸軍部隊はすべて朝鮮に出動したので、治安維持のためと称して一九五〇年八月に警察予備隊が創設されたのが、日本再軍備の始まりとなった。横田や嘉手納《かでな》などの基地から出撃したB29爆撃機は北朝鮮の都市に絨毯《じゅうたん》爆撃を加え、これを廃墟とした。戦争遂行のための「特殊需要」(特需)として、敗戦とともに禁止されていた軍需品の生産が米軍の発注という形で再開され、日本経済を潤した。掃海や人員・軍需品の船舶輸送などのために、戦場に赴いた日本人もあった。日本は国連軍・米軍の行動を支え、また特需景気によって経済復興の道を得たのである。

2　日本が負う植民地支配清算の課題

日韓会談と日本　朝鮮戦争のさなか、一九五一年九月に対日講和条約(サンフランシスコ条約)が調印された。その後、アメリカが日韓国交正常化交渉を勧めたのを契機にして、五一年一〇～一一月に第一次日韓会談の予備会談、五二年二～四月に本会談が開催された。第一次会談は、韓国側が対日請求権協定の要綱を提出したのに対し、日本側が在朝日本人の財産についての請求権を主張したため、決裂した。南朝鮮を占領した米軍政庁は、四五年一二月に在朝日本人の財産を「敵産」と規定して没収し、軍政庁の所有とし、四七年七月以降、南朝鮮の有産層に払い下げられていた。サンフランシスコ条約第四条b項は、米軍政庁による在朝日本人財産の没収の効力を日本が承認するとしていたから、韓国側は日本は対韓請求権を主張できないとしたのである。

第一次会談のさなか、一九五二年一月、韓国の李承晩《イスンマン》政権は海洋主権宣言を発し、平和ライン(李承晩ライン)を設定し、同ラインを越境した日本漁船を拿捕するなど、対日強硬策を展開した。五三年四月にようやく第二次会談が開かれたが、若干の進展はあったものの、七月に朝鮮戦争の休戦協定の成立を受けて休会となった。同年一〇月に第三次会談が開始されたが、そのなかで日本側の首席代表久保田貫一郎（外務省参与）が、「日本が進出しなければ、ロシアか中国が占領し、現在の北朝鮮のように、より悲惨であったろう」「（カイロ宣言が朝鮮人民の奴隷状態と述べていることは）連合国が戦時中で興奮して述べたもの」と述べた（久保田発言）。植民地支配について全く反省のない発言に対して韓国側は強く抗議して、会談は決裂した。

その後、外務官僚間の会合は重ねられ、一九五七年一二月に日韓共同宣言が出され、日本は対韓請求権を撤回し、久保田発言を取り消した。これを受けて、五八年四月から第四次会談が開始された。五九年八月に在日朝鮮人帰還協定が成立し、在日朝鮮人の北朝鮮への帰国運動が進むと、これに反対する韓国側と日本側が対立して、会談は停頓した。六〇年四月、李承晩政権を倒した四月革命を機に会談は完全に中断した。

一九六〇年一〇月、第五次会談が開始され、韓国側が提示した「韓日間財産及び請求権協定要綱」（いわゆる「対日請求八項目」）について討議がおこなわれたが、六一年五月の「五・一六軍事クーデター」によって中断されることになった。

第六次会談は、一九六一年一〇月から六四年六月までおこなわれた。最大の懸案であった請求権問題は経済協力方式で「解決」することが、六二年一〇～一一月の二回にわたる日本の大平正芳《おおひらまさよし》外相と韓国の金鍾泌《キムジョンピル》中央情報部長との会談で決められた。ついで第七次会談が六四年一二月から六五年六月まで開催され、六五年六月に日韓基本条約と付属の四協定が調印された。第七次会談が始まって間もない六五年一月、最後の日本側首席代表となった高杉晋一（三菱電機相談役）が外務省記者クラブで、「日本は朝鮮を支配したというが、わが国はいいことをしようとした。山には木が一本もないということだが、これは朝鮮が日本から離れてしまったからだ。もう二十年日本とつきあっていたらこんなことにならなかったであろう」「日本は朝鮮に工場や家屋、山林などをみなおいてきた。創氏改名もよかった。朝鮮人を同化し、日本人と同じく扱うためにとられた措置であって、搾取とか圧迫というものではない」と述べた（高杉発言）。この高杉発言は日本共産党の機関紙『アカハタ』が暴露したものであったが、日韓両国の外交当局は会談を遅らせるものであるとして、オフレコにしてしまった。植民地支配を弁護する「メガトン級の妄言」（金東祚《キムドンジョ》駐日韓国大使の言）であったにもかかわらず、日本の言論機関の追及は弱かった。

日韓条約と日本　日韓基本条約は、その第二条で一九一〇年八月二二日以前に「大日本帝国と大韓帝国との間で締結されたすべての条約及び協定は、もはや無効であることが確認される」と定めた。日本政府は、これを締結当時には有効であった、したがって「韓国併合条約」に基づく植民地支配は合法であると解釈している。日本政府の解釈では、武力を背景にして、脅迫も用いて結ばれた条約を、双方の合意に基づくものであると書き換える歴史の偽造がなされているのである。

次に請求権協定（正式名称は「財産及び請求権に関する問題の解決並びに経済協力に関する協定」）は、第一条で日本から韓国へ無償三億ドル（一〇八〇億円）の日本国生産物及び日本人役務の供与、二億ドル（七二〇億円）の長期低利貸付（韓国政府の日本国生産物及び日本人役務の調達に充当）を一〇年間にわたって実施することを規定し、第二条で請求権に関する問題は「最終的かつ完全に解決されたこととなることを確認する」と規定した。この協定には「合意議事録」が付属しており、韓国政府の主張してきた「対日請求八項目」も「請求権」の中に含まれるとした。対日八項目の第五項は、「被徴用韓国人の未収金、補償金及びその他の請求権」である。「解決されたこととなることを確認する」とは、「解決されたことにする」というのに等しい表現であり、本当は解決していないことを暗黙に示しているといえる。そもそも個人の請求権を政府が代わって放棄するというのでは、個人の権利を無視したものであり、やってはならないことであろう。

日韓条約成立後、韓国の朴正熙《パクチヨンヒ》政権は一九六六年二月に「請求権資金の運用及び管理に関する法律」を制定し、一九四五年八月一五日までの日本に対する民間請求権は「請求金資金」のなかから「補償」することとした。七一年一月には「対日請求権申告に関する法律」を制定し、強制動員被害者については「一九四五年八月一五日以前に死亡した者」に限って申告するよう定めた。申告を受けた後、七四年一二月に「対日民間補償に関する法律」を制定し、七七年六月までに八万三五一九件に対して総額九一億八七六九万三〇〇〇ウォンの補償金（無償給与三億ドルの約九・七％）を支給した。このうち被徴用死亡者の遺族八五五二件に対しては一人当たり三〇万ウォン（約三万四〇〇〇円）ずつ、総額二五億六五六〇万ウォンが支給された。このように、経済協力資金の大半は、インフラストラクチュア整備工事や工場建設などの経済開発計画遂行資金に充てられ、その工事を受注した日本企業に還流したのであって、強制動員被害者（軍人・軍属として動員された者も含む）への支給は極めて少額であり、死亡者の遺族に限られるなど、極めて不十分なものであった。これは、朴正熙政権が政権の基盤を維持するために経済開発を優先したこと、資本輸出で利益を得る日本政府・大企業が朴政権を支持したことの結果であった。

軍事政権が終わり、韓国が民主化したのち、盧武鉉《ノムヒョン》政権の下で二〇〇四年三月に「日帝強占下強制動員被害真相糾明などに関する特別法」が制定され、本格的に強制動員の被害調査が始まった。〇五年八月には、民官共同委員会（三月に結成）が、「日本軍慰安婦問題など、日本政府・軍などが関与した反人道的不法行為に対しては、請求権協定によって解決されたものとみることはできず、日本政府の責任が残っている」とする見解を発表した。〇七年一二月に「太平洋戦争前後の国外強制動員犠牲者等の支援に関する法律」が制定された。これは、一九三八年四月一日から四五年八月一五日までの間に国外に強制動員された軍人・軍務者・労務者等で、（1）死亡者・行方不明者には一人当たり二〇〇〇万ウォンの慰労金を遺族に支給、（2）負傷者には一人当たり二〇〇〇万ウォンの範囲で慰労金を支給、（3）生存する被害者には年間八〇万ウォンの医療支援金を支給、（4）未収金被害者またはその遺族には日本通貨一円を二〇〇〇ウォンに換算して支給、というものであった。〇八年九月から一四年六月までの間に一一万二五五六件（うち労務者の分は六万八四五〇件）の申請が受け付けられ、総額六一八四億三〇〇〇ウォンが支給された。盧武鉉政権は、追加補償の措置を講じたのは「道義的援護的次元と国民統合の側面」からのものであり、「日帝強占下の反人道的不法行為に対しては外交的方案を持続的に講ずることとした」と表明している。以上に述べたことは、請求権問題は請求権協定によって解決していなかったこと、「反人道的不法行為」の責任を問うことを含めて問題は残されていることを示すものである。

残されている植民地支配清算の課題　前項ですでに、請求権に関わる問題が残されていることを指摘したが、それ以外にも保護国期・植民地期に日本に搬入されてきた文化財をどう扱うのかという問題、在日朝鮮人の地位と権利の問題など、具体的に検討して解決を図るべき課題が残されている。ここでは、次の点だけを指摘しておきたい。

第一に、日本が朝鮮を植民地化したのは、一八六八年以後、要所要所で武力示威、武力行使を加えて、朝鮮における勢力を拡大し、一方的に押しつけた結果であることは明白であり、合意に基づいて「韓国併合」がなされたと虚偽の議論をすべきでない、ということである。また、「国際社会」が認めたことであると正当化することも、植民地を領有した国、しようとした国が互いに依存しあったことをよしとするものに過ぎないから、そのような議論もすべきでないことである。独立を保証すると言いながら、独立を奪った背信について、深く反省すべきであろう。

第二に、日本による植民地支配がどのようなものであり、何をもたらしたかについて、その実態について本格的に調査し、謝罪・補償すべき点は謝罪・補償し、また出版・報道・教育などを通じて、近代の日本と朝鮮との関係、植民地支配の問題について正当で適切な認識が広がるのを助ける措置をとるべきことである。

二〇一八年一〇月三〇日、韓国の大法院（最高裁判所）は、被告である新日鐵住金株式会社の上告を棄却し、原告である韓国人「徴用工」（戦時強制労働動員の被害者）四人の慰謝料請求権を認定して一億ウォン（約一〇〇〇万円）ずつの支払いを命じた判決を確定した。同年一一月二九日には、三菱重工業を被告とする訴訟でも、大法院は同様の判決を確定した。日本政府は、請求権問題は解決済みであり、大法院判決は国際法に違反していると非難し、大手メディアも政府の対応を支持した。しかし戦時労働動員に際して数々の非人道的な行為が日本政府、朝鮮総督府、動員先企業によってなされたことは否定しがたい事実である。非人道的な行為に対する慰謝料は当然に支払われるべきであり、植民地支配や戦時労働動員がもたらした惨禍を直視すべきである。

〈朝鮮近現代史略年表（1863 ～ 1965 年）〉

1872 年までは陰暦、1873 年以降は陽暦による。

年代	事項
1863	12-13 高宗即位。大院君政権成立。
1864	3-2 崔済愚処刑。
1865	3-28 備辺司を議政府に合併して廃止。4-3 景福宮再建を決定。
1866	1-9 丙寅邪獄始まる。3-20 閔致禄の娘を王妃とする（明成皇后）。7-24 平壌の軍民、アメリカ船シャーマン号を焼き沈める。8 フランス艦隊、江華島沖へ侵攻（10-12 退去）。
1868	7-2 景福宮の再建なる。12 対馬藩、日本の王政復古を伝える。
1871	3-20 賜額書院 47 カ所を残し、それ以外の書院を撤廃。3-25 両班奴名収布法を定める。4-14 アメリカ艦隊、江華島に侵攻（5-26 退去）。4 斥和碑を建てる。
1872	10-12 姜㳣（北人）が左議政、韓啓源（南人）が右議政となる。
1873	12 大院君政権が倒れ、閔氏政権が成立（癸酉政変）。
1875	1-5 閔升鎬死去。9-20 江華島事件（～9-22）。
1876	2-27 日朝修好条規調印。5-8 修信使金綺秀一行出発（7-21 復命）。8-24 日朝修好条規付録・貿易規則調印。
1878	9-28 釜山豆毛鎮に関を設けて徴税開始（12-31 日本の圧力で中止を決定）。
1880	5-1 元山開港。6-4 第 2 回修信使金弘集一行出発（10-1 復命）。
1881	1-21 統理機務衙門を設置。2 辛巳斥邪上疏運動起きる。5-7 日本視察団、釜山を出発（9～10 復命）。5-31 別技軍の設置を決定。9-28 第 3 回修信使趙秉鎬一行出発（82-1-18 復命）。10-21 李載先擁立の陰謀、発覚。11-17 領選使金允植一行出発。
1882	2-13 訓錬都監など 6 営を武衛営・壮禦営に統合改編。3-4 問議官魚允中一行出発（5～6 清との外交・貿易体制修正を要請する交渉）。5-22 朝米修好通商条約調印。6-6 朝英修好通商条約調印。6-30 朝独修好通商条約調印。7-23 壬午軍乱起きる。7-24 第 2 次大院君政権成立。8-12 日本軍、仁川に上陸。8-20 清軍、南陽府馬山浦に上陸。8-26 清軍、大院君を捕らえて中国に連行。8-30 済物浦条約・日朝修好条規続約調印。9-16 開国・開化の教を下す。10-23 中朝商民水陸貿易章程成立。12-26 統理衙門、統理内務衙門を設置（83-1-12 それぞれ、統理交渉通商事務衙門、統理軍国事務衙門に改称）。
1883	7-25 日朝通商章程調印。11-26 朝英・朝独改訂条約調印。
1884	3-16 中朝商民水陸貿易章程改訂。12-4 甲申政変起きる（～12-6）。
1885	1-9 漢城条約調印。4-15 イギリス東洋艦隊、巨文島を占領。4-18 天津条約調印。7-27 協弁交渉通商事務メレンドルフを解任（第一次朝露秘密協定問題）。10-3 大院君帰国。11-17 清の駐箚朝鮮交渉通商事宜袁世凱着任。
1886	8 第二次朝露秘密協定問題起きる（～9）。
1887	3-1 イギリス東洋艦隊、巨文島を撤退。9 公使派遣をめぐる清との紛争起き

	る。
1889	10-24 咸鏡道観察使趙秉式、防穀令を発令。
1890	10 神貞王后弔勅使問題起きる（～11）。
1892	12 東学教徒の公州集会・参礼集会。
1893	3～4 東学教徒の報恩集会・金溝集会。5-18 日本との防穀令賠償問題妥結。
1894	4-24 甲午農民戦争の第一次蜂起開始。5-31 農民軍、全州を占領。6-3 清に出兵を要請。6-8 清軍、牙山に上陸。6-10 農民軍、全州和約を結んで撤退。6-13 日本軍先遣隊、漢城に入る。7-23 日本軍、景福宮を占領。7-25 清に中朝商民水陸貿易章程などの廃棄を通告。豊島沖海戦（日清戦争開始）。7-27 金弘集政権成立。軍国機務処設置（甲午改革始まる）。8-20 日朝暫定合同条款調印。8-26 大日本大朝鮮両国盟約調印。9 甲午農民戦争の第二次蜂起開始（～95-4）。12-17 金弘集・朴泳孝連立政権成立。
1895	4-17 下関条約調印。6-23 23府制実施。7-6 朴泳孝、日本へ亡命。10-7 王后殺害事件（～10-8）。12-30 断髪令実施。
1896	1-1 太陽暦採用。建陽の年号を使用。1 初期義兵起きる（～10）。2-11 露館播遷。金弘集政権倒れる。5-14 小村・ヴェーベル覚書調印。6-9 山県・ロバノフ協定調印。7-2 独立協会設立。8-4 13道制実施。10-25 ロシア人軍事教官プチャータ大佐来る。
1897	2-20 高宗、慶運宮に入る。8-16 光武と改元。10-11 国号を大韓と改める。10-12 高宗、皇帝に即位。10-25 ロシア人アレクセイエフを財政顧問に任命。
1898	3-11 ロシア人軍事教官・財政顧問を継続雇用しないと決定。4-25 西・ローゼン協定調印。10 独立協会の国政改革運動開始（～12）。12-25 独立協会解散。
1899	6-22 元帥府設置。8-17 大韓国国制頒布。9-11 韓清通商条約調印。
1900	4-6 宮内府に鉄道院設置。11-12 京仁鉄道開通式。
1902	1-25 日英同盟調印。5-21 日本の第一銀行韓国内支店、銀行券発行を開始。
1903	8-12 韓国・満洲をめぐる日露交渉開始。
1904	1-21 韓国政府、局外中立を宣言。2-6 日本海軍、鎮海湾を占領。2-8 日本陸軍の韓国臨時派遣隊、仁川に上陸。2-9 仁川沖海戦。日露戦争開始。2-23 日韓議定書調印。3-10 日本陸軍、韓国駐箚軍を編成。8-22 第1次日韓協約調印。10-14 目賀田種太郎を財政顧問に傭聘。
1905	4-1 日韓通信機関協定調印。4-8 日本政府、「韓国保護権確立の件」を閣議決定。5-25 京釜鉄道開通式。7-1 貨幣整理開始。7-29 桂・タフト協定成立。8-12 第2回日英同盟調印。9-5 ポーツマス条約調印。11-17 乙巳保護条約（第2次日韓協約）調印。12-21 日本、統監府及理事庁官制公布。
1906	2-1 統監府開庁。3-13 第1回韓国施政改善に関する協議会開催。4-3 京義鉄道全通。5-19 閔宗植の義兵、洪州を占領（5-31 陥落）。8-27 普通学校令頒布（9-1 施行）。
1907	5-22 李完用、参政大臣となる。6-29 ハーグ密使事件起きる。7-20 日本の圧力で高宗退位。純宗が即位。7-24 丁未七条約（第3次日韓協約）調印。新聞紙法頒布施行。7-27 保安法頒布施行。8-1 韓国軍解散。8-9 日本人次官の任

	命始まる。
1908	8-26 私立学校令・学会令頒布（10-1 施行）。12-28 東洋拓殖株式会社設立。
1909	2-23 出版法頒布施行。7-6 日本政府、適当な時機に韓国を併合する方針を閣議決定。7-30 軍部を廃止。9-1「南韓大討伐作戦」（～10.31）。10-26 安重根、伊藤博文を射殺。10-29 韓国銀行設立。11-1 司法及び監獄事務を日本に委託。法部廃止。
1910	7-1 憲兵警察制度発足。8-22 韓国併合に関する条約調印。8-23 土地調査法頒布。8-29「韓国併合」。国号を朝鮮に改める。10-1 朝鮮総督府官制施行。
1911	3-25 朝鮮ニ施行スヘキ法令ニ関スル法律公布施行。8-24 朝鮮教育令公布（11-1 施行）。11-1 鴨緑江鉄橋竣工。満鉄との直通運転開始。
1912	3-18 朝鮮民事令・朝鮮刑事令・朝鮮笞刑令公布（4-1 施行）。朝鮮不動産登記令公布（4-1より地域を指定して施行）。8-13 土地調査令公布施行。
1914	1-1 湖南線全通。3-1 府郡の統廃合を実施。4-1 府制施行。面の統廃合を実施。9-16 京元線全通。
1917	7-31 官営鉄道の経営を満鉄に委託。10-1 面制施行。
1918	5-1 朝鮮林野調査令公布施行。10-1 朝鮮殖産銀行設立。
1919	3-1 三・一独立運動起きる。4-11 上海で大韓民国臨時政府樹立。4-15 制令「政治ニ関スル犯罪処罰ノ件」公布施行。8-20 朝鮮総督府の機構改革。総督武官制廃止。憲兵警察制度を普通警察制度に転換。
1920	10-1 地方制度を改正し、地方諮問機関を設置。10 日本軍、北間島に侵攻し、朝鮮人を虐殺（間島出兵）。12-27 産米増殖計画を樹立。
1922	2-6 改正教育令（第二次朝鮮教育令）（4-1 施行）。
1923	9-1 日本で関東大震災。朝鮮人虐殺事件が起きる。
1924	4-17 朝鮮労農総同盟創立。5-2 京城帝国大学予科開校。
1925	4-1 官営鉄道を直営に戻す。4-17 朝鮮共産党創立。5-12 治安維持法を朝鮮に施行。6-11 満洲の張作霖政権との間に三矢協定成立。
1926	1-8 朝鮮総督府、景福宮内の新庁舎への移転完了。6-10 六・一〇万歳運動起きる。
1927	2-15 新幹会創立。5-26 朝鮮総督府、土地改良部を設置し、産米増殖計画を推進。
1928	9-1 咸鏡線全通。
1929	1-14 元山労働者ゼネスト突入（～4-6）。11-3 光州学生運動起きる（～30.3）。
1930	5-30 間島五・三〇蜂起。12-1 地方制度改正（道府邑に議決機関設置）。
1931	5-16 新幹会解散。7-2 万宝山事件起きる。9-18「満洲事変」起きる。
1933	3-7「第1次農家更生五カ年計画」を樹立（農村振興運動を本格的に開始）。8-1 朝鮮小作調停令施行。10-1 清津以北の官営鉄道の経営を満鉄に委託。
1934	4-11 朝鮮農地令公布（10-20 施行）。5-30 産米増殖計画による土地改良を中止。11-1 釜山─新京間直通列車運転開始。
1935	1-11「更生指導部落拡充計画」を発表。

1936	8-11 神社規則発布施行。神社制度改正。8-27 日章旗抹消事件で、『東亜日報』などに停刊命令。12-12 朝鮮思想犯保護観察令公布（12-21 施行）。
1937	6-4 金日成部隊、咸鏡南道普天堡に進攻。6-6 修養同友会事件起きる。7-7 日中戦争起きる。10-1 皇国臣民の誓詞を制定。
1938	2-23 陸軍特別志願兵令公布（4-3 施行）。3-4 朝鮮教育令改正（第3次教育令。4-1 公布）。5-5 国家総動員法を朝鮮に施行。6-18 在日朝鮮人統制のため、協和会を設立。7-7 国民精神総動員朝鮮連盟結成。
1939	7-28 内務次官・厚生次官通達「朝鮮人労務者ノ内地移住（入）ニ関スル件」が出される（「集団募集」方式）。9-28 満浦線全通。
1940	2-11 創氏改名を実施（～8-10）。8-10『東亜日報』『朝鮮日報』を強制廃刊。10-16 国民精神総動員朝鮮連盟を国民総力朝鮮連盟に改組。
1941	2-12 朝鮮思想犯予防拘禁令公布（3-10 施行）。12-8 アジア太平洋戦争開始。
1942	2-13 日本政府、「朝鮮人労務者活用ニ関スル方策」を閣議決定（「官斡旋」方式）。5-8 日本政府、朝鮮での44年度からの徴兵制実施を閣議決定。10-1 朝鮮語学会事件起きる。朝鮮青年特別錬成令公布（11-3 施行）。
1944	8-10 呂運亨ら、建国同盟を結成。9 日本への労働力動員に国民徴用令を適用。
1945	4-1 衆議院議員選挙法改正、貴族院令改正公布。朝鮮居住者のうちの25歳以上男子、直接国税15円以上納入者に参政権を付与。8-9 ソ連、対日宣戦布告し、朝鮮東北部の日本軍への攻撃を開始。8-15 朝鮮建国準備委員会結成。8-16 米ソ間で北緯38度線を占領の境界線とすることが確定。9-6 朝鮮人民共和国樹立宣言。9-8 米軍、仁川に上陸。9-19 金日成ら、元山に上陸。9-20 米軍政庁設立。10-10 アーノルド米軍政長官、人民共和国否認の声明。北朝鮮に五道行政局設置。10-13 朝鮮共産党北部朝鮮分局設置。11-19 北朝鮮の五道行政局傘下に10局設置。12-27 モスクワの米英ソ三国外相会議で決定された朝鮮信託統治案発表。
1946	1-14 南朝鮮国防警備隊設置。2-8 北朝鮮臨時人民委員会設立。2-15 南朝鮮で民主主義民族戦線結成。3-20 第1次米ソ共同委員会開催（5-6 決裂）。3 北朝鮮で土地改革実施。4 共産党北部朝鮮分局、北朝鮮共産党中央委員会と改称。6-3 李承晩、南朝鮮単独政府樹立示唆の井邑発言。7-25 南朝鮮で左右合作委員会発足。8 北朝鮮で重要産業等の国有化実施。8-28 北朝鮮労働党創立大会（～8-20）。9 南朝鮮で交通通信部門のゼネスト。10-1 南朝鮮で10月人民抗争開始。11-23 南朝鮮労働党結成。
1947	2-22 北朝鮮人民委員会発足。5-21 第2回米ソ共同委員会開催（7-10 決裂）。7-19 呂運亨暗殺され、左右合作運動挫折。11-14 国連総会、国連監視下の南北朝鮮総選挙実施を可決。
1948	1-23 ソ連、国連朝鮮臨時委員会の北朝鮮入りを拒否。2-8 北朝鮮で人民軍創立。2-26 国連小総会、南朝鮮単独選挙案を可決。4-3 済州島四・三抗争開始。4-20 平壌で南北政党社会団体代表者連席会議（～4-24）。5-10 南朝鮮で制憲国会議員選挙。7-17 大韓民国憲法公布。8-15 大韓民国樹立。8-25 北朝鮮で最高人民会議代議員選挙。9-9 朝鮮民主主義人民共和国樹立。10-19［南］

	麗水・順天で軍隊反乱（11-3鎮圧）。12-1［南］国家保安法公布。12-16［北］ソ連軍撤退完了。
1949	6-29［南］米軍撤退完了。
1950	1-26［南］韓米相互防衛援助協定調印。6-25 北朝鮮軍、南進して韓国軍を攻撃。6-25 国連安全保障理事会、北朝鮮を侵略者と非難する決議を採択（6-27 韓国援助決議を採択）。6-28 北朝鮮軍、ソウルを占領。7-14 国連軍、韓国軍の作戦指揮権を獲得。8-18 韓国政府、釜山に移転。9-15 国連軍、仁川に上陸。10-19 国連軍、平壌を占領。中国人民志願軍参戦。
1951	1-4 中朝軍、ソウルを占領。3-14 国連軍・韓国軍、ソウルを奪回。7-10 休戦会談開始。10-20 第1次日韓会談予備会談開始（～11-28）。
1952	1-18 韓国政府、海洋主権宣言。2-15 第1次日韓会談本会談（～4-24）。
1953	4-15 第2次日韓会談（～7-23）。7-27 休戦協定調印。10-6 第3次日韓会談（10-21 久保田発言で決裂）。
1954	4-26 ジュネーブ会議開催（6-15 朝鮮問題討議打ち切り）。
1957	12-31 日韓共同宣言（日本は久保田発言取消、対韓請求権を撤回）。
1958	4-15 第4次日韓会談開始（～60-4-15）。
1960	4-19 韓国四月革命。10-25 第5次日韓会談開始（～61-5-15）。
1961	5-16 韓国、五・一六軍事クーデター。10-20 第6次日韓会談開始（～64-6-3）。
1962	11-12 日韓、金鍾泌・大平メモで合意。
1964	12-3 第7次日韓会談開始（～65-6-22）。
1965	6-22 日韓基本条約と付属の4協定に調印。

〈参考文献〉

以下に紹介する文献は、本書作成に当たって参照した文献のうち、日本語で刊行された文献の一部である。より多くの文献を知りたい場合には、『朝鮮史』『世界歴史大系　朝鮮史』『朝鮮史研究入門』に付されている文献目録を調べていただきたい。

⑴本書全体に関するもの
○武田幸男編『朝鮮史』山川出版社、〈世界各国史２〉、2000 年
○糟谷憲一・並木真人・林雄介『朝鮮現代史』山川出版社、2016 年
○李成市・宮嶋博史・糟谷憲一編『世界歴史大系　朝鮮史』１・２、2017 年
○田中俊明編『朝鮮の歴史――先史から現代』昭和堂、2008 年
○関周一編『日朝関係史』吉川弘文館、2017 年
○水野直樹・庵逧由香・酒井裕美・勝村誠編著『図録植民地朝鮮に生きる――韓国・民族問題研究所所蔵資料から』岩波書店、2012 年
○朝鮮史研究会編『朝鮮史研究入門』名古屋大学出版会、2011 年
○長田彰文『世界の中の近代日韓関係』慶應義塾大学出版会、2013 年
○松田利彦『日本の朝鮮植民地支配と警察――1905 ～ 1945 年』校倉書房、2009 年
○宮嶋博史『朝鮮土地調査事業史の研究』東京大学東洋文化研究所、1991 年
○鄭在貞著、三橋広夫訳『帝国日本の植民地支配と韓国鉄道』明石書店、2008 年
○竹国友康『ある日韓歴史の旅――鎮海の桜』朝日新聞社、1999 年
⑵第一部に関するもの
○趙景達『近代朝鮮と日本』岩波新書、2012 年
○趙景達編『近代日朝関係史』有志舎、2012 年
○糟谷憲一『朝鮮の近代』〈世界史リブレット 43〉山川出版社、1996 年
○月脚達彦『朝鮮開化思想とナショナリズム』東京大学出版会、2009 年
○森山茂徳『近代日韓関係史研究』東京大学出版会、1987 年
○岡本隆司『属国と自主のあいだ――近代清韓関係と東アジアの命運』名古屋大学出版会、2004 年
○酒井裕美『開港期朝鮮の戦略的外交――1882 ～ 1884』大阪大学出版会、2016 年
○李穂枝『朝鮮の対日外交戦略――日清戦争前夜 1876-1893』法政大学出版局、2016 年
○森万佑子『朝鮮外交の近代――宗属関係から大韓帝国へ』名古屋大学出版会、2017 年
○趙景達『異端の民衆反乱――東学と甲午農民戦争』岩波書店、1998 年
○朴宗根『日清戦争と朝鮮』青木書店、1982 年
○中塚明『歴史の偽造をただす――戦史から消された日本軍の「朝鮮王宮占領」』高文研、1997 年
○原田敬一『戦争の日本史 19　日清戦争』吉川弘文館、2008 年
○大谷正『日清戦争』中公新書、2014 年
○井上勝生『明治日本の植民地支配――北海道から朝鮮へ』岩波書店、2013 年
○金文子『朝鮮王妃殺害と日本人』高文研、2009 年
○金文子『日露戦争と大韓帝国』高文研、2014 年
○和田春樹『日露戦争――起源と開戦』上・下、岩波書店、2009 ～ 10 年

○海野福寿『韓国併合史の研究』岩波書店、2000年
○和田春樹『韓国併合110年後の真実』〈岩波ブックレット No.1014〉岩波書店、2019年
○須川英徳『李朝商業政策史研究』東京大学出版会、1994年
○石川亮太『近代アジア市場と朝鮮――開港・華商・帝国』名古屋大学出版会、2016年

⑶第二部に関するもの
○趙景達『植民地朝鮮と日本』岩波新書、2013年
○趙景達編『植民地朝鮮――その現実と解放への道』東京堂出版、2011年
○長田彰文『日本の朝鮮統治と国際関係――朝鮮独立運動とアメリカ 1910-1922』平凡社、2005年
○河合和男『朝鮮における産米増殖計画』未來社、1986年
○李熒娘『植民地朝鮮の米と日本――米穀検査制度の展開過程』中央大学出版部、2015年
○許粹烈著、庵逧由香訳『植民地初期の朝鮮農業』明石書店、2016年
○松本武祝『植民地権力と朝鮮農民』社会評論社、1998年
○松本武祝『朝鮮農村の〈植民地近代〉体験』社会評論社、2005年
○金富子『植民地期朝鮮の教育とジェンダー』世織書房、2005年
○崔誠姫『近代朝鮮の中等教育』晃洋書房、2019年
○宮田節子『朝鮮民衆と「皇民化」政策』未來社、1985年
○水野直樹『創氏改名』岩波新書、2008年
○西成田豊『在日朝鮮人の「世界」と「帝国」国家』東京大学出版会、1997年
○姜徳相『朝鮮人学徒出陣』岩波書店、1997年
○樋口雄一『戦時下朝鮮の民衆と徴兵』総和社、2001年
○山田昭次・古庄正・樋口雄一『朝鮮人戦時労働動員』岩波書店、2006年
○外村大『朝鮮人強制連行』岩波新書、2012年
○樋口雄一『戦時下朝鮮の農民生活誌』社会評論社、1998年
○尹明淑『日本の軍隊慰安所制度と朝鮮人軍隊慰安婦』明石書店、2003年
○加藤圭木『植民地期朝鮮の地域変容―日本の大陸進出と咸鏡北道』吉川弘文館、2017年
○三ツ井崇『朝鮮植民地支配と言語』明石書店、2010年
○高崎宗司『検証日韓会談』岩波新書、1996年
○太田修『日韓交渉　請求権問題の研究』クレイン、2003年
○吉澤文寿『戦後日韓関係――国交正常化交渉をめぐって』クレイン、2005年
○吉澤文寿『日韓会談1965――戦後日韓関係の原点を検証する』高文研、2015年

あとがき

本書の執筆を新日本出版社の久野通広さんから依頼されたのは、一昨年の一二月のことでした。日本の植民地とされた朝鮮はどのような歴史をたどったのか、そのことをどのように考えたらよいのか、という視点からメリハリのある本を書いて欲しいとのことでした。折から「徴用工」（戦時労働動員被害者）訴訟の韓国大法院判決をめぐって、韓国バッシングの大波が起きているところでありました。

私は朝鮮史研究を始めてから、今年でちょうど五〇年になります。卒業論文では植民地期の「工業化」政策を扱い、その後もいくつか、植民地期の支配構造を扱った研究を進めてきました。研究を始めたころ、日本が朝鮮をもう二〇年持っていたらよかったと、朝鮮の独立をあからさまに否定するような発言があったことを知って、驚いたことが今でも記憶に浮かびます。植民地支配を肯定・弁護する議論がいまだにくり返されるのは、日本がどのように朝鮮を植民地としたのか、どのように朝鮮を支配したのか、がよく知られていないことが一因であると思います。このことについて知りたいと願う方への一助となれば幸いと考えて執筆をお引き受けいたしました。

史料調査に予想外の時間がかかり、当初の締切を三カ月遅れてしまいました。督励してくださった久野さんに感謝申し上げます。

二〇二〇年六月末日

糟谷　憲一

カバー写真＝景福宮の正殿である勤政殿を隠すように聳え立つ朝鮮総督府庁舎（新光社『日本地理風俗大系』第16巻・朝鮮地方上　一九三〇年）
カバー袖の地図＝朝鮮総督府『施政二十五年史』掲載より作成

糟谷 憲一（かすや けんいち）
1949年東京生まれ。東京大学卒。一橋大学名誉教授。専門は朝鮮史で朝鮮史研究会会長、歴史科学協議会代表理事など歴任。著書に『朝鮮の近代』（1996年）、『朝鮮史〈世界各国史２〉』（共著、2000年）、『朝鮮現代史』（共著、2016年、いずれも山川出版社）など。

朝鮮半島《ちょうせんはんとう》を日本《にほん》が領土《りょうど》とした時代《じだい》

2020年 8月30日 初 版

著 者 糟 谷 憲 一
発行者 田 所 稔

郵便番号 151-0051 東京都渋谷区千駄ヶ谷 4-25-6
発行所 株式会社 新日本出版社
電話 03（3423）8402（営業）
03（3423）9323（編集）
info@shinnihon-net.co.jp
www.shinnihon-net.co.jp
振替番号 00130-0-13681

印刷 亨有堂印刷所 製本 光陽メディア

落丁・乱丁がありましたらおとりかえいたします。

ISBN978-4-406-06494-1 C0020 Printed in Japan